学数学丛书

学数学

第5卷

顾　问（按姓氏拼音排序）

常庚哲	陈　计	陈传理	冯跃峰
李尚志	林　常	刘裕文	单　墫
史济怀	苏　淳	苏建一	张景中
朱华伟			

主　任　费振鹏
副主任　李　红
主　编　李　潜

编　委（按姓氏拼音排序）

安振平	蔡玉书	曹珏赟	程汉波
傅乐新	甘志国	顾　滨	顾冬华
韩京俊	雷　勇	李　伟	李昌勇
刘凯峰	刘利益	卢秀军	吕海柱
彭翕成	王慧兴	王永喜	武炳杰
肖向兵	闫伟锋	严文兰	杨　颙
杨全会	杨志明	张　雷	赵　斌

中国科学技术大学出版社

内容简介

《学数学》旨在专门研究数学竞赛和自主招生考试,专注于数学资优生的教育和培养.书中登载名家的专题讲座;收录命题与解题的研究文章;汇集国内外最新赛题和由著名教练命制的模拟题,对全部试题均提供详尽的解析;提出若干探究问题,广泛征解,与读者互动.

《学数学》适合作为优秀中学生参加数学竞赛和自主招生考试的学习参考书,也适合高中数学教师尤其是数学竞赛教练员参考.

图书在版编目(CIP)数据

学数学.第 5 卷/李潜主编.—合肥:中国科学技术大学出版社,2017.2
(学数学丛书)
ISBN 978-7-312-04140-2

Ⅰ.学… Ⅱ.李… Ⅲ.中学数学课—教学参考资料 Ⅳ.G634.603

中国版本图书馆 CIP 数据核字(2017)第 013021 号

出版 中国科学技术大学出版社
 安徽省合肥市金寨路 96 号,230026
 http://press.ustc.edu.cn
 https://zgkxjsdxcbs.tmall.com
印刷 安徽国文彩印有限公司
发行 中国科学技术大学出版社
经销 全国新华书店

开本 787 mm×1092 mm 1/16
印张 12
字数 267 千
版次 2017 年 2 月第 1 版
印次 2017 年 2 月第 1 次印刷
印数 1—4500 册
定价 25.00 元

序

自今年开始,《学数学》以《学数学丛书》的形式,改由中国科学技术大学出版社出版发行.改变出版发行形式后,依然是每个季度出版一册,却可以借助出版社的发行平台和途径,拓宽市场,提升发行量,使得更多的读者获益,也可降低图书成本,实是多赢之举.这一步走得好,它将会使《学数学》办得更好、走得更远,前景更明亮!

《学数学》曾是一份深受读者喜爱的刊物,它来自于数学人,为数学人服务,受数学人支持.《学数学》没有专职编辑人员,几位在职中学教师和一位在读博士研究生,自己组稿,自己编辑,自己联系印刷,还要自办发行,十分辛苦,却又无钱可赚.然而它却办得有声有色,颇具品位.这是一种什么样的精神,一种什么样的境界!这里面除了对数学的热爱、对事业的追求和对工作的高度责任感之外,还能有什么别的解释?

《学数学丛书》以普及中等数学知识为己任,服务于广大的中学数学教师,以及关心和热爱中等数学的其他人群.它面向中学数学教学,却不局限于中学数学教学,它不讨论教材教法,却鼓励对延伸出的中等数学问题作深入的讨论.它的版面生动活泼,报道国内外中学数学界的各种活动,及时发表有关资料.它的内容生动有趣,使人感觉时读时新.李克强总理号召全民阅读,他说:"书籍和阅读是文明传承的重要载体."《学数学丛书》为全民阅读提供了一份优秀的读物.

数学之于国民经济的重要性不言而喻.对于我们这样一个经济总量已达全球第二的大国而言,提升经济的知识含量,改变经济增长方式,实现经济发展转轨,已经是摆在眼前的任务.拿出更多更好的原创性产品,是中国经济发展的必由之路.任何一项原创性产品的研发和生产都离不开数学!更何况需要持续不断地推出新产品,持续不断地更新换代,没有一代接一代科学人持续不断的努力,何以为继?为了国家,为了民族,我们需要锻造出一批批科学人才,一批批能够坐得住冷板凳、心无旁骛、一心只爱钻研的人,其中包括那些一心痴迷数学的人才.

《学数学丛书》愿为这一目标尽心尽力.

苏　淳

2015 年 2 月

目　　录

序 ·· (i)

第一篇　名家讲堂

谈第 31 届中国数学奥林匹克考试题 ·· 单　墫（ 2 ）

第二篇　命题与解题

两道国内外赛题的一个统一简证 ·· 刘康宁（ 10 ）

一个恒等式与一组不等式 ··· 蔡玉书（ 12 ）

圆锥曲线统一性质的统一证明 ··· 蔡玉书（ 21 ）

再解第 56 届 IMO 中国国家队选拔考试题二第 6 题 ····································· 骆来根（ 31 ）

二阶齐次递推数列的模周期性 ··· 王任飞（ 34 ）

第 31 届中国数学奥林匹克考试题第 2 题的另证 ·· 曹珏赟（ 39 ）

一类含有根式的递推数列问题的解题策略 ·· 王国军（ 42 ）

交比背景下的三道高考题 ··· 李鸿昌（ 51 ）

一个问题的几何证法 ··· 卢　圣　杨艳玲（ 55 ）

一道角度成二倍关系的几何题的简证 ··· 吕建恒（ 59 ）

一个不等式的证明 ·· 李昌勇（ 60 ）

第三篇　试题汇编

第 31 届中国数学奥林匹克考试题 ·· (64)

第 9 届中欧地区数学奥林匹克考试题（2015） ··· (74)

第 22 届土耳其数学奥林匹克考试题（2014） ·· (90)

2015 年 IMO 土耳其国家队选拔考试题 ··· (97)

2015 年罗马尼亚 IMO 选拔考试题 ··· (108)

北京大学 2015 年优秀中学生数学秋令营考试题 ………………………………………… (131)

第四篇 模拟训练

《学数学》高中数学竞赛训练题(1) ……………………………… 顾冬华 闫伟锋 (140)

《学数学》高中数学竞赛训练题(2) ……………………………………… 王永喜 (151)

《学数学》高考数学模拟训练题 …………………………………………… 甘志国 (163)

第五篇 探究问题与解答

《学数学》数学贴吧探究问题 2016 年第一季 ………………………………… (176)

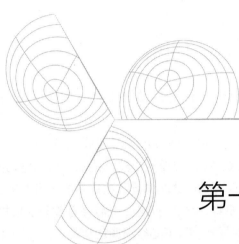

第一篇 名家讲堂

谈第31届中国数学奥林匹克考试题

谈第31届中国数学奥林匹克考试题

今年试题普遍反映较难. 一等奖的分数线为 48 分, 进集训队的分数线为 66 分(每题满分 21 分), 为近年来最低.

第 1 题不难猜到答案, 但表述有一定难度. 第 2 题为几何题, 如果加个提示: 证明 $AB + CD = BC + DA$, 就变得很容易了(这种"点金成铁"的提示当然不能加). 所以它的困难就在于使人误认为这道题"非常困难", 进而"想入非非, 误入魔道". 这道题的参考答案已经很好了, 我也不必多说. 第 3 题从(Ⅰ)推出(Ⅱ)不难, 由(Ⅱ)推出(Ⅰ)需要有差分的思想. 第 4 题最容易, 第 5 题解法很多, 第 6 题不必寻求一般结果, 不必给问题增加难度.

下面是我对第 1、3、4、6 题的解答.

第 1 题 设正整数 $a_1, a_2, \cdots, a_{31}, b_1, b_2, \cdots, b_{31}$ 满足:

(Ⅰ) $a_1 < a_2 \cdots < a_{31} \leqslant 2015, b_1 < b_2 < \cdots < b_{31} \leqslant 2015$;

(Ⅱ) $a_1 + a_2 + \cdots + a_{31} = b_1 + b_2 + \cdots + b_{31}$.

求 $S = |a_1 - b_1| + |a_2 - b_2| + \cdots + |a_{31} - b_{31}|$ 的最大值.

解析 设 $|a_i - b_i| = a_i - b_i$ 的项有 u 个, 记为 $c_1 \leqslant c_2 \leqslant \cdots \leqslant c_u$, 其余的项有 $v = 31 - u$ 个, 记为 $d_1 \leqslant d_2 \leqslant \cdots \leqslant d_v$.

又设 $c_u = a_k - b_k, d_v = b_h - a_h$, 首先证明
$$c_u + d_v \leqslant 1984. \qquad ①$$

不妨设 $k > h$. 将 $a_{31}、a_k、b_k、a_h、b_h$ 表示在数轴上, 它们是区间 $[1, 2015]$ 中从右到左的 5 个点. 显然

$$2015 = (2015 - a_{31}) + (a_{31} - a_k) + (a_k - b_k) + (b_k - b_h) + (b_h - a_h) + a_h$$
$$\geqslant 0 + (31 - k) + (a_k - b_k) + (k - h) + (b_h - a_h) + h$$
$$= 31 + (a_k - b_k) + (b_h - a_h),$$

从而
$$(a_k - b_k) + (b_h - a_h) \leqslant 2015 - 31 = 1984.$$

不妨设 $u \leqslant 15$. 由条件(Ⅱ), 得
$$c_1 + c_2 + \cdots + c_u = d_1 + d_2 + \cdots + d_v. \qquad ②$$

由式①, 在上式两边加上 $d_1 + d_2 + \cdots + d_u$, 得
$$1984 \times 15 \geqslant c_1 + c_2 + \cdots + c_u + d_1 + d_2 + \cdots + d_u$$
$$= d_1 + d_2 + \cdots + d_v + d_1 + d_2 + \cdots + d_u$$

$$\geqslant 31d_1,$$

从而

$$d_1 \leqslant \frac{1984 \times 15}{31} = 960.$$

又由式②,得

$$c_u \geqslant \frac{1}{u}(c_1 + c_2 + \cdots + c_u) \geqslant \frac{1}{u}(d_1 + d_2 + \cdots + d_v)$$

$$\geqslant \frac{1}{u}(d_{v-u+1} + d_{v-u+2} + \cdots + d_v) \geqslant d_{v-u+1}.$$

所以

$$S = c_1 + c_2 + \cdots + c_u + d_1 + d_2 + \cdots + d_v$$

$$= (c_u + d_v) + (c_{u-1} + d_{v-1}) + \cdots + (c_1 + d_{v-u+1})$$

$$+ (d_{v-u} + d_{v-u-1}) + \cdots + (d_3 + d_2) + d_1$$

$$\leqslant u(c_u + d_v) + \frac{v - u - 1}{2}(c_u + d_v) + d_1$$

$$= \frac{u + v - 1}{2}(c_u + d_v) + d_1 = 15(c_u + d_v) + d_1$$

$$\leqslant 1984 \times 15 + \frac{1984 \times 15}{31} = 30720.$$

另一方面,若取

$$(a_1, a_2, \cdots, a_{16}, a_{17}, a_{18}, \cdots, a_{31}) = (1, 2, \cdots, 16, 2001, 2002, \cdots, 2015),$$

$$(b_1, b_2, \cdots, b_{31}) = (961, 962, \cdots, 991),$$

则条件(Ⅰ)、(Ⅱ)均满足,此时 $S = 960 + 15 \times (1024 + 960) = 30720$.

综上所述,S 的最大值为 30720.

第3题 设 p 是奇素数,$a_1, a_2, \cdots, a_p$ 是整数.证明以下两个命题等价:

(Ⅰ)存在一个次数不超过 $\frac{p-1}{2}$ 的整系数多项式 $f(x)$,使得对每个不超过 p 的正整数 i,都有 $f(i) \equiv a_i \pmod{p}$.

(Ⅱ)对每个不超过 $\frac{p-1}{2}$ 的正整数 d,都有

$$\sum_{i=1}^{p}(a_{i+d} - a_i)^2 \equiv 0 \pmod{p},$$

这里下标按模 p 理解,即 $a_{p+n} = a_n$.

解析 假设(Ⅰ)成立.这时若 $f(x+d)$ 与 $f(x)$ 相减,则首项抵消,所以 $f(x+d) - f(x)$ 是次数不超过 $\frac{p-1}{2}$ 的多项式.令 $\varphi(x) = (f(x+d) - f(x))^2$,则 $\varphi(x)$ 是次数不超过 $2\left(\frac{p-1}{2} - 1\right) = p - 3$ 的多项式,可表示为

$$b_n x^n + b_{n-1} x^{n-1} + \cdots + b_1 x + b_0 \quad (n \leq p - 3),$$

其中 $b_n, b_{n-1}, \cdots, b_0$ 都是整数,并且
$$\varphi(i) = (f(i+d) - f(i))^2 = (a_{i+d} - a_i)^2.$$

所以
$$\sum_{i=1}^{p}(a_{i+d} - a_i) = \sum_{i=1}^{p} \varphi(i) = \sum_{i=1}^{p} \sum_{k=0}^{n} b_k i^k = \sum_{k=0}^{n} b_k \sum_{i=1}^{p} i^k.$$

熟知 $\bmod p$ 的完全剩余系可写成 $\{0, 1, g, g^2, \cdots, g^{p-2}\}$,$g$ 为 $\bmod p$ 的原根,所以当 $k < p - 1$ 时
$$\sum_{i=1}^{p} i^k \equiv \sum_{j=0}^{p-2} (g^j)^k = \frac{(g^k)^{p-1} - 1}{g - 1} \equiv 0 (\bmod p),$$

即(Ⅱ)成立.

反之,设(Ⅱ)成立.

由拉格朗日插值法,我们知道 $p - 1$ 次多项式
$$\sum_{i=1}^{p} a_i \prod_{\substack{1 \leq j \leq p \\ j \neq i}} \frac{x - j}{i - j}$$

在 $x = i$ 时,值为 $a_i (i = 1, 2, \cdots, p)$. 取整数 λ_i 为方程
$$\lambda_i \prod_{\substack{1 \leq j \leq p \\ j \neq i}} (i - j) \equiv 1 (\bmod p)$$

的解,则整系数多项式
$$f(x) = \sum_{i=1}^{p} a_i \lambda_i \prod_{\substack{1 \leq j \leq p \\ j \neq i}} (x - j)$$

满足
$$f(i) \equiv a_i (\bmod p).$$

记 $f(x) = \sum_{k=0}^{n} b_k x^k$,其中 $n \leq p - 1, b_0, b_1, \cdots, b_n$ 为整数,并且可设 $b_n \not\equiv 0 (\bmod p)$.

只需证明 $n \leq \dfrac{p-1}{2}$.

首先,我们有
$$\sum_{i=1}^{p} (a_{i+d} - a_i)^2 = \sum_{i=1}^{p} (f(i+d) - f(i))^2$$
$$= \sum_{i=1}^{p} (f^2(i+d) + f^2(i) - 2f(i+d)f(i))$$
$$\equiv 2 \sum_{i=1}^{p} (f^2(i) - f(i+d)f(i))$$
$$= -2 \sum_{i=1}^{p} (f(i+d) - f(i)) f(i)$$

$$= -2\sum_{i=1}^{p}\sum_{k=1}^{d}(f(i+k)-f(i+k-1))f(i)$$
$$= -2\sum_{k=1}^{d}(\sum_{i=1}^{p}\varphi_1(i+k-1)f(i))\pmod p.$$

其中,$\varphi_1(x) = f(x+1) - f(x)$.

在已知条件(Ⅱ)中取 $d = 1, 2, \cdots, p$(不难知道 d 的范围可扩展为 $1, 2, \cdots, p$),得

$$\sum_{i=1}^{p}\varphi_1(i)f(i) \equiv 0 \pmod p,$$

$$\sum_{i=1}^{p}\varphi_1(i)f(i) + \sum_{i=1}^{p}\varphi_1(i+1)f(i) \equiv 0 \pmod p,$$

......,

$$\sum_{i=1}^{p}\varphi_1(i)f(i) + \sum_{i=1}^{p}\varphi_1(i+1)f(i) + \cdots + \sum_{i=1}^{p}\varphi_1(i+p-1)f(i) \equiv 0 \pmod p.$$

从而

$$\sum_{i=1}^{p}\varphi_1(i)f(i) \equiv 0 \pmod p,$$

$$\sum_{i=1}^{p}\varphi_1(i+1)f(i) \equiv 0 \pmod p,$$

......,

$$\sum_{i=1}^{p}\varphi_1(i+p-1)f(i) \equiv 0 \pmod p.$$

令 $\varphi_2(x) = \varphi_1(x+1) - \varphi_1(x)$,由上面的每个等式减去前一个,得

$$\sum_{i=1}^{p}\varphi_2(i)f(i) \equiv 0 \pmod p,$$

$$\sum_{i=1}^{p}\varphi_2(i+1)f(i) \equiv 0 \pmod p,$$

......,

$$\sum_{i=1}^{p}\varphi_2(x+p-2)f(i) \equiv 0 \pmod p.$$

一般地,令 $\varphi_h(x) = \varphi_{h-1}(x+1) - \varphi_{h-1}(x)$(称为 $f(x)$ 的 h 阶差分多项式),$h \leqslant p-1$. 同样可得

$$\sum_{i=1}^{p}\varphi_h(i)f(i) \equiv 0 \pmod p,$$

$$\sum_{i=1}^{p}\varphi_h(i+1)f(i) \equiv 0 \pmod p,$$

......,

$$\sum_{i=1}^{p} \varphi_h(x+p-h)f(i) \equiv 0 (\bmod\ p).$$

显然 $\varphi_1(x) = \sum_{k=1}^{n} b_k((x+1)^k - x^k) = nb_n x^{n-1} + \cdots$,其中省略号表示次数低于 $n-1$ 的项. 同样,$\varphi_2(x), \cdots, \varphi_h(x)$ 的次数分别为 $n-2, \cdots, n-h$,并且首项系数分别为 $n(n-1)b_n, \cdots, n(n-1)\cdots(n-h+1)b_n$.

另一方面,如果 $n > \dfrac{p-1}{2}$,那么 $2n-(p-1) > 0$. 令 $m = 2n-(p-1)$,则 $\varphi_m(x)$ 的次数为 $n-m = p-1-n \geqslant 0$,$\varphi_m(x+p-m)f(x) = c_{p-1}x^{p-1} + \cdots + c_1 x + c_0$ 的次数为 $p-1$,首项系数为

$$c_{p-1} = n(n-1)\cdots(n-m+1)b_n^2 \not\equiv 0(\bmod\ p),$$

$$\sum_{i=1}^{p} \varphi_m(i+p-m)f(i) = \sum_{i=1}^{p}(c_{p-1}i^{p-1} + c_{p-2}i^{p-2} + \cdots + c_0)$$

$$\equiv c_{p-1}\sum_{i=1}^{p} i^{p-1} \equiv c_{p-1}(p-1) \not\equiv 0(\bmod\ p).$$

而这与前面的结论矛盾.

因此,$n \leqslant \dfrac{p-1}{2}$,即(Ⅰ)成立.

第4题 设整数 $n \geqslant 3$,不超过 n 的素数共有 k 个. 设 A 是集合 $\{2,3,\cdots,n\}$ 的子集,A 的元素个数小于 k,且 A 中任意一个数不是另一个数的倍数. 证明:存在集合 $\{2,3,\cdots,n\}$ 的 k 元子集 B,使得 B 中任意一个数也不是另一个数的倍数,且 B 包含 A.

解析 设不超过 n 的素数为 $p_1 < p_2 < \cdots < p_k$.

$p_1, p_2, \cdots, p_k$ 均有倍数在 A 中. 否则,设 p_i 没有倍数在 A 中,改用 $A \cup \{p_i\}$ 代替 A 进行讨论.

设 $p_i(1 \leqslant i \leqslant k)$ 在 A 的数中出现的最高次数为 $p_i^{a_i}$,这个数是 $p_i^{a_i}b_i(p_i \nmid b_i)$.

如果 $b_i > p_i$,那么 $p_i^{a_i+1} < p_i^{a_i}b_i \leqslant n$. 用 $A \cup \{p_i^{a_i+1}\}$ 代替 A.

经过这样的添加后,对每个 $p_i(1 \leqslant i \leqslant k)$,幂指数最高的数 $p_i^{a_i}b_i$ 都满足 $b_i < p_i$. 这样的 k 个数 $p_i^{a_i}b_i(1 \leqslant i \leqslant k)$ 互不相同.

第6题 一项赛事共有 100 位选手参加. 对于任意两位选手 x、y,他们之间恰比赛一次且分出胜负,以 $x \to y$ 表示 x 战胜 y. 如果对任意两位选手 x、y,均能找到某个选手序列 $u_1, u_2, \cdots, u_k(k \geqslant 2)$,使得 $x = u_1 \to u_2 \to \cdots \to u_k = y$,那么称该赛事结果是友好的.

(1) 证明:对任意一个友好的赛事结果,存在正整数 m 满足如下条件:对任意两位选手 x、y,均能找到某个长度为 m 的选手序列 $z_1, z_2, \cdots, z_m$(这里 $z_1, z_2, \cdots, z_m$ 可以有重复),使得 $x = z_1 \to z_2 \to \cdots \to z_m = y$;

(2) 对任意一个友好的赛事结果 T,将符合(1)中条件的最小正整数 m 记为 $m(T)$,求 $m(T)$ 的最小值.

解析 (1) 这是一个图论问题.

在一个图中,如果每两点 u、v 之间都恰有一条有向的线段联结(从 u 指向 v 或从 v 指向 u),那么这个图就称为竞赛图或完全有向图.

如果竞赛图中每两点 x、y 之间,都有一条链 $x = u_1 \to u_2 \to \cdots \to u_k = y$,那么就说这个图是强连通的.

问题就是证明:对 100 个点的强连通图,存在正整数 m 满足对任意两个点 x、y,均能找到一条由 m 个点组成的链 $x = z_1 \to z_2 \to \cdots \to z_m = y$.

100 太大,先取简单的情况来考虑.

3 个点的强连通图只有一种,如图 1 所示.

图 1 中有一个长为 3(3 个点)的圈,x_1 到 x_2 的链长可为 $2, 5, \cdots$,即 $2 + 3k$(k 为非负整数),x_1 到 x_3 的链长为 $3 + 3h$(h 为非负整数).因为 $2 + 3k \neq 3 + 3h$,所以这时并无相应的 m 存在.

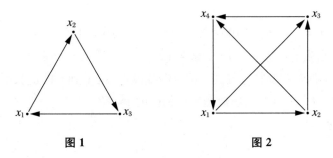

图 1　　　　　　　图 2

4 个点的强连通图如图 2 所示(也只有这一种).

图 2 中有一个长为 4 的圈,每点又各在一个长为 3 的圈上,因此,x_1 到 x_2 有一条长为 $2 + 4 \times 2 = 10$ 的链,x_1 到 x_3 有一条长为 $2 + 4 \times 2 = 10$ 的链,x_1 到 x_4 有一条长为 $3 + 3 + 4 = 10$ 的链,x_3 到 x_2 之间有一条长为 $4 + 2 \times 3 = 10$ 的链,其他的点对之间也均有长为 10 的链.因此,$m = 10$.

于是,我们可以猜想点数大于 3 的强连通图或者点数为 4 的倍数的强连通图有相应的 m 存在.不过,我们不必给自己增加任务(在考试时需要尽快完成所面对的试题),还是先限定为具体的 100 个点.

由简单的情况启发,第一,证明图中有一条长为 100 的圈.

设有 $x_1 \to x_2$,由强连通性又有 $x_2 \to x_3 \to \cdots \to x_k \to x_1$,所以有一条长为 k 的圈.如果 $k < 100$,那么有点 x_{k+1} 不在上述圈上.

不妨设有 $x_1 \to x_{k+1}$.若有 $x_i \to x_{k+1}, x_{k+1} \to x_{i+1}$($1 \leqslant i < k$),则圈可扩大为
$$x_1 \to x_2 \to \cdots \to x_i \to x_{k+1} \to x_{i+1} \to \cdots \to x_k (\to x_1).$$

若一切 $x_i \to x_{k+1}$($1 \leqslant i \leqslant k$),则由于强连通性,由 x_{k+1} 必引出一条到圈上的链,设该链上第一个在圈上的点是 x_{j+1}($0 \leqslant j \leqslant k-1$),则圈可扩大为
$$x_1 \to x_2 \to \cdots \to x_j \to x_{k+1} \to \cdots \to x_{j+1} \to x_{j+2} \to \cdots \to x_k (\to x_1)$$
(当 $x_{j+1} = x_1$ 时,圈扩大为 $x_{k+1} \to \cdots \to x_1 \to x_2 \to \cdots \to x_k (\to x_{k+1})$).

总之,圈长可不断增加,直至 100 个点全在圈上.于是,可设图中有圈
$$x_1 \to x_2 \to \cdots \to x_{100}(\to x_1).$$

其次,过每一个点有一长为 3 或 99 的圈.

如果 $x_3 \to x_1$,那么 $x_1 \to x_2 \to x_3 \to x_1$ 就是长为 3 的圈.如果 $x_1 \to x_3$,那么 $x_1 \to x_3 \to x_4 \to \cdots \to x_{100} \to x_1$ 就是长为 99 的圈.

现在证明所说的 m 存在.事实上,取 $m > 100 \times 99 - 99$,则 m 即为所求,理由如下.

对图中任意两点 u、v,由强连通性,有一条链
$$u = x_1 \to x_2 \to \cdots \to x_s = v,$$
其中 $s \leqslant 100, m - s > 100 \times 99 - 99 - 100 > 100 \times 3 - 3 - 100$.

因为 3、99 均与 100 互素,根据数论中熟知的定理,存在非负整数 μ_1、ν_1、μ_2、ν_2,满足
$$m - s = \mu_1 \times 100 + \nu_1 \times 99, \quad m - s = \mu_2 \times 100 + \nu_2 \times 3,$$
即
$$m = s + \mu_1 \times 100 + \nu_1 \times 99 = s + \mu_2 \times 100 + \nu_2 \times 3.$$

上式表明,从点 u 出发有一条长为 m 的链到 v.

(2) 设 $x \to y$,则从 y 没有直接到 x 的有向线段,即从 y 到 x 的链长不小于 3.

我们构造一个 100 个点的强连通图使得相应的 $m = 3$.

首先作一个圈
$$x_1 \to x_2 \to \cdots \to x_{100} \to x_1.$$

对于任两点 x_i、$x_j (1 \leqslant i < j \leqslant n)$,如果 $j - i > 50$,那么作 $x_j \to x_i$;如果 $j - i \leqslant 50$,并且 $j - i \neq 3$,那么作 $x_i \to x_j$;如果 $j - i = 3$,那么作 $x_j \to x_i$.

在这个图中,对任意两点 x_i、$x_j (1 \leqslant i < j \leqslant 100)$,如果 $j = i + 1$,那么有链 $x_i \to x_{i+4} \to x_{i+1} = x_j$;如果 $j = i + 4$,那么有链 $x_i \to x_{i+2} \to x_j$;如果 $j \leqslant i + 51$,并且 $j \neq i + 1, i + 4$,那么有链 $x_i \to x_{j-1} \to x_j$;如果 $j > i + 51$,并且 $j \neq i + 53$,那么有链 $x_i \to x_{i+50} \to x_j$;如果 $j = i + 53$,那么有链 $x_i \to x_{i+49} \to x_{i+53} = x_j$.因此,$m = 3$.

上面的 100 个点显然可改为 $n \geqslant 11$ 个点.

单 墫

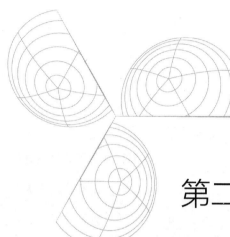

第二篇　命题与解题

两道国内外赛题的一个统一简证

一个恒等式与一组不等式

圆锥曲线统一性质的统一证明

再解第56届IMO中国国家队选拔考试题二第6题

二阶齐次递推数列的模周期性

第31届中国数学奥林匹克考试题第2题的另证

一类含有根式的递推数列问题的解题策略

交比背景下的三道高考题

一个问题的几何证法

一道角度成二倍关系的几何题的简证

一个不等式的证明

两道国内外赛题的一个统一简证

第1题 设正数 a、b、c、d 满足 $abcd=1$. 证明：
$$\frac{1}{a}+\frac{1}{b}+\frac{1}{c}+\frac{1}{d}+\frac{9}{a+b+c+d} \geqslant \frac{25}{4}.$$

（2011年女子数学奥林匹克考试题）

解析 令 $a=\frac{x}{y}, b=\frac{y}{z}, c=\frac{z}{w}, d=\frac{w}{x}, x、y、z、w>0$，则所证不等式化为

$$\frac{y}{x}+\frac{z}{y}+\frac{w}{z}+\frac{x}{w}+\frac{9}{\frac{x}{y}+\frac{y}{z}+\frac{z}{w}+\frac{w}{x}} \geqslant \frac{25}{4}. \qquad ①$$

先证明：
$$x^2yz+y^2zw+z^2wx+w^2xy \geqslant x^2zw+y^2wx+z^2xy+w^2yz. \qquad ②$$

事实上，由对称性，不妨设 $x \geqslant y \geqslant z \geqslant w$，则

$$x^2yz+y^2zw+z^2wx+w^2xy-(x^2zw+y^2wx+z^2xy+w^2yz)$$
$$=(x-z)(y-w)(xz-yw) \geqslant 0.$$

所以不等式②成立，由此得

$$\frac{y}{x}+\frac{z}{y}+\frac{w}{z}+\frac{x}{w}+\frac{9}{\frac{x}{y}+\frac{y}{z}+\frac{z}{w}+\frac{w}{x}}$$

$$=\frac{x^2yz+y^2zw+z^2wx+w^2xy}{xyzw}+\frac{9xyzw}{x^2zw+y^2wx+z^2xy+w^2yz}$$

$$\geqslant \frac{x^2zw+y^2wx+z^2xy+w^2yz}{xyzw}+\frac{9xyzw}{x^2zw+y^2wx+z^2xy+w^2yz}$$

$$=t+\frac{9}{t}.$$

其中

$$t=\frac{x^2zw+y^2wx+z^2xy+w^2yz}{xyzw}=\frac{x}{y}+\frac{y}{z}+\frac{z}{w}+\frac{w}{x} \geqslant 4.$$

又 $f(t)=t+\frac{9}{t}$ 在 $[4,+\infty)$ 上单调递增，所以 $f(t) \geqslant f(4)=4+\frac{9}{4}=\frac{25}{4}$.

故不等式①成立，原不等式得证.

第2题 对任意满足 $abc=1$ 的正实数 a、b、c,均有
$$\frac{1}{a}+\frac{1}{b}+\frac{1}{c}+\frac{k}{a+b+c+1} \geq \frac{k}{4}+3. \qquad ①$$
求最大的正整数 k.

(2013年越南国家队选拔考试题)

解析 取 $a=\frac{9}{4}, b=c=\frac{2}{3}$,代入式①,得 $k \leq \frac{880}{63} < 14$.

由于 k 为正整数,所以 $k \leq 13$.

于是,只需证明:对满足 $abc=1$ 的任意正实数 a、b、c,都有
$$\frac{1}{a}+\frac{1}{b}+\frac{1}{c}+\frac{13}{a+b+c+1} \geq \frac{25}{4}.$$

以下证明与第1题类似,留给读者自己完成. 但注意应用如下结论:
若 x、y、$z > 0$,则 $x^2y+y^2z+z^2x \geq xy^2+yz^2+zx^2$.

刘康宁
陕西省西安铁一中

一个恒等式与一组不等式

恒等式与不等式的关系是非常密切的,在不等式的教学中往往忽视恒等变形的技巧,一味追求重要不等式的应用技巧.要知道不等式与一些恒等式有着千丝万缕的联系,这些联系是恒等式通往不等式的桥梁,本文通过恒等式

$$(a+b)(b+c)(c+a) = (a+b+c)(ab+bc+ca) - abc$$

谈谈恒等式在证明不等式时的应用.

例 1 设 a、b、c 为正数,证明:

$$2\sqrt{ab+bc+ca} \leqslant \sqrt{3} \cdot \sqrt[3]{(b+c)(c+a)(a+b)}.$$

(1992 年波兰-奥地利数学奥林匹克考试题)

证明 由均值不等式得

$$abc = \sqrt[3]{abc} \cdot \sqrt[3]{ab \cdot bc \cdot ca} \leqslant \frac{a+b+c}{3} \cdot \frac{ab+bc+ca}{3},$$

于是

$$(b+c)(c+a)(a+b)$$
$$= (a+b+c)(ab+bc+ca) - abc$$
$$\geqslant (a+b+c)(ab+bc+ca) - \frac{1}{9}(a+b+c)(ab+bc+ca)$$
$$= \frac{8}{9}(a+b+c)(ab+bc+ca)$$
$$= \frac{8}{9}\sqrt{a^2+b^2+c^2+2(ab+bc+ca)}(ab+bc+ca)$$
$$\geqslant \frac{8}{9}\sqrt{3(ab+bc+ca)}(ab+bc+ca)$$
$$= \frac{8}{9}\sqrt{3(ab+bc+ca)^3}.$$

此即

$$2\sqrt{ab+bc+ca} \leqslant \sqrt{3} \cdot \sqrt[3]{(b+c)(c+a)(a+b)}.$$

由例 1 可以直接解决下面这道竞赛题:

设 a、b、c 是正数,且 $(a+b)(b+c)(c+a)=1$,求证:$ab+bc+ca \leqslant \dfrac{3}{4}$.

(2005 年罗马尼亚数学奥林匹克考试题)

例2 已知 a、b、c 是正数，且 $abc=1$，证明：

$$4\left(\sqrt[3]{\frac{a}{b}}+\sqrt[3]{\frac{b}{c}}+\sqrt[3]{\frac{c}{a}}\right)\leq 3\sqrt[3]{\left(2+a+b+c+\frac{1}{a}+\frac{1}{b}+\frac{1}{c}\right)^2}.$$

(2006年丝绸之路数学奥林匹克考试题)

证明 因为 $abc=1$，所以

$$2+a+b+c+\frac{1}{a}+\frac{1}{b}+\frac{1}{c}=1+a+b+c+ab+bc+ca+abc$$
$$=(1+a)(1+b)(1+c).$$

令 $a=\dfrac{m}{n}$，$b=\dfrac{n}{p}$，$c=\dfrac{p}{m}$，则

$$4\left(\sqrt[3]{\frac{a}{b}}+\sqrt[3]{\frac{b}{c}}+\sqrt[3]{\frac{c}{a}}\right)\leq 3\sqrt[3]{\left(2+a+b+c+\frac{1}{a}+\frac{1}{b}+\frac{1}{c}\right)^2}$$

$$\Leftrightarrow 4\left(\sqrt[3]{\frac{a}{b}}+\sqrt[3]{\frac{b}{c}}+\sqrt[3]{\frac{c}{a}}\right)\leq 3\sqrt[3]{((1+a)(1+b)(1+c))^2}$$

$$\Leftrightarrow 4\left(\sqrt[3]{\frac{mp}{n^2}}+\sqrt[3]{\frac{mn}{p^2}}+\sqrt[3]{\frac{pn}{m^2}}\right)\leq 3\sqrt[3]{\left(\left(1+\frac{m}{n}\right)\left(1+\frac{n}{p}\right)\left(1+\frac{p}{m}\right)\right)^2}$$

$$\Leftrightarrow 4(mn+np+pm)\leq 3\sqrt[3]{((m+n)(n+p)(p+m))^2}.$$

由恒等式

$$(m+n)(n+p)(p+m)=(m+n+p)(mn+np+pm)-mnp$$

及不等式

$$(m+n+p)^2\geq 3(mn+np+pm),$$
$$mn+np+pm\geq 3\sqrt[3]{m^2n^2p^2},$$

得

$$m+n+p\geq \sqrt{3(mn+np+pm)},$$
$$mnp\leq \sqrt{\left(\frac{mn+np+pm}{3}\right)^3}.$$

所以

$$(m+n)(n+p)(p+m)=(m+n+p)(mn+np+pm)-mnp$$
$$\geq \sqrt{3(mn+np+pm)}(mn+np+pm)-\sqrt{\left(\frac{mn+np+pm}{3}\right)^3}$$
$$=\frac{8}{3\sqrt{3}}\sqrt{(mn+np+pm)^3},$$

即

$$((m+n)(n+p)(p+m))^2\geq \frac{64}{27}(mn+np+pm)^3,$$

也即
$$4(mn + np + pm) \leqslant 3\sqrt[3]{((m+n)(n+p)(p+m))^2}.$$

例 3 设 a、b、c 是正实数,求证:
$$\frac{a+b+c}{3} \geqslant \sqrt[3]{\frac{(a+b)(b+c)(c+a)}{8}} \geqslant \frac{\sqrt{ab}+\sqrt{bc}+\sqrt{ca}}{3}.$$

(2004 年中国国家队培训题)

证明 由均值不等式得
$$\frac{a+b+c}{3} = \frac{\frac{a+b}{2}+\frac{b+c}{2}+\frac{c+a}{2}}{3} \geqslant \sqrt[3]{\frac{(a+b)(b+c)(c+a)}{8}},$$
$$(a+b+c)(ab+bc+ca) \geqslant 3\sqrt[3]{abc} \cdot 3\sqrt[3]{abbcca} = 9abc.$$
又
$$(a+b)(b+c)(c+a) = (a+b+c)(ab+bc+ca) - abc,$$
所以
$$9(a+b)(b+c)(c+a) = 9(a+b+c)(ab+bc+ca) - 9abc$$
$$\geqslant 8(a+b+c)(ab+bc+ca).$$
显然
$$a+b+c \geqslant \sqrt{ab}+\sqrt{bc}+\sqrt{ca}.$$
又由于
$$ab+bc+ca \geqslant \frac{1}{3}(\sqrt{ab}+\sqrt{bc}+\sqrt{ca})^2,$$
所以
$$9(a+b)(b+c)(c+a) \geqslant \frac{8}{3}(\sqrt{ab}+\sqrt{bc}+\sqrt{ca})^3.$$
即
$$\sqrt[3]{\frac{(a+b)(b+c)(c+a)}{8}} \geqslant \frac{\sqrt{ab}+\sqrt{bc}+\sqrt{ca}}{3}.$$

例 4 设 a、b、c 是正实数,求证:
$$\frac{a+b+c}{3} \leqslant \frac{1}{4}\sqrt[3]{\frac{(a+b)^2(b+c)^2(c+a)^2}{abc}}.$$

(《Crux 问题(2108)》)

证明 由例 3 的证明得
$$9(a+b)(b+c)(c+a) \geqslant 8(a+b+c)(ab+bc+ca)$$
$$= 4(a+b+c)(a(b+c)+b(c+a)+c(a+b)).$$
由均值不等式得
$$a(b+c)+b(c+a)+c(a+b) \geqslant 3\sqrt[3]{abc(a+b)(b+c)(c+a)}.$$

于是
$$27((a+b)(b+c)(c+a))^2 \geqslant 64(a+b+c)^3 abc,$$
即
$$\frac{a+b+c}{3} \leqslant \frac{1}{4}\sqrt[3]{\frac{(a+b)^2(b+c)^2(c+a)^2}{abc}}.$$

例 5 设 a、b、c 是正实数,且 $abc(a+b+c)=1$,求 $(a+b)(b+c)(c+a)$ 的最小值.

(《数学通报》2006 年第 5 期问题)

解 由恒等式 $(a+b)(b+c)(c+a)=(a+b+c)(ab+bc+ca)-abc$ 得
$$(a+b)(b+c)(c+a) = (a+b+c)(ab+bc+ca)-abc$$
$$= abc(a+b+c)\left(\frac{1}{a}+\frac{1}{b}+\frac{1}{c}\right)-abc$$
$$= \left(\frac{1}{a}+\frac{1}{b}+\frac{1}{c}\right)-abc.$$

由均值不等式得
$$1 = abc(a+b+c) \geqslant 3abc\sqrt[3]{abc},$$
所以 $abc \leqslant \left(\frac{1}{3}\right)^{\frac{3}{4}}$.

由均值不等式得
$$\frac{1}{a}+\frac{1}{b}+\frac{1}{c} \geqslant 3\sqrt[3]{\frac{1}{abc}} \geqslant 3 \times 3^{\frac{1}{4}},$$
所以
$$(a+b)(b+c)(c+a) = \left(\frac{1}{a}+\frac{1}{b}+\frac{1}{c}\right)-abc \geqslant 3 \times 3^{\frac{1}{4}} - \left(\frac{1}{3}\right)^{\frac{3}{4}} = \frac{8}{3} \times 3^{\frac{1}{4}}.$$

当且仅当 $a=b=c=3^{-\frac{1}{4}}$ 时,$(a+b)(b+c)(c+a)$ 取最小值 $\frac{8}{3} \times 3^{\frac{1}{4}}$.

例 6 设 $k>0$,x、y、$z>0$,且满足 $xy+yz+zx=3$,证明:
$$(x+y)^k + (y+z)^k + (z+x)^k \geqslant 3 \cdot 2^k.$$

(2006 年土耳其国家队选拔考试题)

证明 由例 3 的证明可知
$$9(x+y)(y+z)(z+x) \geqslant 8(x+y+z)(xy+yz+zx),$$
而
$$(x+y+z)^2 \geqslant 3(xy+yz+zx),$$
所以
$$9(x+y)(y+z)(z+x) \geqslant 8\sqrt{3}(xy+yz+zx)\sqrt{(xy+yz+zx)} = 72,$$
即

$$(x+y)(y+z)(z+x) \geqslant 8.$$

由均值不等式得

$$(x+y)^k + (y+z)^k + (z+x)^k \geqslant 3 \cdot \sqrt[3]{((x+y)(y+z)(z+x))^k} \geqslant 3 \cdot 2^k.$$

例 7 设 x、y、z 是正实数,且满足 $xy+yz+zx=1$,证明:

$$\frac{27}{4}(x+y)(y+z)(z+x) \geqslant (\sqrt{x+y}+\sqrt{y+z}+\sqrt{z+x})^2 \geqslant 6\sqrt{3}.$$

(2006 年土耳其国家队选拔考试题)

证明 由均值不等式得

$$(x+y)(y+z)(z+x) = (x+y+z)(xy+yz+zx) - xyz$$

$$\geqslant (x+y+z)(xy+yz+zx) - \frac{1}{9}(x+y+z)(xy+yz+zx)$$

$$= \frac{8}{9}(x+y+z)(xy+yz+zx).$$

因为 $xy+yz+zx=1$,所以

$$(x+y)(y+z)(z+x) \geqslant \frac{8}{9}(x+y+z), \qquad ①$$

$$\frac{27}{4}(x+y)(y+z)(z+x)$$

$$\geqslant 6(x+y+z)$$

$$= (x+y) + (y+z) + (z+x) + ((x+y)+(y+z))$$

$$+ ((y+z)+(z+x)) + ((z+x)+(x+y))$$

$$\geqslant (x+y) + (y+z) + (z+x) + 2\sqrt{(x+y)(y+z)}$$

$$+ 2\sqrt{(y+z)(z+x)} + 2\sqrt{(z+x)(x+y)}$$

$$= (\sqrt{x+y}+\sqrt{y+z}+\sqrt{z+x})^2. \qquad ②$$

由于

$$(x+y+z)^2 \geqslant 3(xy+yz+zx),$$

由均值不等式,并代入式①、②得

$$(\sqrt{x+y}+\sqrt{y+z}+\sqrt{z+x})^2 \geqslant 9\sqrt[3]{(x+y)(y+z)(z+x)} \geqslant 9\sqrt[3]{\frac{8}{9}(x+y+z)}$$

$$\geqslant 9\sqrt[3]{\frac{8}{9}\sqrt{3(xy+yz+zx)}} = 9\sqrt[3]{\frac{8}{9}\sqrt{3}} = 6\sqrt{3}.$$

例 8 在 $\triangle ABC$ 中,求证: $\tan\frac{A}{2} + \tan\frac{B}{2} + \tan\frac{C}{2} \leqslant \frac{9R^2}{4S}$ (其中 S 表示 $\triangle ABC$ 的面积).

(第 26 届 IMO 预选题)

证明 设 $\triangle ABC$ 的三边为 a,b,c,则易证

$$\tan\frac{A}{2} = \frac{a^2-(b-c)^2}{4S}, \quad \tan\frac{B}{2} = \frac{b^2-(c-a)^2}{4S}, \quad \tan\frac{C}{2} = \frac{c^2-(a-b)^2}{4S}.$$

从而原不等式变为
$$a^2 - (b-c)^2 + b^2 - (c-a)^2 + c^2 - (a-b)^2 \leqslant 9R^2. \qquad ①$$

作代换
$$a = y+z, \quad b = z+x, \quad c = x+y.$$

其中 x、y、z 为正数. 因为
$$S = \frac{abc}{4R} = \sqrt{p(p-a)(p-b)(p-c)},$$

其中 $p = \dfrac{a+b+c}{2}$,所以
$$R = \frac{(y+z)(z+x)(x+y)}{4\sqrt{xyz(x+y+z)}}.$$

从而不等式①变为
$$xy + yz + zx \leqslant \left(\frac{(y+z)(z+x)(x+y)}{4\sqrt{xyz(x+y+z)}}\right)^2$$
$$\Leftrightarrow \left(\frac{1}{x} + \frac{1}{y} + \frac{1}{z}\right)(x+y+z) \leqslant \frac{9}{64}\left(\left(1+\frac{y}{x}\right)\left(1+\frac{z}{y}\right)\left(1+\frac{x}{z}\right)\right)^2$$
$$\Leftrightarrow 64xyz(xy+yz+zx)(x+y+z) \leqslant 9((y+z)(z+x)(x+y))^2.$$

又因为
$$64xyz(xy+yz+zx)(x+y+z)$$
$$= 64xyz(x^2y + xy^2 + y^2z + yz^2 + x^2z + xz^2 + 3xyz)$$
$$= 64xyz((x+y)(y+z)(z+x) + xyz),$$

以及
$$xyz \leqslant \frac{1}{8}(x+y)(y+z)(z+x),$$

所以
$$64xyz(xy+yz+zx)(x+y+z)$$
$$\leqslant 64 \times \frac{1}{8}(x+y)(y+z)(z+x)((x+y)(y+z)(z+x)$$
$$+ \frac{1}{8}(x+y)(y+z)(z+x))$$
$$= 9((y+z)(z+x)(x+y))^2.$$

所以原不等式得证.

例 9 若 a、b、$c \in \mathbf{R}$,证明:
$$(a^2 + ab + b^2)(b^2 + bc + c^2)(c^2 + ca + a^2) \geqslant (ab + bc + ca)^3.$$
并指出等号何时成立.

(第 31 届 IMO 预选题)

证明 因为有

$$a^2 + ab + b^2 \geqslant \frac{3}{4}(a+b)^2,$$

$$b^2 + bc + c^2 \geqslant \frac{3}{4}(b+c)^2,$$

$$c^2 + ca + a^2 \geqslant \frac{3}{4}(c+a)^2,$$

只要证明下列不等式：

$$27(a+b)^2(b+c)^2(c+a)^2 \geqslant 64(ab+bc+ca)^3.$$

先假设 a、b、c 都是正数，由恒等式

$$(a+b)(b+c)(c+a) = (a+b+c)(ab+bc+ca) - abc$$

及不等式

$$(a+b+c)^2 \geqslant 3(ab+bc+ca),$$

得

$$ab + bc + ca \geqslant 3\sqrt[3]{abbcca},$$

即

$$abc \leqslant \frac{\sqrt{3}}{9}\sqrt{(ab+bc+ca)^3},$$

于是

$$(a+b)(b+c)(c+a) \geqslant \sqrt{3(ab+bc+ca)^3} - \frac{\sqrt{3}}{9}\sqrt{(ab+bc+ca)^3}$$

$$= \frac{8\sqrt{3}}{9}\sqrt{(ab+bc+ca)^3},$$

即

$$27(a+b)^2(b+c)^2(c+a)^2 \geqslant 64(ab+bc+ca)^3.$$

下面考虑 a、b、c 中至少有一个是负数的情形．这等价于

$$27(S_1 S_2 - S_3)^2 \geqslant 64 S_2^3, \qquad \qquad ①$$

这里

$$S_1 = a+b+c, \quad S_2 = ab+bc+ca, \quad S_3 = abc.$$

因为式①关于 a、b、c 对称，并且用 $-a$、$-b$、$-c$ 代替 a、b、c 时式①不变，所以只考虑 $a < 0, b \geqslant 0, c \geqslant 0$ 的情况．可设 $S_2 > 0$，否则式①显然成立．但是，由 $S_2 > 0$，推出 $b > 0$，$c > 0$ 及 $a > -\frac{bc}{b+c}$，因此 $S_1 > -\frac{bc}{b+c} + b + c = \frac{b^2+bc+c^2}{b+c} > 0, S_3 < 0$. 从而

$$27(S_1 S_2 - S_3)^2 - 64 S_2^3 > 27(S_1 S_2)^2 - 64 S_2^3$$

$$= S_2^2(27(a^2+b^2+c^2) - 10(ab+bc+ca))$$

$$= S_2^2(27a^2 + 22(b^2+c^2) + 5(b-c)^2 + 10(-a)(b+c)) > 0.$$

由上述两步的证明知当且仅当 $a=b=c$ 时等号成立.

例 10 已知 $a、b、c>0$，证明：
$$\sqrt{(a^2b+b^2c+c^2a)(ab^2+bc^2+ca^2)} \geqslant abc+\sqrt[3]{(a^3+abc)(b^3+abc)(c^3+abc)}.$$

(2001 年韩国数学奥林匹克考试题)

证明
$$\sqrt{(a^2b+b^2c+c^2a)(ab^2+bc^2+ca^2)} \geqslant abc+\sqrt[3]{(a^3+abc)(b^3+abc)(c^3+abc)}$$
$$\Leftrightarrow \sqrt{\left(\frac{a}{c}+\frac{b}{a}+\frac{c}{b}\right)\left(\frac{c}{a}+\frac{a}{b}+\frac{b}{c}\right)} \geqslant 1+\sqrt[3]{\left(\frac{a^2}{bc}+1\right)\left(\frac{b^2}{ca}+1\right)\left(\frac{c^2}{ab}+1\right)}. \quad ①$$

令 $x=\frac{c}{a}, y=\frac{a}{b}, z=\frac{b}{c}$，则 $xyz=1$，式①等价于
$$\sqrt{(x+y+z)(xy+yz+zx)} \geqslant 1+\sqrt[3]{\left(\frac{x}{z}+1\right)\left(\frac{y}{x}+1\right)\left(\frac{z}{y}+1\right)}. \quad ②$$

注意到 $xyz=1$，有
$$\left(\frac{x}{z}+1\right)\left(\frac{y}{x}+1\right)\left(\frac{z}{y}+1\right) = (x+y)(y+z)(z+x),$$

又
$$(x+y+z)(xy+yz+zx) = (x+y)(y+z)(z+x)+xyz$$
$$= (x+y)(y+z)(z+x)+1,$$

令 $p=\sqrt[3]{(x+y)(y+z)(z+x)}$，所以，不等式②$\Leftrightarrow \sqrt{p^3+1} \geqslant 1+p \Leftrightarrow p(p+1)(p-2) \geqslant 0$，只要证 $p \geqslant 2$. 而由均值不等式得
$$(x+y)(y+z)(z+x) \geqslant 2\sqrt{xy} \cdot 2\sqrt{yz} \cdot 2\sqrt{zx} = 8xyz = 8,$$
所以，$p \geqslant 2$.

例 11 已知 $a、b、c$ 是正数，且 $\frac{1}{a^2+1}+\frac{1}{b^2+1}+\frac{1}{c^2+1}=2$，求证：$ac+bc+ca \leqslant \frac{3}{2}$.

(2005 年伊朗数学奥林匹克考试题)

证明 设 $x=\frac{1}{a^2+1}, y=\frac{1}{b^2+1}, z=\frac{1}{c^2+1}$. 则
$$a=\sqrt{\frac{1-x}{x}}, \quad b=\sqrt{\frac{1-y}{y}}, \quad c=\sqrt{\frac{1-z}{z}}.$$

所以
$$ab+bc+ca \leqslant \frac{3}{2}$$
$$\Leftrightarrow \sqrt{\frac{(1-x)(1-y)}{xy}}+\sqrt{\frac{(1-y)(1-z)}{yz}}+\sqrt{\frac{(1-z)(1-x)}{zx}} \leqslant \frac{3}{2}$$
$$\Leftrightarrow \sqrt{\frac{(2-2x)(2-2y)}{xy}}+\sqrt{\frac{(2-2y)(2-2z)}{yz}}+\sqrt{\frac{(2-2z)(2-2x)}{zx}} \leqslant 3. \quad ①$$

再令
$$p = -x+y+z, \quad q = x-y+z, \quad r = x+y-z.$$

因为 $x+y+z=2$,则
$$2-2x = -x+y+z = p, \quad 2-2y = q, \quad 2-2z = r,$$
$$x = \frac{q+r}{2}, \quad y = \frac{p+r}{2}, \quad z = \frac{p+q}{2},$$

所以不等式①化为
$$\sqrt{\frac{4pq}{(p+r)(q+r)}} + \sqrt{\frac{4qr}{(p+q)(p+r)}} + \sqrt{\frac{4rp}{(p+q)(q+r)}} \leqslant 3.$$

由柯西不等式得
$$\sqrt{\frac{4pq}{(p+r)(q+r)}} + \sqrt{\frac{4qr}{(p+q)(p+r)}} + \sqrt{\frac{4rp}{(p+q)(q+r)}}$$
$$\leqslant \sqrt{4(pq+qr+rp)\left(\frac{1}{(p+r)(q+r)} + \frac{1}{(p+q)(p+r)} + \frac{1}{(p+q)(q+r)}\right)}$$
$$= \sqrt{\frac{8(pq+qr+rp)(p+q+r)}{(p+q)(q+r)(p+r)}}. \qquad ②$$

要证明不等式①,只要证明
$$8(pq+qr+rp)(p+q+r) \leqslant 9(p+q)(q+r)(p+r). \qquad ③$$

式③在例 1 中已获得证明.

例 12 求最小的实数 k,使得对于一切正实数 x、y、z,不等式
$$x\sqrt{y} + y\sqrt{z} + z\sqrt{x} \leqslant k\sqrt{(x+y)(y+z)(z+x)}$$

成立.

(2008 年伊朗数学奥林匹克题)

证明 由例 3 的证明得
$$9(x+y)(y+z)(z+x) \geqslant 8(x+y+z)(xy+yz+zx).$$

由柯西不等式得
$$x\sqrt{y} + y\sqrt{z} + z\sqrt{x} = \sqrt{x} \cdot \sqrt{xy} + \sqrt{y} \cdot \sqrt{yz} + \sqrt{z} \cdot \sqrt{zx}$$
$$\leqslant \sqrt{(x+y+z)(xy+yz+zx)}$$
$$\leqslant \frac{3}{2\sqrt{2}}\sqrt{(x+y)(y+z)(z+x)}.$$

所以,所求最小的 $k = \dfrac{3\sqrt{2}}{4}$.

蔡玉书
江苏省苏州市第一中学

圆锥曲线统一性质的统一证明

圆锥曲线的统一定义是：平面上到一个定点的距离与到一条定直线的距离之比是一个常数 e 的动点组成的集合(轨迹),如果 $e \in (0,1)$,轨迹是一个椭圆;如果 $e=1$,轨迹是一个抛物线;如果 $e \in (1,+\infty)$,轨迹是一个双曲线.

由统一定义设圆锥曲线的焦点为原点,焦准距为 p,相应的准线方程为 $x=-p$,则圆锥曲线方程为 $\dfrac{\sqrt{x^2+y^2}}{|x+p|}=e$,整理得

$$(1-e^2)x^2 - 2e^2 px + y^2 - e^2 p^2 = 0.$$

利用这一方程得出圆锥曲线的许多性质,不必分三种情况讨论,可以用上面的统一直角坐标方程解决.本文选取各大数学期刊论文的结论加以论证,原来所有解答都是分三种情况进行讨论的,这里的解法只要算一次就可以了,省时省力,达到了事半功倍的效果.

例1 已知横向型圆锥曲线 Γ 的焦点为 F,曲线 Γ 上一点 P(不是左右顶点)处的切线为 l,E 为横轴上一点,且 $PE \perp l$,则 $EF = e \cdot PF$(其中 e 为圆锥曲线 Γ 的离心率).

证明 如图1所示,设圆锥曲线 Γ 的焦点为原点,焦准距为 p,相应的准线方程为 $x=-p$,则圆锥曲线方程为

$$(1-e^2)x^2 - 2e^2 px + y^2 - e^2 p^2 = 0.$$

设 $P(x_0, y_0) \in \Gamma$,则点 P 处的切线方程是

$$(1-e^2)x_0 x + y_0 y - e^2 p(x + x_0) - e^2 p^2 = 0,$$

于是,点 P 处的法线方程为

$$y - y_0 = \dfrac{y_0}{(1-e^2)x_0 - e^2 p}(x - x_0).$$

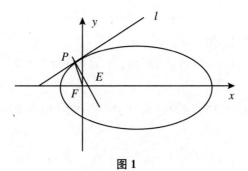

图1

令 $y=0$ 得 $x=e^2(x_0+p)$, 即 $E(e^2(x_0+p),0)$, 所以 $EF=e^2|x_0+p|$, 由圆锥曲线的定义得 $FP=e|x_0+p|$, 于是 $EF=e\cdot PF$.

说明 例 1 是《数学通讯》2011 年第 6 期论文的结论.

例 2 已知圆锥曲线 Γ 的一个焦点为 F, 对应准线为 l, 圆锥曲线 Γ 上一点 P 的法线与焦点所在的对称轴交于点 G, 过 G 作焦半径 FP 的垂线 m, 垂足为 L, 则 PL 的长度为圆锥曲线的正交弦长的一半.

证明 如图 2 所示, 设圆锥曲线的焦点为原点, 焦准距为 p, 相应的准线方程为 $x=-p$, 则圆锥曲线方程为
$$(1-e^2)x^2-2e^2px+y^2-e^2p^2=0.$$
设 $P(x_0,y_0)$, 则点 P 处的切线方程是
$$(1-e^2)x_0x+y_0y-e^2p(x+x_0)-e^2p^2=0,$$
于是, 点 P 处的法线方程为
$$y-y_0=\frac{y_0}{(1-e^2)x_0-e^2p}(x-x_0).$$

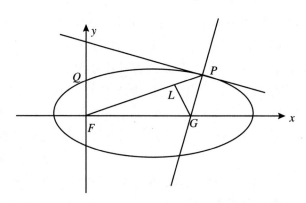

图 2

令 $y=0$ 得 $x=e^2(x_0+p)$, 即 $G(e^2(x_0+p),0)$, 直线 m 的方程为
$$y=-\frac{x_0}{y_0}(x-e^2(x_0+p)),$$
即
$$x_0x+y_0y-e^2(x_0+p)=0.$$
由点 P 在圆锥曲线 Γ 上, 则
$$(1-e^2)x_0^2-2e^2px_0+y_0^2-e^2p^2=0.$$
即
$$x_0^2+y_0^2-e^2x_0(x_0+p)=e^2p(x_0+p),$$
由圆锥曲线的定义得
$$\sqrt{x_0^2+y_0^2}=e|x_0+p|,$$
点 P 到直线 m 的距离

$$PL = \frac{|x_0^2 + y_0^2 - e^2 x_0(x_0 + p)|}{\sqrt{x_0^2 + y_0^2}} = \frac{|e^2 p(x_0 + p)|}{\sqrt{x_0^2 + y_0^2}} = \frac{|e^2 p(x_0 + p)|}{e|x_0 + p|} = ep.$$

由圆锥曲线的定义知,ep 是圆锥曲线的正交弦长的一半.

说明 例 2 是《数学通讯》2012 年第 9 期第 20 页论文的结果.

例 3 过圆锥曲线的非对称轴的弦 PQ 的中点 O' 任作两条与 PQ 不重合的弦 AB、CD,过 A、B 分别作圆锥曲线的切线交于 M,过 C、D 分别作圆锥曲线的切线交于 N,则 $MN \parallel PQ$.

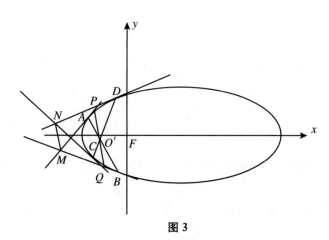

图 3

证明 如图 3 所示,设圆锥曲线 Γ 的焦点为原点,焦准距为 p,相应的准线方程为 $x = -p$,则圆锥曲线方程为
$$(1-e^2)x^2 - 2e^2 px + y^2 - e^2 p^2 = 0.$$
设 $O'(x_0, y_0)$、$A(x_1, y_1)$、$B(x_2, y_2)$、$C(x_3, y_3)$、$D(x_4, y_4)$、$M(x_5, y_5)$、$N(x_6, y_6)$.

直线 AM、BM 是圆锥曲线的切线,则
$$(1-e^2)x_1 x - e^2 p(x + x_1) + y_1 y - e^2 p^2 = 0,$$
$$(1-e^2)x_2 x - e^2 p(x + x_2) + y_2 y - e^2 p^2 = 0.$$

由于点 $M(x_5, y_5)$ 在直线 AM、BM 上,所以
$$(1-e^2)x_1 x_5 - e^2 p(x_5 + x_1) + y_1 y_5 - e^2 p^2 = 0,$$
$$(1-e^2)x_2 x_5 - e^2 p(x_5 + x_2) + y_2 y_5 - e^2 p^2 = 0,$$
即 $A(x_1, y_1)$、$B(x_2, y_2)$ 在直线 $(1-e^2)x_5 x - e^2 p(x + x_5) + y_5 y - e^2 p^2 = 0$ 上,而两点确定一条直线,所以直线 AB 的方程为
$$(1-e^2)x_5 x - e^2 p(x + x_5) + y_5 y - e^2 p^2 = 0.$$

同理,直线 CD 的方程为
$$(1-e^2)x_6 x - e^2 p(x + x_6) + y_6 y - e^2 p^2 = 0.$$

由于点 O' 在直线 AB、CD 上,所以
$$(1-e^2)x_0 x_5 - e^2 p(x_5 + x_0) + y_0 y_5 - e^2 p^2 = 0,$$

$$(1-e^2)x_0 x_6 - e^2 p(x_6 + x_0) + y_0 y_6 - e^2 p^2 = 0.$$

即点 $M(x_5, y_5)$、$N(x_6, y_6)$ 在直线 $(1-e^2)x_0 x + y_0 y - e^2 p(x + x_0) - e^2 p^2 = 0$ 上，而两点确定一条直线，所以直线 MN 的方程为

$$(1-e^2)x_0 x - e^2 p(x + x_0) + y_0 y - e^2 p^2 = 0.$$

若 $PQ \perp x$ 轴，则直线 PQ 方程为 $x = x_0$，且 $y_0 = 0$，直线 MN 的方程为 $(1-e^2)x_0 x - e^2 p(x + x_0) - e^2 p^2 = 0$。所以直线 $MN \perp x$ 轴，因此，$MN // PQ$。

若 PQ 与 x 轴不垂直，则 $k_{MN} = -\dfrac{(1-e^2)x_0 - e^2 p}{y_0}$。又设 $P(x_7, y_7)$、$Q(x_8, y_8)$，则由于弦 PQ 的中点为 O'，所以

$$2x_0 = x_7 + x_8, \quad 2y_0 = y_7 + y_8.$$

因为 $P(x_7, y_7)$、$Q(x_8, y_8)$ 在圆锥曲线上，所以

$$(1-e^2)x_7^2 - 2e^2 p x_7 + y_7^2 - e^2 p^2 = 0,$$

$$(1-e^2)x_8^2 - 2e^2 p x_8 + y_8^2 - e^2 p^2 = 0,$$

两式相减得

$$(1-e^2)(x_7 + x_8)(x_7 - x_8) - 2e^2 p(x_7 - x_8) + (y_7 + y_8)(y_7 - y_8) = 0,$$

即

$$2((1-e^2)x_0 - e^2)(x_7 - x_8) + 2y_0(y_7 - y_8) = 0,$$

所以

$$k_{PQ} = -\dfrac{(1-e^2)x_0 - e^2 p}{y_0},$$

因此，$MN // PQ$。

以上证明方法充分证明了直线的方程与方程的直线之间的对应关系，避免了无谓的计算，体现了解析几何的核心本质，将解析几何的优雅彰显得淋漓尽致。另外，值得说明的是，点 O' 与直线 MN 的关系是极点与极线之间的关系。

说明 例 3 是《数学通讯》2012 年第 9 期一文的结论。

例 4 已知圆锥曲线 Γ 的焦点为 F，相应的准线为 l，AB 是过焦点 F 的弦，相应的准线 l 与对称轴的交点为 E，点 B 在准线 l 上的射影为 Q，点 P 是弦 AB 的中点，则 $AE // PQ$。

证明 如图 4 所示，设圆锥曲线 Γ 的焦点为原点，焦准距为 p，相应的准线方程为 $x = -p$，则圆锥曲线方程为

$$(1-e^2)x^2 - 2e^2 p x + y^2 - e^2 p^2 = 0. \qquad ①$$

直线 AB 的方程是

$$x = my. \qquad ②$$

设 $A(x_1, y_1)$、$B(x_2, y_2)$、$P(x_0, y_0)$，将式②代入式①得

$$((1-e^2)m^2 + 1)y^2 - 2e^2 pmy - e^2 p^2 = 0.$$

由韦达定理有

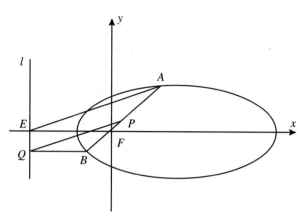

图 4

$$\begin{cases} y_1 + y_2 = \dfrac{2e^2 pm}{(1-e^2)m^2+1}, \\ y_1 y_2 = -\dfrac{e^2 p^2}{(1-e^2)m^2+1}, \\ x_1 + x_2 = \dfrac{2e^2 pm^2}{(1-e^2)m^2+1}. \end{cases} \quad ③$$

由式③易得

$$2my_1 y_2 + p(y_1 + y_2) = 0. \quad ④$$

则 $P\left(\dfrac{m(y_1+y_2)}{2}, \dfrac{y_1+y_2}{2}\right)$、$Q(-p, y_2)$、$E(-p, 0)$.

直线 AE 的斜率为 $k_{AE} = \dfrac{y_1}{x_1+p} = \dfrac{y_1}{my_1+p}$,直线 PQ 的斜率为

$$k_{PQ} = \dfrac{y_1 - y_2}{m(y_1+y_2)+2p},$$

于是由式④得

$$k_{AE} - k_{PQ} = \dfrac{y_1}{my_1+p} - \dfrac{y_1-y_2}{m(y_1+y_2)+2p} = \dfrac{2my_1 y_2 + p(y_1+y_2)}{(m(y_1+y_2)+2p)(my_1+p)} = 0,$$

即 $k_{AE} = k_{PQ}$.

所以 $AE \parallel PQ$.

说明 例4是《中学教研(数学)》2011年第9期一文的结论.

例5 过圆锥曲线 Γ 的焦点斜率为 k 的直线与圆锥曲线交于 A、B 两点,$\overrightarrow{AF} = \lambda \overrightarrow{FB}$ ($\lambda \in \mathbf{R}$,且 $\lambda \neq 1$),则 $\dfrac{(\lambda-1)^2}{\lambda} = \dfrac{4e^2}{(k^2+1)-e^2}$.其中 e 是圆锥曲线的离心率.

证明 设圆锥曲线 Γ 的焦点为原点,焦准距为 p,相应的准线方程为 $x = -p$,则圆锥曲线方程为

$$(1-e^2)x^2 - 2e^2 px + y^2 - e^2 p^2 = 0. \quad ①$$

直线 AB 的方程为

$$x = my. \qquad ②$$

设 $A(x_1, y_1)$、$B(x_2, y_2)$,将式②代入式①得

$$((1-e^2)m^2 + 1)y^2 - 2e^2 pmy - e^2 p^2 = 0.$$

由韦达定理有

$$\begin{cases} y_1 + y_2 = \dfrac{2e^2 pm}{(1-e^2)m^2 + 1}, \\ y_1 y_2 = -\dfrac{e^2 p^2}{(1-e^2)m^2 + 1}, \\ x_1 + x_2 = \dfrac{2e^2 pm^2}{(1-e^2)m^2 + 1}. \end{cases} \qquad ③$$

由式③易得

$$2my_1 y_2 + p(y_1 + y_2) = 0. \qquad ④$$

由 $\overrightarrow{AF} = \lambda \overrightarrow{FB}$ 得

$$\lambda = -\dfrac{y_1}{y_2},$$

$$\dfrac{(\lambda - 1)^2}{\lambda} = -\dfrac{y_1}{y_2} - \dfrac{y_2}{y_1} - 2 = -\dfrac{(y_1 + y_2)^2}{y_1 y_2} = \dfrac{2m(y_1 + y_2)}{p}$$

$$= \dfrac{4e^2 m^2}{(1-e^2)m^2 + 1} = \dfrac{4e^2}{(k^2 + 1) - e^2}.$$

说明 例 5 是《中学教研》2011 年第 9 期一文的结论.

例 6 圆锥曲线 Γ 的焦点为 F,靠近 F 的顶点为 A,准线为 l,过点 A 作对称轴 FA 的垂线 m,设点 P 为圆锥曲线上任意一点,$\angle PFA$ 的平分线交 l 于点 Q,交 m 于点 C,延长 AC 到点 E,使 $AC = CE$,证明 P、E、Q 三点共线.

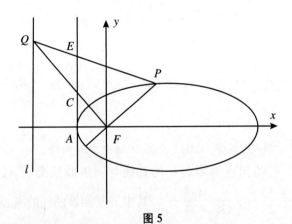

图 5

证明 如图 5 所示,设圆锥曲线 Γ 的焦点为原点,焦准距为 p,相应的准线方程为 $x = -p$,则圆锥曲线方程为 $\dfrac{\sqrt{x^2 + y^2}}{|x + p|} = e$,即

$$\sqrt{x^2+y^2}=e|x+p|. \qquad ①$$

不妨设 $x+p>0$,则式①可化为

$$(1-e^2)x^2-2e^2px+y^2-e^2p^2=0. \qquad ②$$

令 $y=0$,得 $A\left(-\dfrac{ep}{1+e},0\right)$. 设 $P(x_0,y_0)$、$Q(-p,q)$,则由对称性不妨设 $q>0$,由 F、C、Q 三点共线得 $C\left(-\dfrac{ep}{1+e},\dfrac{eq}{1+e}\right)$,从而 $E\left(-\dfrac{ep}{1+e},\dfrac{2eq}{1+e}\right)$,$\overrightarrow{QE}=\left(\dfrac{p}{1+e},\dfrac{(e-1)q}{1+e}\right)$,$\overrightarrow{QP}=(x_0+p,y_0-q)$. 要证明 P、E、Q 三点共线,只要证明 $\overrightarrow{QE}=\lambda\overrightarrow{QP}$,即证明

$$\dfrac{x_0+p}{p}=\dfrac{y_0-q}{(e-1)q},$$

即证明

$$q=\dfrac{py_0}{e(x_0+p)-x_0}.$$

因为 $\angle PFA$ 的平分线是 FQ,所以

$$\dfrac{y_0}{x_0}=-\dfrac{\dfrac{2q}{p}}{1-\left(\dfrac{q}{p}\right)^2},$$

即

$$\dfrac{y_0}{x_0}=\dfrac{\dfrac{2p}{q}}{1-\left(\dfrac{p}{q}\right)^2}.$$

从而 $1-\left(\dfrac{p}{q}\right)^2=\dfrac{2x_0}{y_0}\left(\dfrac{p}{q}\right)$,即

$$\left(\dfrac{p}{q}+\dfrac{x_0}{y_0}\right)^2=1+\left(\dfrac{x_0}{y_0}\right)^2,$$

由式①得

$$\left(\dfrac{p}{q}+\dfrac{x_0}{y_0}\right)^2=\left(\dfrac{e(x_0+p)}{y_0}\right)^2,$$

即

$$\dfrac{p}{q}+\dfrac{x_0}{y_0}=\dfrac{e(x_0+p)}{y_0},$$

解得

$$q=\dfrac{py_0}{e(x_0+p)-x_0}.$$

说明 例6是《数学教学》2009年第11期一文的结论.

例 7 圆锥曲线的焦点 F 对应的准线为 l，过 F 的直线交圆锥曲线于 A、B 两点，交直线 l 于点 M，记 $\overrightarrow{MA} = \lambda_1 \overrightarrow{AF}$，$\overrightarrow{MB} = \lambda_2 \overrightarrow{BF}$，证明：$\lambda_1 + \lambda_2 = 0$.

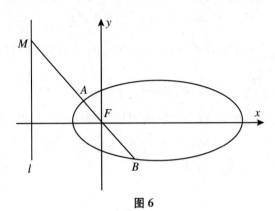

图 6

证明 如图 6 所示，设圆锥曲线的焦点为原点，焦准距为 p，相应的准线方程为 $x = -p$，则圆锥曲线方程为
$$(1 - e^2)x^2 - 2e^2 px + y^2 - e^2 p^2 = 0. \qquad ①$$
设直线 l 的方程为
$$x = my. \qquad ②$$
将式②代入式①整理得
$$((1 - e^2)m^2 + 1)y^2 - 2e^2 pmy - e^2 p^2 = 0.$$
当 $(1 - e^2)m^2 + 1 \neq 0$ 时，直线 l 与圆锥曲线交于 $A(x_1, y_1)$、$B(x_2, y_2)$，由韦达定理得
$$y_1 + y_2 = \frac{2e^2 pm}{(1 - e^2)m^2 + 1}, \quad y_1 y_2 = \frac{-e^2 p^2}{(1 - e^2)m^2 + 1},$$
从而
$$2my_1 y_2 + p(y_1 + y_2) = 0. \qquad ③$$
显然点 $M\left(-p, -\dfrac{p}{m}\right)$，则
$$\overrightarrow{MA} = \left(x_1 + p, y_1 + \frac{p}{m}\right), \quad \overrightarrow{AF} = (-x_1, -y_1),$$
$$\overrightarrow{MB} = \left(x_2 + p, y_2 + \frac{p}{m}\right), \quad \overrightarrow{BF} = (-x_2, -y_2),$$
由于 $\overrightarrow{MA} = \lambda_1 \overrightarrow{AF}$，$\overrightarrow{MB} = \lambda_2 \overrightarrow{BF}$，所以
$$y_1 + \frac{p}{m} = -\lambda_1 y_1, \quad y_2 + \frac{p}{m} = -\lambda_2 y_2,$$
于是由式③得
$$\lambda_1 + \lambda_2 = -2 - \frac{p}{m}\left(\frac{1}{y_1} + \frac{1}{y_2}\right) = -2 - \frac{p}{m}\left(\frac{y_1 + y_2}{y_1 y_2}\right) = 0.$$

说明 例 7 是 2007 年福建省理科高考试题 20 的一般情形，是《数学教学》2007 年第 11 期论文的结论.

例 8 圆锥曲线 C 的焦点为 F,相应的准线为 l,过焦点 F 与 C 的对称轴(含焦点)垂直的直线为 l_1,C 上任意一点 $P(x_0,y_0)(y_0\neq 0)$(即不在含焦点的对称轴上)处的切线为 m,m 与 l_1 交于点 M,m 与准线 l 交于点 N,求证 $\dfrac{|MF|}{|NF|}$ 是一个定值,与圆锥曲线离心率相同.

证明 由统一定义设圆锥曲线的焦点为原点,焦准距为 p,相应的准线方程为 $x=-p$,则圆锥曲线方程为

$$\dfrac{\sqrt{x^2+y^2}}{|x+p|}=e. \qquad ①$$

整理得

$$(1-e^2)x^2-2e^2px+y^2-e^2p^2=0.$$

C 上任意一点 $P(x_0,y_0)$ 处的切线方程为

$$(1-e^2)x_0x+y_0y-e^2p(x+x_0)-e^2p^2=0,$$

它与直线 l_1(直线方程为 $x=0$)交于点 M,则点 M 的坐标为 $\left(0,\dfrac{e^2p(x_0+p)}{y_0}\right)$,它与直线 l(直线方程为 $x=-p$)交于点 N,则点 N 的坐标为 $\left(-p,\dfrac{x_0p}{y_0}\right)$,所以

$$|NF|=\dfrac{\sqrt{x_0^2+y_0^2}}{|y_0|},$$

由式①有

$$|NF|=\dfrac{\sqrt{x_0^2+y_0^2}}{|y_0|}=\dfrac{|x_0+p|}{|y_0|},$$

所以 $\dfrac{|MF|}{|NF|}=e$.

说明 例 8 是 2014 年江西省高考理科数学试题的推广:

已知双曲线 $C:\dfrac{x^2}{a^2}-y^2=1(a>0)$ 的右焦点为 F,点 AB 分别在 C 的两条渐近线上,$AF\perp x$ 轴,$AB\perp OB$,$BF\parallel OA$(O 是坐标原点).

(1)求双曲线 C 的方程;

(2)过 C 上一点 $P(x_0,y_0)(y_0\neq 0)$ 的直线 $l:\dfrac{x_0x}{a^2}-y_0y=1$ 与直线 AF 相交于点 M,与直线 $x=\dfrac{3}{2}$ 相交于点 N,证明:当点 P 在 C 上移动时,$\dfrac{|MF|}{|NF|}$ 恒为定值,并求此定值.

参 考 文 献

[1] 林新建.圆锥曲线的一个有趣性质[J].数学通讯,2009(4).
[2] 刘立伟.圆锥曲线中一组漂亮的统一性质[J].数学通讯,2012(9).
[3] 林新建.圆锥曲线的又一统一性质[J].数学通讯,2011(6).

[4] 张俊.圆锥曲线的一个优美性质[J].数学通讯,2012(6).
[5] 彭世金.圆锥曲线与焦点弦的中点及准点有关的一个性质[J].中学教研,2011(9).
[6] 张乃贵.圆锥曲线一类问题的推广及应用[J].中学教研,2011(9).
[7] 彭兴俊.圆锥曲线的一个奇妙性质及应用[J].数学教学,2009(11).
[8] 林新建.一道试题引出圆锥曲线一个有趣的向量性质[J].数学教学,2007(11).

蔡玉书
江苏省苏州市第一中学

再解第56届IMO中国国家队选拔考试题二第6题

题目 证明:存在无穷多个正整数 n,使得 n^2+1 无平方因子.

定理 若 $q_1,q_2,\cdots,q_r(q_1 < q_2 < \cdots < q_r)$ 是 r 个 $4k+1$ 型素数,数 $n^2+1(1 \leqslant n \leqslant N$ 且 $N > q_r^2)$ 这 N 个数中均不含平方因子 $q_1^2,q_2^2,\cdots,q_r^2$ 的个数记作 $T(N)$,则

$$\lim_{N\to+\infty}\frac{T(N)}{N} = \prod_{i=1}^{r}\left(1-\frac{2}{q_i^2}\right).$$

证明 由文[1]知,方程 $x^2+1 \equiv 0 \pmod{q_i^2}(1 \leqslant i \leqslant r)$ 有两解.

由中国剩余定理知,方程 $x^2+1 \equiv 0 \pmod{(q_1q_2\cdots q_r)^2}$ 有 2^r 个解. x^2+1 的任一个素因数 p 均为 2 或 $4k+1$ 型素数.

将 $n^2+1(1 \leqslant n \leqslant N)$ 这 N 个数中是 $(q_1q_2\cdots q_r)^2$ 的倍数的个数记作 $F(q_1q_2\cdots q_r, N)$.则

$$\left[\frac{N}{(q_1q_2\cdots q_r)^2}\right]\cdot 2^r \leqslant F(q_1q_2\cdots q_r, N) \leqslant \left[\frac{N}{(q_1q_2\cdots q_r)^2}+1\right]\cdot 2^r$$

$$\Rightarrow \frac{N}{(q_1q_2\cdots q_r)^2}\cdot 2^r - 2^r \leqslant F(q_1q_2\cdots q_r, N) \leqslant \frac{N}{(q_1q_2\cdots q_r)^2}\cdot 2^r + 2^r.$$

由容斥原理知

$$T(N) = N - \sum_{1\leqslant i_1\leqslant r}F(q_{i_1}, N) + \sum_{1\leqslant i_1 < i_2\leqslant r}F(q_{i_1}q_{i_2}, N) - \cdots + (-1)^r F(q_1q_2\cdots q_r, N).$$

$$\Rightarrow T(N) \geqslant N - \sum_{i=1}^{r}\left(\frac{2N}{q_i^2}+2^1\right) + \sum_{1\leqslant i<j\leqslant r}\left(\frac{4N}{q_i^2\cdot q_j^2}-2^2\right) - \cdots$$

$$+ (-1)^r\left(\frac{N}{(q_1q_2\cdots q_r)^2}\cdot 2^r - (-2)^r\right)$$

$$= N\prod_{i=1}^{r}\left(1-\frac{2}{q_i^2}\right) - 3^r + 1,$$

同理,$T(N) \leqslant N\prod_{i=1}^{r}\left(1-\frac{2}{q_i^2}\right) + 3^r - 1.$ 从而

$$\lim_{N\to+\infty}\frac{T(N)}{N} \geqslant \lim_{N\to+\infty}\left(\prod_{i=1}^{r}\left(1-\frac{2}{q_i^2}\right)-\frac{3^r-1}{N}\right) = \prod_{i=1}^{r}\left(1-\frac{2}{q_i^2}\right),$$

$$\lim_{N\to+\infty}\frac{T(N)}{N} \leqslant \lim_{N\to+\infty}\left(\prod_{i=1}^{r}\left(1-\frac{2}{q_i^2}\right)+\frac{3^r-1}{N}\right) = \prod_{i=1}^{r}\left(1-\frac{2}{q_i^2}\right).$$

故

$$\lim_{N\to+\infty}\frac{T(N)}{N}=\prod_{i=1}^{r}\left(1-\frac{2}{q_i^2}\right).$$

证毕.

数 $n^2+1(1\leqslant n\leqslant N)$ 这 N 个数中无平方因子数的个数记作 $F(N)$.

推论 $\lim\limits_{N\to+\infty}\dfrac{F(N)}{N}=\prod\limits_{i=1}^{\infty}\left(1-\dfrac{2}{q_i^2}\right)$ (q_i 遍历所有 $4k+1$ 型素数).

证明 由二次剩余理论知,数 n^2+1 的素因子为 2 或 $4k+1$ 型素数,可能的平方因子为 $4k+1$ 型素数平方的积.

取前 r 个 $4k+1$ 型素数 $q_1,q_2,\cdots,q_r$,由定义知 $F(N)\leqslant T(N)$,因此

$$\lim_{N\to+\infty}\frac{F(N)}{N}\leqslant\lim_{N\to+\infty}\frac{T(N)}{N},$$

即

$$\lim_{N\to+\infty}\frac{F(N)}{N}\leqslant\prod_{i=1}^{r}\left(1-\frac{2}{q_i^2}\right)$$

$$\Rightarrow\lim_{N\to+\infty}\frac{F(N)}{N}\leqslant\lim_{r\to+\infty}\prod_{i=1}^{r}\left(1-\frac{2}{q_i^2}\right).$$

将 $n^2+1(1\leqslant n\leqslant N)$ 这 N 个数中最小平方因子不小于 q_{r+1}^2 的个数不多于

$$\sum_{\substack{i\geqslant r+1\\ q_i\leqslant N}}\left(\frac{2N}{q_i^2}+2\right).$$

$$\sum_{\substack{i\geqslant r+1\\ q_i\leqslant N}}\left(\frac{2N}{q_i^2}+2\right)\leqslant 2\pi(N)+2N\sum_{\substack{i\geqslant r+1\\ q_i\leqslant N}}\frac{1}{q_i^2}=2N\sum_{\substack{i\geqslant r+1\\ q_i\leqslant N}}\frac{1}{q_i^2}+o(N).$$

因此,无平方因子数 $F(N)$ 不少于

$$T(N)-\left(2N\sum_{\substack{i\geqslant r+1\\ q_i\leqslant N}}\frac{1}{q_i^2}+o(N)\right)=N\prod_{i=1}^{r}\left(1-\frac{2}{q_i^2}\right)-2N\sum_{\substack{i\geqslant r+1\\ q_i\leqslant N}}\frac{1}{q_i^2}+o(N).$$

由于

$$\lim_{r\to+\infty}\sum_{\substack{i\geqslant r+1\\ q_i\leqslant N}}\frac{1}{q_i^2}=0,$$

且 $\prod\limits_{i=1}^{\infty}\left(1-\dfrac{2}{q_i^2}\right)$ 收敛,因此

$$F(N)\geqslant N\prod_{i=1}^{r}\left(1-\frac{2}{q_i^2}\right)-2N\sum_{\substack{i\geqslant r+1\\ q_i\leqslant N}}\frac{1}{q_i^2}+o(N).$$

所以

$$\lim_{N\to+\infty}\frac{F(N)}{N}\geqslant\lim_{r\to+\infty}\left(\prod_{i=1}^{r}\left(1-\frac{2}{q_i^2}\right)-\sum_{\substack{i\geqslant r+1\\ q_i\leqslant N}}\frac{1}{q_i^2}+o(1)\right)=\prod_{i=1}^{\infty}\left(1-\frac{2}{q_i^2}\right).$$

所以 $\lim\limits_{N\to+\infty}\dfrac{F(N)}{N}=\prod\limits_{i=1}^{\infty}\left(1-\dfrac{2}{q_i^2}\right)$ (q_i 遍历所有 $4k+1$ 型素数).证毕.

$$\lim_{N\to+\infty}\frac{F(N)}{N}=\prod_{i=1}^{\infty}\left(1-\frac{2}{q_i^2}\right)$$ 即在数 n^2+1 中无平方因子数的概率为 $\prod_{i=1}^{\infty}\left(1-\frac{2}{q_i^2}\right)$，故存在无穷多个正整数 n，使得 n^2+1 无平方因子.

推广 数 $an^2+bn+c(a\neq 0)$ 中无平方因子数的概率为 $\prod_{i=1}^{\infty}\left(1-\frac{t(p)}{p^2}\right)$（这里，$t(p)$ 为同余方程 $ax^2+bx+c\equiv 0\pmod{p^2}$ 的解数).

由于正整数 $n(1\leqslant n\leqslant N)$ 这 N 个数中无平方因子的个数为 $N\prod_{i=1}^{\infty}\left(1-\frac{1}{p_i^2}\right)+R(N)$，余项 $R(N)$ 是 $O(\sqrt{N})$. 类似地有如下猜想：数 $n^2+1(1\leqslant n\leqslant N)$ 这 N 个数中无平方因子的个数 $N\prod_{i=1}^{\infty}\left(1-\frac{2}{q_i^2}\right)+R(N)$ 的余项 $R(N)$ 是否为 $O(\sqrt{N})$？

参 考 文 献

[1] 2015年中国国家集训队教练组.走向IMO/数学奥林匹克试题集锦(2015)[M].上海：华东师范大学出版社,2015.
[2] 华罗庚.华罗庚文集：数论卷Ⅱ[M].北京：科学出版社,2010.

骆来根
浙江省杭州市富阳区东洲中学

二阶齐次递推数列的模周期性

二阶齐次递推数列的模周期性是初等数论的经典课题. 与最小正周期相关的结果通常需要用到抽象代数的知识. 这里我们利用初等方法得到了最小正周期的更精确的结果.

一、问题的描述

对于由整数构成的等比数列，考虑它被某个素数 p 除所得的余数数列. 容易看出，所得是一个周期数列，最小正周期是 $p-1$ 的约数. 这是由于 Fermat 小定理：$a^p \equiv a \pmod{p}$.

注意等比数列是一阶齐次递推数列，即满足递推关系式 $u_{n+1} = a u_n$. 上述周期现象的一个自然推广是考虑如下定义的二阶齐次递推数列 $\{u_n\}$：

$$u_{n+1} = au_n - bu_{n-1}, \quad n \geq 1, \qquad ①$$

其中 a、b、u_0、u_1 均为整数，且 $ab \neq 0$.

记 $\Delta = a^2 - 4b$，在以往的研究中[1-4]，已经知道，对于任意与 Δ 互素的奇素数 p，数列 $\{u_n \bmod p\}$ 是纯周期的，而且最小正周期是 $p^2 - 1$ 的约数. 在本文中，我们将利用初等方法，得到最小正周期的更精确的结果. 具体地，我们有如下定理.

定理 1.1 设 $\{u_n\}$ 是如上定义的整数列，奇素数 p 与 a、b、Δ 都互素. 则当 $\Delta^{\frac{p-1}{2}} \equiv 1 \pmod{p}$ 时，$\{u_n \bmod p\}$ 的最小正周期是 $p-1$ 的约数；当 $\Delta^{\frac{p-1}{2}} \equiv -1 \pmod{p}$ 时，$\{u_n \bmod p\}$ 的最小正周期是 $(p+1)t$ 的约数，其中 t 是使得 $b^t \equiv 1 \pmod{p}$ 成立的最小正整数.

为证明这个定理，我们的办法是引进如下两个特殊数列 $\{x_n\}$ 和 $\{y_n\}$：

$$x_n = \alpha^n + \beta^n, \quad y_n = \frac{\alpha^n - \beta^n}{\alpha - \beta}, \quad n = 0, 1, 2, \cdots. \qquad ②$$

其中 $\alpha = \frac{1}{2}(a + \sqrt{\Delta})$，$\beta = \frac{1}{2}(a - \sqrt{\Delta})$. 容易验证，$x_0 = 2$，$x_1 = a$，$y_0 = 0$，$y_1 = 1$，且 $\{x_n\}$ 和 $\{y_n\}$ 都满足前述递推关系式①，因此，$\{x_n\}$ 和 $\{y_n\}$ 都是整数列.

注意数列 $\{u_n\}$ 总可写为 $\{x_n\}$ 和 $\{y_n\}$ 的线性组合：

$$u_n = \frac{1}{2}(u_0 x_n + (2u_1 - au_0) y_n). \qquad ③$$

这样，只要证明 $\{x_n\}$ 和 $\{y_n\}$ 具有定理 1.1 所说的模周期性，则一般的 $\{u_n\}$ 都具有这一性质.

在对 $\{x_n\}$ 和 $\{y_n\}$ 的探索中需要用到如下定理.

定理 1.2 若 p 为素数，$0 \leq m \leq p-1$，则 $C_{p-1}^m \equiv (-1)^m \pmod{p}$.

证明 注意 $(p-1)(p-2)\cdots(p-m) \equiv (-1)(-2)\cdots(-m) \equiv (-1)^m \cdot m! \pmod{p}$，

所以

$$C_{p-1}^{m} = \frac{1}{m!}(p-1)(p-2)\cdots(p-m) \equiv (-1)^{m} (\bmod \ p).$$

从而结论得证.

二、数列 $\{x_n\}$ 的模周期性

首先注意 x_n 的表达式可以展开写为

$$x_n = \alpha^n + \beta^n = \frac{1}{2^n}((a+\sqrt{\Delta})^n + (a-\sqrt{\Delta})^n)$$

$$= \frac{1}{2^{n-1}}(C_n^0 a^n + C_n^2 a^{n-2}\Delta + \cdots + C_n^{2k} a^{n-2k}\Delta^k),$$

其中 $k = \left[\dfrac{n}{2}\right]$.

下面我们从两个简单的引理开始.

引理 2.1 若 p 为奇素数,则总有 $x_p \equiv x_1 (\bmod \ p)$.

证明 我们有

$$x_p = \frac{1}{2^{p-1}}(C_p^0 a^p + C_p^2 a^{p-2}\Delta + \cdots + C_p^{p-1} a\Delta^{\frac{p-1}{2}})$$

$$\equiv a^p \equiv a = x_1 (\bmod \ p),$$

其中用到 Fermat 小定理 $2^{p-1} \equiv 1 (\bmod \ p)$,$a^p \equiv a (\bmod \ p)$,以及当 $0 < m < p$ 时 $C_p^m \equiv 0 (\bmod \ p)$.

引理 2.2 设 p 为奇素数,且与 a、b、Δ 都互素,则当 $\Delta^{\frac{p-1}{2}} \equiv 1 (\bmod \ p)$ 时,$x_{p-1} \equiv 2 (\bmod \ p)$;当 $\Delta^{\frac{p-1}{2}} \equiv -1 (\bmod \ p)$ 时,$x_{p-1} \equiv (a^2-2b)b^{-1} (\bmod \ p)$.

证明 由于

$$x_{p-1} = \frac{1}{2^{p-2}}(C_{p-1}^0 a^{p-1} + C_{p-1}^2 a^{p-3}\Delta + \cdots + C_{p-1}^{p-1}\Delta^{\frac{p-1}{2}}),$$

结合 $2^{p-1} \equiv 1 (\bmod \ p)$,$a^{p-1} \equiv 1 (\bmod \ p)$ 和 $C_{p-1}^0 \equiv C_{p-1}^2 \equiv \cdots \equiv C_{p-1}^{p-1} \equiv 1 (\bmod \ p)$ 可知

$$x_{p-1} \equiv 2(1 + a^{-2}\Delta + a^{-4}\Delta^2 + \cdots + a^{-(p-1)}\Delta^{\frac{p-1}{2}})(\bmod \ p).$$

记 $d = a^{-2}\Delta$. 由 p 与 $4b = a^2 - \Delta$ 互素可知 $d \not\equiv 1 (\bmod \ p)$,这样

$$x_{p-1} \equiv 2(1 + d + d^2 + \cdots + d^{\frac{p-1}{2}}) = 2(1 - d^{\frac{p+1}{2}})(1-d)^{-1} (\bmod \ p).$$

由 Fermat 小定理,$\Delta^{p-1} \equiv 1 (\bmod \ p)$,所以 $\Delta^{\frac{p-1}{2}} \equiv \pm 1 (\bmod \ p)$.

当 $\Delta^{\frac{p-1}{2}} \equiv 1 (\bmod \ p)$ 时,$d^{\frac{p-1}{2}} \equiv 1 (\bmod \ p)$,这时 $d^{\frac{p+1}{2}} \equiv d (\bmod \ p)$,所以 $x_{p-1} \equiv 2 (\bmod \ p)$.

当 $\Delta^{\frac{p-1}{2}} \equiv -1 (\bmod \ p)$ 时,$d^{\frac{p-1}{2}} \equiv -1 (\bmod \ p)$,这时 $d^{\frac{p+1}{2}} \equiv -d (\bmod \ p)$,所以 $x_{p-1} \equiv 2(1+d)(1-d)^{-1} \equiv (a^2-2b)b^{-1} (\bmod \ p)$.

定理 2.1 设 $\{x_n\}$ 是如上定义的整数列,奇素数 p 与 a、b、Δ 都互素. 则当 $\Delta^{\frac{p-1}{2}} \equiv 1 (\bmod \ p)$ 时,$\{x_n \bmod p\}$ 的最小正周期是 $p-1$ 的约数;当 $\Delta^{\frac{p-1}{2}} \equiv -1 (\bmod \ p)$ 时,$\{x_n \bmod p\}$ 的最小正周期是 $(p+1)t$ 的约数,其中 t 是使得 $b^t \equiv 1 (\bmod \ p)$ 成立的最小正

整数.

证明 若 $\Delta^{\frac{p-1}{2}} \equiv 1 \pmod{p}$，则由引理2.2可知 $x_{p-1} \equiv 2 = x_0 \pmod{p}$，由引理2.1可知 $x_p \equiv a = x_1 \pmod{p}$. 可见 $p-1$ 是 $\{x_n \bmod p\}$ 的周期，最小正周期是 $p-1$ 的约数.

若 $\Delta^{\frac{p-1}{2}} \equiv -1 \pmod{p}$，则由引理2.2可知 $x_{p-1} \equiv (a^2-2b)b^{-1} \pmod{p}$. 结合引理2.1的结论 $x_p \equiv a \pmod{p}$，我们可算得

$$x_{p+1} \equiv 2b \pmod{p}, \quad x_{p+2} \equiv ab \pmod{p}.$$

现在，我们将数列 $\{x_n \bmod p\}$ 每 $p+1$ 项作为一行排列起来，就得到下述表格：

$$x_0 \equiv 2, \quad x_1 \equiv a, \quad x_2 \equiv a^2-2b, \quad \cdots,$$
$$x_{p+1} \equiv 2b, \quad x_{p+2} \equiv ab, \quad x_{p+3} \equiv (a^2-2b)b, \quad \cdots,$$
$$\cdots\cdots$$

可见，第二行与第一行相比，对应位置的数相差 b 倍. 注意数列的后继项是由前面的项通过递推关系①确定的，因此，容易看出，这个表格的第3行必定是

$$x_{2(p+1)} \equiv 2b^2, \quad x_{2p+3} \equiv ab^2, \quad x_{2p+4} \equiv (a^2-2b)b^2, \quad \cdots.$$

一般地，利用数学归纳法，我们可证明

$$x_{(p+1)m} \equiv 2b^m \pmod{p}, \quad x_{(p+1)m+1} \equiv ab^m \pmod{p}, \quad m=0,1,2,\cdots.$$

这样一来，若 t 是使得 $b^t \equiv 1 \pmod{p}$ 成立的最小正整数，则在表格的第 $t+1$ 行有 $x_{(p+1)t} \equiv 2b^t \equiv 2 \pmod{p}$，$x_{(p+1)t+1} \equiv ab^t \equiv a \pmod{p}$，也就是说，第 $t+1$ 行将与第1行相同. 因此，$(p+1)t$ 是数列 $\{x_n \bmod p\}$ 的周期，最小正周期是 $(p+1)t$ 的约数.

三、数列 $\{y_n\}$ 的模周期性

与 $\{x_n\}$ 的情形完全类似，我们可将 y_n 的表达式展开写为

$$y_n = \frac{1}{\alpha-\beta}(\alpha^n - \beta^n) = \frac{1}{2^n\sqrt{\Delta}}((a+\sqrt{\Delta})^n - (a-\sqrt{\Delta})^n)$$

$$= \frac{1}{2^{n-1}}(C_n^1 a^{n-1} + C_n^3 a^{n-3}\Delta + C_n^5 a^{n-5}\Delta^2 + \cdots + C_n^{2k+1} a^{n-2k-1}\Delta^k),$$

其中 $k = \left[\dfrac{n-1}{2}\right]$.

接下来我们可得到如下定理.

定理3.1 若 p 为奇素数，则有 $y_p \equiv \Delta^{\frac{p-1}{2}} \equiv \pm 1 \pmod{p}$.

证明 注意

$$y_p = \frac{1}{2^{p-1}}(C_p^1 a^{p-1} + C_p^3 a^{p-3}\Delta + \cdots + C_p^{p-2} a^2 \Delta^{\frac{p-3}{2}} + C_p^p \Delta^{\frac{p-1}{2}}),$$

利用 $0 < m < p$ 时 $C_p^m \equiv 0 \pmod{p}$ 和 $2^{p-1} \equiv 1 \pmod{p}$，则立即得到结论.

引理3.1 若奇素数 p 与 a、b、Δ 都互素，则当 $\Delta^{\frac{p-1}{2}} \equiv 1 \pmod{p}$ 时，$y_{p-1} \equiv 0 \pmod{p}$；当 $\Delta^{\frac{p-1}{2}} \equiv -1 \pmod{p}$ 时，$y_{p-1} \equiv -ab^{-1} \pmod{p}$.

证明 注意

$$y_{p-1} = \frac{1}{2^{p-2}}(C_{p-1}^1 a^{p-2} + C_{p-1}^3 a^{p-4}\Delta + \cdots + C_{p-1}^{p-2} a\Delta^{\frac{p-3}{2}}),$$

利用 $2^{p-1}\equiv 1\pmod{p}$, $a^{p-1}\equiv 1\pmod{p}$, 以及 $C_{p-1}^1\equiv C_{p-1}^3\equiv\cdots\equiv C_{p-1}^{p-2}\equiv -1\pmod{p}$, 我们有

$$y_{p-1}\equiv -2a^{-1}(1+a^{-2}\Delta+\cdots+a^{-(p-3)}\Delta^{\frac{p-3}{2}})\pmod{p}.$$

记 $d=a^{-2}\Delta$, 则易知 $d\not\equiv 1\pmod{p}$, 因此我们进一步得到

$$y_{p-1}\equiv -2a^{-1}(1+d+d^2+\cdots+d^{\frac{p-3}{2}})$$
$$= -2a^{-1}(1-d^{\frac{p-1}{2}})(1-d)^{-1}\pmod{p}.$$

当 $\Delta^{\frac{p-1}{2}}\equiv 1\pmod{p}$ 时, $d^{\frac{p-1}{2}}\equiv 1\pmod{p}$, 这时 $y_{p-1}\equiv 0\pmod{p}$.

当 $\Delta^{\frac{p-1}{2}}\equiv -1\pmod{p}$ 时, $d^{\frac{p-1}{2}}\equiv -1\pmod{p}$, 这时 $y_{p-1}\equiv -4a^{-1}(1-d)^{-1}\equiv -ab^{-1}\pmod{p}$.

定理 3.2 设 $\{y_n\}$ 是如前定义的整数列, 奇素数 p 与 a、b、Δ 都互素. 则当 $\Delta^{\frac{p-1}{2}}\equiv 1\pmod{p}$ 时, $\{y_n \bmod p\}$ 的最小正周期是 $p-1$ 的约数; 当 $\Delta^{\frac{p-1}{2}}\equiv -1\pmod{p}$ 时, $\{y_n \bmod p\}$ 的最小正周期是 $(p+1)t$ 的约数, 其中 t 是使得 $b^t\equiv 1\pmod{p}$ 成立的最小正整数.

证明 由定理 3.1 和引理 3.1, 当 $\Delta^{\frac{p-1}{2}}\equiv 1\pmod{p}$ 时, $y_{p-1}\equiv 0 = y_0\pmod{p}$, $y_p\equiv 1 = y_1\pmod{p}$, 可见 $p-1$ 是 $\{y_n \bmod p\}$ 的周期, 从而最小正周期是 $p-1$ 的约数.

当 $\Delta^{\frac{p-1}{2}}\equiv -1\pmod{p}$ 时, $y_{p-1}\equiv -ab^{-1}\pmod{p}$, $y_p\equiv -1\pmod{p}$. 利用递推式 $y_{n+1} = ay_n - by_{n-1}$, 不难算得

$$y_{p+1}\equiv 0\pmod{p}, \quad y_{p+2}\equiv b\pmod{p}.$$

结合 $y_0\equiv 0\pmod{p}$, $y_1\equiv 1\pmod{p}$, 我们可用数学归纳法证明

$$y_{(p+1)m}\equiv 0\pmod{p}, \quad y_{(p+1)m+1}\equiv b^m\pmod{p}, \quad m=0,1,2,\cdots.$$

因此, 若 t 是使得 $b^t\equiv 1\pmod{p}$ 成立的最小正整数, 则 $y_{(p+1)t}\equiv 0 = y_0\pmod{p}$, $y_{(p+1)t+1}\equiv 1 = y_1\pmod{p}$, 可见 $(p+1)t$ 是数列 $\{y_n \bmod p\}$ 的周期, 最小正周期是 $(p+1)t$ 的约数.

四、一些特殊情形

综合定理 2.1 和定理 3.2, 我们就证明了定理 1.1. 下面我们分别考虑 $b=1$ 和 $b=-1$ 两种特殊情形.

推论 4.1 若整数列 $\{u_n\}$ 满足递推关系式 $u_{n+1} = au_n - u_{n-1}$, 其中 $a\in \mathbf{Z}$, $|a|>2$. 则当奇素数 p 与 a、a^2-4 都互素时, $\{u_n \bmod p\}$ 的最小正周期是 $p-1$ 或 $p+1$ 的约数.

例如, 取数列 $x_n = \frac{1}{2}((2+\sqrt{3})^n + (2-\sqrt{3})^n)$, 则当素数 $p>3$ 时, $\{x_n \bmod p\}$ 的最小正周期是 $p-1$ 或 $p+1$ 的约数.

推论 4.2 若整数列 $\{u_n\}$ 满足递推关系式 $u_{n+1} = au_n + u_{n-1}$, 其中 $a\in \mathbf{Z}$. 则当奇素数 p 与 a、a^2+4 都互素时, $\{u_n \bmod p\}$ 的最小正周期是 $p-1$ 或 $2(p+1)$ 的约数.

例如, 当奇素数 $p\ne 5$ 时, Fibonacci 数列 $\{F_n \bmod p\}$ 的最小正周期是 $p-1$ 或 $2(p+1)$ 的约数, 取 $p-1$ 还是 $2(p+1)$ 取决于 5 是否为模 p 的二次剩余.

致谢 本文得到了南开大学数学科学学院黄利兵老师的指导.

参 考 文 献

[1] Engstrom HT. On sequences defined by linear recurrence relations[J]. Trans. Amer. Math. Soc. ,1931,33(1):210－218.

[2] Morgan Ward. The characteristic number of a sequence of integers satisfying a linear recursion relation[J]. Trans. Amer. Math. Soc. ,1931,33(1):153－165.

[3] Morgan Ward. The arithmetical theory of linear recurring series[J]. Trans. Amer. Math. Soc. ,1933,35(3):600－628.

[4] Vince A. Period of a linear recurrence[J]. Acta Arithmetica,1981,39:303－311.

王任飞

天津市南开中学

第31届中国数学奥林匹克考试题第2题的另证

题目 如图1所示,在凸四边形 $ABCD$ 中,K、L、M、N 分别是边 AB、BC、CD、DA 上的点,满足

$$\frac{AK}{KB} = \frac{DA}{BC}, \quad \frac{BL}{LC} = \frac{AB}{CD}, \quad \frac{CM}{MD} = \frac{BC}{DA}, \quad \frac{DN}{NA} = \frac{CD}{AB}.$$

延长 AB、DC 交于点 E,延长 AD、BC 交于点 F. 设 $\triangle AEF$ 的内切圆在边 AE、AF 上的切点分别为 S、T;$\triangle CEF$ 的内切圆在边 CE、CF 上的切点分别为 U、V.

证明:若 K、L、M、N 四点共圆,则 S、T、U、V 四点共圆.

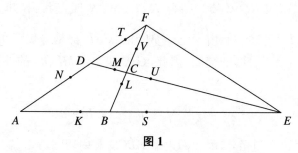

图1

证明 首先证明,若 K、L、M、N 四点共圆,则四边形 $ABCD$ 有内切圆.
设 $AB = a, BC = b, CD = c, DA = d$,由已知得

$$AK = \frac{ad}{b+d}, \quad BK = \frac{ab}{b+d}, \quad BL = \frac{ab}{a+c}, \quad CL = \frac{bc}{a+c},$$

$$CM = \frac{bc}{b+d}, \quad DM = \frac{cd}{b+d}, \quad DN = \frac{cd}{a+c}, \quad AN = \frac{ad}{a+c}.$$

如图2所示,设直线 KL 与 AC 交于点 P,MN 与 AC 交于点 P'.

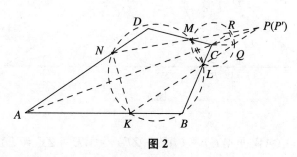

图2

对 $\triangle ABC$ 与截线 KLP 应用梅涅劳斯定理,得

$$\frac{AK}{KB} \cdot \frac{BL}{LC} \cdot \frac{CP}{PA} = 1 \Rightarrow \frac{CP}{PA} = \frac{CL}{BL} \cdot \frac{BK}{AK} = \frac{c}{a} \cdot \frac{b}{d}.$$ ①

对 $\triangle ADC$ 与截线 NMP' 应用梅涅劳斯定理,得

$$\frac{AN}{ND} \cdot \frac{DM}{MC} \cdot \frac{CP'}{P'A} = 1 \Rightarrow \frac{CP'}{P'A} = \frac{CM}{DM} \cdot \frac{DN}{AN} = \frac{b}{d} \cdot \frac{c}{a}.$$ ②

由式①、②,知

$$\frac{CP}{PA} = \frac{CP'}{P'A}.$$

从而,P 与 P' 重合,即 KL、MN、AC 三线共点.

过点 C 作 AB 的平行线,交 KL 于点 Q,则

$$\frac{BK}{CQ} = \frac{BL}{CL} = \frac{a}{c} = \frac{BK}{CM} \Rightarrow CQ = CM.$$

过点 C 作 AD 的平行线,交 MN 于点 R,则

$$\frac{DN}{CR} = \frac{DM}{CM} = \frac{d}{b} = \frac{DN}{CL} \Rightarrow CR = CL.$$

由 $\frac{PQ}{QK} = \frac{PC}{CA} = \frac{PR}{RN}$,知 $RQ \parallel KN$. 结合 K、L、M、N 四点共圆,知 $\angle PQR = \angle PKN = \angle PML$,故 M、L、Q、R 四点共圆. 由于 $\triangle CQM$ 和 $\triangle CRL$ 都是等腰三角形,故 C 是 QM 的垂直平分线与 RL 的垂直平分线的交点. 因此,C 是四边形 $MLQR$ 的外接圆圆心. 由 $CL = CM$,知

$$\frac{bc}{a+c} = \frac{bc}{b+d} \Rightarrow a+c = b+d.$$

即四边形 $ABCD$ 的对边之和相等,因此四边形 $ABCD$ 有内切圆.

如图 3 所示,设四边形 $ABCD$ 的内切圆与边 AB、BC、CD、DA 的切点分别为 W、X、Y、Z,则

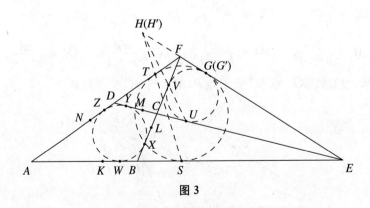

图 3

$$AE - AF = (AW + WE) - (AZ + ZF) = WE - ZF = EY - FX$$
$$= (CE + CY) - (CF + CX) = CE - CF.$$

设△AEF 的内切圆与 EF 相切于点 G，△CEF 的内切圆与 EF 相切于点 G'，则
$$FG = \frac{EF + AF - AE}{2} = \frac{EF + CF - CE}{2} = FG'.$$
故 G 与 G' 重合，仍记为点 G．设直线 EF 与 ST 交于点 H，与 UV 交于点 H'．熟知 $(E, F; G, H)$ 和 $(E, F; G, H')$ 均为调和点列，故点 H 与 H' 重合，仍记为 H，即 EF、ST、UV 共点于 H．由圆幂定理，知
$$HS \cdot HT = HG^2 = HU \cdot HV.$$
故 S、T、U、V 四点共圆．

曹珏赟

一类含有根式的递推数列问题的解题策略

在国内外各级数学奥林匹克中,非线性递推数列问题频频亮相. 而对于非线性递推数列问题,常规处理方向是将它化归为线性递推数列. 本文就国内外数学竞赛中的含有根式的非线性递推数列问题的求解方法作一个初步探讨.

一、整体换元

将含无理递推式数列中的无理部分进行整体换元,再运用乘方策略.

例1 已知在数列 $\{a_n\}$ 中,有

$$a_1 = 1, \quad a_{n+1} = \frac{1}{16}(1 + 4a_n + \sqrt{1 + 24a_n}), \quad n \in \mathbf{N}^*.$$

求 $\{a_n\}$ 的通项公式.

(1982 年 IMO 预选题,1986 年联邦德国数学奥林匹克)

解析 由于递推关系中既有 a_n 的一次形式又有 a_n 的根式形式,所以对根式结构采用整体换元.

设 $b_n = \sqrt{1 + 24a_n}$,则 $b_n \geq 0, b_1 = 5, b_n^2 = 1 + 24a_n$.

于是,原递推关系可化为

$$\frac{b_{n+1}^2 - 1}{24} = \frac{1}{16}\left(1 + 4 \cdot \frac{b_n^2 - 1}{24} + b_n\right).$$

整理得

$$(2b_{n+1})^2 = (b_n + 3)^2.$$

又 $b_n \geq 0$,即得 $2b_{n+1} = b_n + 3$.

从而得 $b_{n+1} - 3 = \frac{1}{2}(b_n - 3)$,即数列 $\{b_n - 3\}$ 是以 $b_1 - 3 = 5 - 3 = 2$ 为首项,以 $\frac{1}{2}$ 为公比的等比数列. 所以

$$b_n - 3 = 2 \cdot \left(\frac{1}{2}\right)^{n-1}.$$

因此

$$a_n = \frac{b_n^2 - 1}{24} = \frac{1}{3} + \left(\frac{1}{2}\right)^n + \frac{2}{3} \cdot \left(\frac{1}{2}\right)^{2n}, \quad n \in \mathbf{N}^*.$$

对于含有根式的递推关系,首先考虑将根式结构整体代换,去掉根式,转化为熟悉的递

推关系.

二、通过恒等变形,转化为常规数列

如果在递推关系中,根式中的被开方式具有齐二次结构,考虑同除特定项,转化为熟悉的递推关系.

例2 已知正项数列$\{a_n\}$满足
$$\sqrt{a_na_{n+1} + a_na_{n+2}} = 4\sqrt{a_na_{n+1} + a_{n+1}^2} + 3\sqrt{a_na_{n+1}},$$
且$a_1 = 1, a_2 = 8$,求$\{a_n\}$的通项公式.

(2012年全国高中数学联赛湖北赛区预赛题)

解析 在已知等式两边同时除以$\sqrt{a_na_{n+1}}$,得
$$\sqrt{1 + \frac{a_{n+2}}{a_{n+1}}} = 4\sqrt{1 + \frac{a_{n+1}}{a_n}} + 3,$$
所以
$$\sqrt{1 + \frac{a_{n+2}}{a_{n+1}}} + 1 = 4\left(\sqrt{1 + \frac{a_{n+1}}{a_n}} + 1\right).$$

令$b_n = \sqrt{1 + \frac{a_{n+1}}{a_n}} + 1$,则$b_1 = 4, b_{n+1} = 4b_n$,即数列$\{b_n\}$是以$b_1 = 4$为首项、4为公比的等比数列,所以
$$b_n = b_1 \cdot 4^{n-1} = 4^n.$$
所以
$$\sqrt{1 + \frac{a_{n+1}}{a_n}} + 1 = 4^n,$$
即
$$a_{n+1} = ((4^n - 1)^2 - 1)a_n.$$
于是,当$n > 1$时
$$a_n = ((4^{n-1} - 1)^2 - 1)a_{n-1} = ((4^{n-1} - 1)^2 - 1) \cdot ((4^{n-2} - 1)^2 - 1)a_{n-2}$$
$$= \cdots = \prod_{k=1}^{n-1}((4^k - 1)^2 - 1)a_1 = \prod_{k=1}^{n-1}((4^k - 1)^2 - 1),$$
因此
$$a_n = \begin{cases} 1, & n = 1, \\ \prod_{k=1}^{n-1}((4^k - 1)^2 - 1), & n \geq 2. \end{cases}$$

例3 已知数列$\{a_n\}$满足
$$a_1 = 1, \quad a_2 = 5, \quad a_{n+2} = \frac{a_{n+1}a_n}{\sqrt{a_{n+1}^2 + a_n^2 + 1}},$$
求数列$\{a_n\}$的通项公式.

解析 显然，$a_n > 0$.

由题意 $a_{n+2} = \dfrac{a_{n+1}a_n}{\sqrt{a_{n+1}^2 + a_n^2 + 1}}$，取倒数可得

$$\dfrac{1}{a_{n+2}} = \sqrt{\dfrac{1}{a_n^2} + \dfrac{1}{a_{n+1}^2} + \dfrac{1}{a_{n+1}^2} \cdot \dfrac{1}{a_n^2}}.$$

平方整理得

$$\dfrac{1}{a_{n+2}^2} = \dfrac{1}{a_n^2} + \dfrac{1}{a_{n+1}^2} + \dfrac{1}{a_{n+1}^2} \cdot \dfrac{1}{a_n^2}.$$

两边都加上 1 可得

$$\dfrac{1}{a_{n+2}^2} + 1 = \left(\dfrac{1}{a_n^2} + 1\right)\left(\dfrac{1}{a_{n+1}^2} + 1\right).$$

令 $\dfrac{1}{a_n^2} + 1 = b_n$，即得

$$b_{n+2} = b_{n+1} \cdot b_n.$$

取对数可得

$$\ln b_{n+2} = \ln b_{n+1} + \ln b_n.$$

令 $\ln b_n = c_n$，即得 $c_{n+2} = c_{n+1} + c_n$，其中 $c_1 = \ln 2, c_2 = \ln \dfrac{26}{25}$.

于是，由递推关系 $c_{n+2} = c_{n+1} + c_n$ 可得特征方程为 $x^2 - x - 1 = 0$.

解得特征根为 $x = \dfrac{1 \pm \sqrt{5}}{2}$.

所以，数列 $\{c_n\}$ 的通项公式为：$c_n = \alpha \left(\dfrac{1-\sqrt{5}}{2}\right)^{n-1} + \beta \left(\dfrac{1+\sqrt{5}}{2}\right)^{n-1}$，其中 α、β 由 c_1、c_2 确定.

从而

$$\begin{cases} \alpha + \beta = \ln 2, \\ \dfrac{1-\sqrt{5}}{2}\alpha + \dfrac{1+\sqrt{5}}{2}\beta = \ln \dfrac{26}{25}. \end{cases}$$

解之得

$$\alpha = -\dfrac{\dfrac{\sqrt{5}-1}{2}\ln 2 + \ln \dfrac{26}{25}}{\sqrt{5}} + \ln 2,$$

$$\beta = \dfrac{\dfrac{\sqrt{5}-1}{2}\ln 2 + \ln \dfrac{26}{25}}{\sqrt{5}}.$$

所以

$$c_n = \left(-\frac{\frac{\sqrt{5}-1}{2}\ln 2 + \ln\frac{26}{25}}{\sqrt{5}} + \ln 2\right)\left(\frac{1-\sqrt{5}}{2}\right)^{n-1} + \left(\frac{\frac{\sqrt{5}-1}{2}\ln 2 + \ln\frac{26}{25}}{\sqrt{5}}\right)\left(\frac{1+\sqrt{5}}{2}\right)^{n-1}.$$

又 $\frac{1}{a_n^2} = e^{c_n} - 1$，所以，$a_n = \sqrt{\frac{1}{e^{c_n}-1}}$.

例 4 已知数列 $\{x_n\}$ 满足

$$x_1 = 1, \quad x_n = \sqrt{x_{n-1}^2 + 2x_{n-1}} + x_{n-1}, \quad n \geqslant 2,$$

求 $\{x_n\}$ 的通项公式.

解析 由题意易得 $x_n > 0$. 取倒数可得

$$\frac{1}{x_n} = \frac{1}{\sqrt{x_{n-1}^2 + 2x_{n-1}} + x_{n-1}} = \frac{\sqrt{x_{n-1}^2 + 2x_{n-1}} - x_{n-1}}{2x_{n-1}},$$

即

$$\frac{2}{x_n} = \sqrt{\frac{2}{x_{n-1}} + 1} - 1,$$

于是

$$\frac{2}{x_n} + 1 = \sqrt{\frac{2}{x_{n-1}} + 1}.$$

取对数可得

$$\ln\left(\frac{2}{x_n} + 1\right) = \frac{1}{2}\ln\left(\frac{2}{x_{n-1}} + 1\right), \quad n \geqslant 2.$$

所以，数列 $\left\{\ln\left(\frac{2}{x_n}+1\right)\right\}$ 是以 $\ln 3$ 为首项，以 $\frac{1}{2}$ 为公比的等比数列. 因此，

$$\ln\left(\frac{2}{x_n} + 1\right) = \left(\frac{1}{2}\right)^{n-1} \cdot \ln 3 = \ln 3^{\frac{1}{2^{n-1}}}.$$

所以，$x_n = \dfrac{2}{3^{\frac{1}{2^{n-1}}} - 1}$.

注 本题由 2009 年北方数学奥林匹克如下试题改编而来：

已知数列 $\{x_n\}$ 满足 $x_1 = 1, x_n = \sqrt{x_{n-1}^2 + x_{n-1}} + x_{n-1}, n \geqslant 2$，求 $\{x_n\}$ 的通项公式.

一般地，对于含有根号的递推关系，除了进行平方消除根号外，可以先考虑倒数后有理化，再利用取对数技术进行处理.

略解如下：由 $x_n = \sqrt{x_{n-1}^2 + x_{n-1}} + x_{n-1}$ 可得

$$\frac{1}{x_n} = \frac{1}{\sqrt{x_{n-1}^2 + x_{n-1}} + x_{n-1}} = \frac{\sqrt{x_{n-1}^2 + x_{n-1}} - x_{n-1}}{x_{n-1}} = \sqrt{1 + \frac{1}{x_{n-1}}} - 1.$$

于是

$$1 + \frac{1}{x_n} = \sqrt{1 + \frac{1}{x_{n-1}}}.$$

取对数可得

$$\ln\left(1+\frac{1}{x_n}\right) = \frac{1}{2}\ln\left(1+\frac{1}{x_{n-1}}\right).$$

所以,数列 $\left\{\ln\left(\frac{1}{x_n}+1\right)\right\}$ 是以 $\ln 2$ 为首项,以 $\frac{1}{2}$ 为公比的等比数列. 即

$$\ln\left(1+\frac{1}{x_n}\right) = \left(\frac{1}{2}\right)^{n-1} \cdot \ln 2 = \ln 2^{\frac{1}{2^{n-1}}},$$

故

$$x_n = \frac{1}{2^{\frac{1}{2^{n-1}}} - 1}.$$

对含有根式的递推关系进行恒等变形,常见的方法有同除特定项、取倒数、平方及有理化等,目的是将含根式的递推关系转化为常见的线性递推关系.

三、三角换元

例 5 已知数列 $\{a_n\}$、$\{b_n\}$ 满足

$$a_0 = \frac{\sqrt{2}}{2}, \quad a_{n+1} = \frac{\sqrt{2-2\sqrt{1-a_n^2}}}{2}.$$

数列 $\{b_n\}$ 满足

$$b_0 = 1, \quad b_{n+1} = \frac{\sqrt{b_n^2+1}-1}{b_n}.$$

证明:对任意的 $n \in \mathbf{N}^*$,都有 $a_n < \frac{\pi}{2^{n+2}} < b_n$.

解析 由于结论涉及 π,容易想到三角换元.

令 $a_0 = \frac{\sqrt{2}}{2} = \sin\frac{\pi}{4}$,则

$$a_1 = \frac{\sqrt{2}}{2}\sqrt{1-\cos\frac{\pi}{2^2}} = \sin\frac{\pi}{2^3}.$$

若 $a_n = \sin\frac{\pi}{2^{n+2}}$,则

$$a_{n+1} = \frac{\sqrt{2}}{2}\sqrt{1-\cos\frac{\pi}{2^{n+2}}} = \sin\frac{\pi}{2^{n+3}}.$$

于是,应用数学归纳法可证明:$a_n = \sin\frac{\pi}{2^{n+2}}, n \in \mathbf{N}$.

同理可证 $b_n = \tan\frac{\pi}{2^{n+2}}, n \in \mathbf{N}$.

由于当 $x \in \left(0, \frac{\pi}{2}\right)$ 时,有 $\sin x < x < \tan x$,从而有 $a_n < \frac{\pi}{2^{n+2}} < b_n$.

注 本题是1989年第30届IMO的预选题,由于结论中无理数 π 的暗示,联想到三角

换元是比较自然的. 本题中借助三角函数的基本关系式对根式进行处理, 将被开方式转化为完全平方结构从而达到去掉根式的目的, 因此涉及根式的非线性递推关系式要明确最常用、最基本的处理根式的方法.

四、韦达定理

对根式平方处理后, 利用二次方程的韦达定理可得到新的递推关系.

例 6 已知数列 $\{a_n\}$ 满足 $a_1=1, a_{n+1}=3a_n+2\sqrt{2a_n^2-1}, n\in \mathbf{N}^*$.

(1) 证明: $\{a_n\}$ 为正整数数列;

(2) 是否存在 $m\in \mathbf{N}^*$, 使得 $2015 | a_m$? 说明理由.

(2015 年浙江省高中数学竞赛题)

解析 (1) 由 $a_{n+1}=3a_n+2\sqrt{2a_n^2-1}, n\in \mathbf{N}^*$, 可得

$$a_{n+1}^2 - 6a_n a_{n+1} + a_n^2 + 4 = 0.$$

于是

$$a_{n+2}^2 - 6a_{n+1}a_{n+2} + a_{n+1}^2 + 4 = 0.$$

所以, a_n、a_{n+2} 是方程 $x^2 - 6a_{n+1}x + a_{n+1}^2 + 4 = 0$ 的两根, 且 $a_n < a_{n+2}$. 故 $a_n + a_{n+2} = 6a_{n+1}$, 从而得

$$a_{n+2} = 6a_{n+1} - a_n, \quad n\in \mathbf{N}^*.$$

又 $a_1=1, a_2=5$, 所以, a_n 为正整数.

(2) 不存在 $m\in \mathbf{N}^*$, 使得 $2015 | a_m$.

假设存在 $m\in \mathbf{N}^*$, 使得 $2015 | a_m$, 则 $31 | a_m$.

一方面

$$a_m a_{m+2} = a_{m+1}^2 + 4 \Rightarrow 31 | (a_{m+1}^2 + 4) \Rightarrow a_{m+1}^2 \equiv -4 \pmod{31}.$$

于是

$$a_{m+1}^{30} \equiv -4^{15} \equiv -2^{30} \pmod{31}.$$

由费马小定理知 $2^{30} \equiv 1 \pmod{31}$. 所以

$$a_{m+1}^{30} \equiv -1 \pmod{31}.$$

另一方面, $(a_{m+1}, 31)=1$. 否则, $31 | a_{m+1}$, 而 $31 | (a_{m+1}^2 + 4)$, 这样得到 $31 | 4$, 矛盾.

因此, 由费马小定理得 $a_{m+1}^{30} \equiv 1 \pmod{31}$. 从而, $1 \equiv -1 \pmod{31}$, 矛盾.

综上, 不存在 $m\in \mathbf{N}^*$, 使得 $2015 | a_m$.

由于根式内的结构出现二次, 对根式整体代换失效, 因此考虑移项平方去掉根式; 再利用数列的单调性及二次方程的韦达定理, 得到熟悉的递推关系.

练 习 题

1. 数列 $\{a_n\}$ 满足 $a_0=1, a_{n+1}=\dfrac{7a_n+\sqrt{45a_n^2-36}}{2}, n\in \mathbf{N}$. 求证: 数列 $\{a_n\}$ 的各项均为

整数.

解析 由题设可得 $a_{n+1} \geqslant \frac{7}{2}a_n > a_n$,所以 $\{a_n\}$ 为递增数列.

由 $a_{n+1} = \frac{7a_n + \sqrt{45a_n^2 - 36}}{2}$,得

$$(2a_{n+1} - 7a_n)^2 = 45a_n^2 - 36,$$

即

$$a_{n+1}^2 - 7a_{n+1}a_n + a_n^2 + 9 = 0.$$

于是

$$a_n^2 - 7a_{n-1}a_n + a_{n-1}^2 + 9 = 0.$$

注意到 $a_{n+1} > a_n > a_{n-1}$,由以上二式可得 a_{n+1}、a_{n-1} 是方程 $x^2 - 7a_n x + a_n^2 + 9 = 0$ 的两个根.由韦达定理可得 $a_{n+1} + a_{n-1} = 7a_n$,即 $a_{n+1} = 7a_n - a_{n-1}$.由 $a_0 = 1, a_1 = 5$ 及归纳法知,a_n 为正整数.

2. 已知数列 $\{a_n\}$ 满足 $a_0 = 1, a_{n+1} = \frac{3a_n + \sqrt{5a_n^2 - 4}}{2}, n \in \mathbf{N}$,证明:数列 $\{a_n\}$ 的各项均为整数.

(2002年英国数学奥林匹克考试题)

解析 由 $a_{n+1} = \frac{a_n + \sqrt{5a_n^2 - 4}}{2}$ 易得 $a_{n+1} \geqslant \frac{3}{2}a_n \geqslant \frac{9}{4}a_{n-1}$.

对 $a_{n+1} = \frac{a_n + \sqrt{5a_n^2 - 4}}{2}$ 变形,得

$$(2a_{n+1} - 3a_n)^2 = 5a_n^2 - 4,$$

即

$$a_{n+1}^2 - 3a_n a_{n+1} + a_n^2 + 1 = 0.$$

于是

$$a_n^2 - 2a_n a_{n-1} + a_{n-1}^2 + 1 = 0.$$

从而知 a_{n-1}、a_{n+1} 是方程 $x^2 - 3a_n x + a_n^2 + 1 = 0$ 的两个不相等的实数根,由韦达定理得 $a_{n+1} + a_{n-1} = 3a_n$,于是,$a_{n+1} = 3a_n - a_{n-1}$.

由 $a_0 = 1, a_1 = 2$ 及归纳法可得,a_n 均为整数.

3. 设正数列 $\{a_n\}$ 满足 $a_0 = a_1 = 1, \sqrt{a_n a_{n-2}} - \sqrt{a_{n-1}a_{n-2}} = 2a_{n-1}, n \geqslant 2, n \in \mathbf{N}^*$.求 $\{a_n\}$ 的通项公式.

解析 将原式改写为

$$\sqrt{a_n a_{n-2}} = \sqrt{a_{n-1}a_{n-2}} + 2a_{n-1}, \quad n \geqslant 2,$$

两边同除以 $\sqrt{a_{n-1}a_{n-2}}$,得

$$\sqrt{\frac{a_n}{a_{n-1}}} = 1 + 2\sqrt{\frac{a_{n-1}}{a_{n-2}}}.$$

整理得

$$\sqrt{\frac{a_n}{a_{n-1}}} + 1 = 2\left(\sqrt{\frac{a_{n-1}}{a_{n-2}}} + 1\right).$$

所以,数列 $\left\{\sqrt{\frac{a_n}{a_{n-1}}} + 1\right\}$ 是以 $\sqrt{\frac{a_1}{a_0}} + 1 = 2$ 为首项,以 2 为公比的等比数列. 于是

$$\sqrt{\frac{a_n}{a_{n-1}}} + 1 = 2^n.$$

所以

$$\frac{a_n}{a_{n-1}} = (2^n - 1)^2.$$

当 $n \geqslant 1$ 时

$$a_n = \frac{a_n}{a_{n-1}} \cdot \frac{a_{n-1}}{a_{n-2}} \cdots \frac{a_1}{a_0} \cdot a_0 = (2^n - 1)^2 (2^{n-1} - 1)^2 \cdots (2^1 - 1)^2 \cdot 1$$

$$= \prod_{k=1}^{n} (2^k - 1)^2.$$

因此

$$a_n = \begin{cases} 1, & n = 0, \\ \prod_{k=1}^{n} (2^k - 1)^2, & n \in \mathbf{N}^*. \end{cases}$$

4. 已知数列 $\{a_n\}$ 满足 $a_0 = 0$,对于所有非负整数 n,有

$$a_{n+1} = 2\sqrt{30a_n(a_n + 1)} + 11a_n + 5,$$

求 $\{a_n\}$ 的通项公式.

(2006 年全国高中数学联赛安徽赛区预赛题)

解析 由 $a_{n+1} = 2\sqrt{30a_n(a_n+1)} + 11a_n + 5$ 得 $a_{n+1} > a_n$.

将 $a_{n+1} - 11a_n - 5 = 2\sqrt{30a_n(a_n+1)}$ 两端平方,并整理得

$$a_n^2 + a_{n+1}^2 - 22a_n a_{n+1} - 10a_n - 10a_{n+1} + 25 = 0.$$

又

$$a_{n-1}^2 + a_n^2 - 22a_n a_{n-1} - 10a_{n-1} - 10a_n + 25 = 0,$$

两式相减得

$$a_{n+1}^2 - a_{n-1}^2 - 22a_n(a_{n+1} - a_{n-1}) - 10(a_{n+1} - a_{n-1}) = 0.$$

由于 $a_{n+1} - a_{n-1} > 0$,因此

$$a_{n+1} + a_{n-1} - 22a_n - 10 = 0.$$

又 $a_n + a_{n-2} - 22a_{n-1} - 10 = 0$,两式相减得
$$a_{n+1} - 23a_n + 23a_{n-1} - a_{n-2} = 0.$$

特征方程为 $x^3 - 23x^2 + 23x - 1 = 0$,特征根为 $x_1 = 1, x_2 = 11 + 2\sqrt{30}, x_3 = 11 - 2\sqrt{30}$.

设 $a_n = C_1 + C_2(11 + 2\sqrt{30})^n + C_3(11 - 2\sqrt{30})^n$.

由于 $a_0 = 0, a_1 = 5, a_2 = 120$,得 $C_1 = -\dfrac{1}{2}, C_2 = C_3 = \dfrac{1}{4}$.

所以,数列 $\{a_n\}$ 的通项公式为
$$a_n = -\dfrac{1}{2} + \dfrac{1}{4}(11 + 2\sqrt{30})^n + \dfrac{1}{4}(11 - 2\sqrt{30})^n, \quad n \in \mathbf{N}.$$

王国军
河北省石家庄二中

交比背景下的三道高考题

一、高等数学背景——有关交比的一个定理

定理 1 如图 1 所示,在直角坐标平面内,设 P 是不在圆锥曲线 Γ 上的一点,直线 l 是点 P 的极线,E 是直线 l 上的任一点,过点 P 的直线交 Γ 于 A、B,设直线 EA、EB、EP 和直线 l 的斜率依次为 k_1、k_2、k_3 和 k_4,则有

$$\frac{(k_3-k_1)(k_4-k_2)}{(k_4-k_1)(k_3-k_2)}=-1.$$

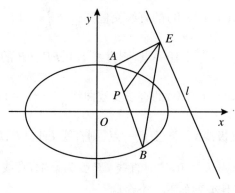

图 1

二、定理的证明

线束的交比 在直角坐标系中,若直线 a、b、c、d 的斜率依次为 k_1、k_2、k_3、k_4,则四直线的交比为

$$(ab,cd)=(k_1k_2,k_3k_4)=\frac{(k_3-k_1)(k_4-k_2)}{(k_4-k_1)(k_3-k_2)}.$$

引理 1 (完全四线形的调和性)通过完全四线形的每个顶点有一个调和线束(四形的交比等于 -1),其中一对线偶是过此点的两边;另一对线偶,一条是对顶边,另一条是这个顶点与对顶三线形的顶点的连线.

例如,在图 2 中,有 $E(AB,PH)=-1$.

定理 1 的证明 如图 2 所示,设 EA、EB 分别交圆锥曲线 Γ 于 C、D,可以证明 C、D、P 三点共线. 事实上,假设 CP 交 Γ 于 D',连 BD' 与

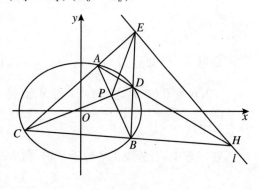

图 2

直线 EAC 交于点 E',则 E' 在 P 点的极线 l 上,表明 E' 就是 E,则 D' 就是 D,即 C、D、P 三点共线. 同理可知,AD 与 BC 的交点 H 在 l 上. 根据引理 1 和线束交比的定义知

$$E(AB,PH) = (k_1k_2,k_3k_4) = \frac{(k_3-k_1)(k_4-k_2)}{(k_4-k_1)(k_3-k_2)} = -1,$$

证毕.

在定理 1 中,若极线 l 垂直于 x 轴,则 $k_4 = \infty$,此时交比为

$$(k_1k_2,k_3\infty) = (k_1k_2k_3) = \frac{k_3-k_1}{k_3-k_2} = -1 \ ((k_1,k_2,k_3) \text{ 为简比}).$$

即有 $2k_3 = k_1 + k_2$,则直线 EA、EP、EB 的斜率成等差数列. 这就是命题 4、命题 5 和命题 6. 而命题 1、命题 2 和命题 3 分别是命题 4、命题 5 和命题 6 的特例.

三、定理的推论

命题 1 设过点 $P(t,0)(t>0)$ 的直线交抛物线 $y^2 = 2px(p>0)$ 于不同的两点 A、B,点 $E(-t,0)$ 是极线 $x = -t$ 上任一点,则直线 EA、EP、EB 的斜率成等差数列.

命题 2 设过点 $P(t,0)(t>0)$ 的直线交椭圆 $\frac{x^2}{a^2} + \frac{y^2}{b^2} = 1(a>b>0)$ 于不同的两点 A、B,点 $E\left(\frac{a^2}{t}, n\right)$ 是极线 $x = \frac{a^2}{t}$ 上任一点,则直线 EA、EP、EB 的斜率成等差数列.

命题 3 设过点 $P(t,0)(t>0)$ 的直线交双曲线 $\frac{x^2}{a^2} - \frac{y^2}{b^2} = 1(a>0,b>0)$ 于不同的两点 A、B,点 $E\left(\frac{a^2}{t}, n\right)$ 是极线 $x = \frac{a^2}{t}$ 上任一点,则直线 EA、EP、EB 的斜率成等差数列.

如果再另 $k_3 = 0$,则 $k_1 + k_2 = 0$,这时直线 EP 变为 x 轴,直线 EA、EB 的斜率互为相反数,即 x 轴平分 $\angle AEB$. 于是得到如下三个命题.

命题 4 已知点 $B(t,0)(t<0)$,设不垂直于 x 轴的直线 l 与抛物线 $y^2 = 2px(p>0)$ 交于不同的两点 P、Q,则 x 轴是 $\angle PBQ$ 的角平分线的充要条件是直线 l 过定点 $(-t,0)$.

命题 5 已知点 $B(t,0)(|t|>a)$,设不垂直于 x 轴的直线 l 交椭圆 $\frac{x^2}{a^2} + \frac{y^2}{b^2} = 1$ $(a>b>0)$ 于 P、Q 两点,则 x 轴是 $\angle PBQ$ 的角平分线的充要条件是直线 l 过定点 $\left(\frac{a^2}{t}, 0\right)$.

命题 6 已知点 $B(t,0)(|t|<a)$,设不垂直于 x 轴的直线 l 交双曲线 $\frac{x^2}{a^2} - \frac{y^2}{b^2} = 1$ $(a>0,b>0)$ 于 P、Q 两点,则 x 轴是 $\angle PBQ$ 的角平分线的充要条件是直线 l 过定点 $\left(\frac{a^2}{t}, 0\right)$.

在定理中,若极线 l 平行于 x 轴,则 $k_4 = 0$,此时交比为

$$\frac{(k_3-k_1)(0-k_2)}{(0-k_1)(k_3-k_2)} = -1,$$

即 $\frac{2}{k_3} = \frac{1}{k_1} + \frac{1}{k_2}$，即直线 EA、EP、EB 的斜率的倒数成等差数列. 于是得到如下命题. (仅以椭圆为例，双曲线和抛物线类似.)

命题 7 直线 AB 过点 $P(0,t)$ ($t \neq 0, t \neq \pm b$) 且与椭圆 $\frac{x^2}{a^2} + \frac{y^2}{b^2} = 1$ ($a > b > 0$) 交于不同的两点 A、B，点 E 为直线 $y = \frac{b^2}{t}$ 上任意一点，则直线 EA、EP、EB 的斜率的倒数成等差数列.

四、在高考中的应用

例 1 在直角坐标系 xOy 中，曲线 $C: y = \frac{x^2}{4}$ 与直线 $l: y = kx + a$ ($a > 0$) 交于 M、N 两点.

(1) 当 $k = 0$ 时，分别求 C 在点 M 和 N 处的切线方程；

(2) 在 y 轴上是否存在点 P，使得当 k 变动时，总有 $\angle OPM = \angle OPN$？说明理由.

(2015 年新课标全国卷 Ⅰ 考试题)

解析 (1) 略.

(2) 由于直线 l 过点 $(0,a)$，$\angle OPM = \angle OPN$，即 $k_{PN} + k_{PM} = 0$，由命题 4 知，y 轴上存在点 $P(0,-a)$ 满足要求.

例 2 已知点 F 为抛物线 $E: y^2 = 2px$ ($p > 0$) 的焦点，点 $A(2,m)$ 在抛物线 E 上，且 $|AF| = 3$.

(1) 求抛物线 E 的方程；

(2) 已知点 $G(-1,0)$，延长 AF 交抛物线 E 于点 B，证明：以点 F 为圆心且与直线 GA 相切的圆必与直线 GB 相切.

(2015 年福建文科卷考试题)

解析 (1) 抛物线 E 的方程为：$y^2 = 4x$ (过程略).

(2) 问题的实质是证明 GO 平分 $\angle AGB$，即 $k_{GA} + k_{GB} = 0$，由(1)知 $F(1,0)$，又 $G(-1,0)$，由命题 4 知 $k_{GA} + k_{GB} = 0$，故得证.

例 3 已知动圆过定点 $A(4,0)$，且在 y 轴上截得的弦 MN 的长为 8.

(1) 求动圆圆心的轨迹 C 的方程；

(2) 已知点 $B(-1,0)$，设不垂直于 x 轴的直线 l 与轨迹 C 交于不同的两点 P、Q，若 x 轴是 $\angle PBQ$ 的角平分线，证明直线 l 过定点.

(2013 年陕西卷考试题)

解析 (1) C 的方程为 $y^2 = 8x$ (过程略).

(2) 因为 $B(-1,0)$，若 x 轴是 $\angle PBQ$ 的角平分线，由命题 4 知，直线 PQ 过定点 $(1,0)$.

练 习 题

1. 已知椭圆 $C: \dfrac{x^2}{a^2} + \dfrac{y^2}{b^2} = 1(a > b > 0)$ 的离心率为 $\dfrac{\sqrt{2}}{2}$, 点 $A(0,1)$ 在 C 上. 过 C 的左焦点 F 的直线交 C 于 M、N 两点.

(1) 求椭圆 C 的方程;

(2) 若动点 P 满足 $k_{PM} + k_{PN} = 2k_{PF}$, 求动点 P 的轨迹方程.

解析 (1) 椭圆 C 的方程为 $\dfrac{x^2}{2} + y^2 = 1$ (过程略).

(2) 左焦点 $F(-1,0)$ 关于椭圆 C 的极线是其左准线 $x = -2$, 又因为点 P 满足 $k_{PM} + k_{PN} = 2k_{PF}$, 由命题 2 知, 动点 P 的轨迹方程为直线 $x = -2$.

2. 在平面直角坐标系中, 已知两定点 $A(-4,0)$、$B(4,0)$, M 是平面内一动点, 自 M 作 MN 垂直于 AB, 垂足 N 介于 A 和 B 之间, 且 $2|MN|^2 = |AN| \cdot |NB|$.

(1) 求动点 M 的轨迹 Γ.

(2) 设过 $P(0,1)$ 的直线交曲线 Γ 于 C、D 两点, 那么是否存在点 E 使 $\dfrac{2}{k_{EP}} = \dfrac{1}{k_{EC}} + \dfrac{1}{k_{ED}}$ 恒成立? 若存在, 请求出点 E 的轨迹方程; 若不存在, 请说明理由.

解析 (1) 动点 M 的轨迹 Γ 为 $\dfrac{x^2}{16} + \dfrac{y^2}{8} = 1$ (过程略).

(2) 因为 $P(0,1)$ 关于椭圆 Γ 的极线是直线 $y = 8$. 若 $\dfrac{2}{k_{EP}} = \dfrac{1}{k_{EC}} + \dfrac{1}{k_{ED}}$ 恒成立, 由命题 7 知, 点 E 在极线 $y = 8$ 上, 因此存在满足题意的点 E, 其轨迹为 $y = 8(x \neq 0)$.

补充 点 $D(x_0, y_0)$ 关于圆锥曲线 $Ax^2 + By^2 + 2Dx + 2Ey + F = 0$ 的极线为直线 $l: Ax_0 x + By_0 y + D(x + x_0) + E(y + y_0) + F = 0$.

参 考 文 献

[1] 梅向明, 等. 高等几何[M]. 3 版. 北京: 高等教育出版社, 2008.
[2] 曾建国. 高观点下圆锥曲线一组性质的统一[J]. 数学通报, 2012(8).

李鸿昌
北京师范大学贵阳附属中学

一个问题的几何证法

深圳的黎誉俊先生提出了下面的问题:

题目 如图1所示,O、H 为 $\triangle ABC$ 的外心、垂心,$\angle BAC$ 的平分线交 $\triangle ABC$ 的外接圆于点 J,过 O 作 BJ、CJ 的平行线分别交 AB、AC 于 F、E,过 H 作 AJ 的平行线交 BC 于 K,P 为 $\triangle KEF$ 的外心. 证明:$PO = PH$.

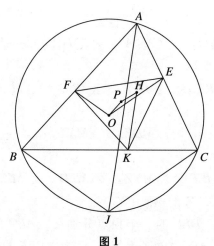

图1

南京的潘成华先生给出了该问题的一个三角计算证明,笔者经研究得到下面的几何证法. 先给出两个引理.

引理1 在 $\triangle ABC$ 中,D、X 为边 BC 上的两点,E、Y 为边 CA 上的两点,F、Z 为边 AB 上的两点,且 $\triangle DEF \backsim \triangle XYZ$,则 $\triangle DEF$ 和 $\triangle XYZ$ 关于 $\triangle ABC$ 有共同的 Miquel 点,且该点为 $\triangle DEF$ 和 $\triangle XYZ$ 的相似中心.

引理1的证明 如图2所示,设 $\triangle DEF$ 和 $\triangle XYZ$ 关于 $\triangle ABC$ 的 Miquel 点为 M_1 和 M_2,则由 Miquel 定理知 A、E、M_1、F,B、F、M_1、D,C、D、M_1、E 分别四点共圆. 所以

$$\angle BM_1C = 180° - \angle M_1BC - \angle M_1CB = \angle BAC + \angle ABM_1 + \angle ACM_1$$
$$= \angle BAC + \angle FDM_1 + \angle EDM_1 = \angle BAC + \angle EDF,$$
$$\angle CM_1A = \angle CBA + \angle FED, \quad \angle AM_1B = \angle ACB + \angle DFE.$$

同理

$$\angle BM_2C = \angle BAC + \angle YXZ, \quad \angle CM_2A = \angle CBA + \angle ZYX,$$
$$\angle AM_2B = \angle ACB + \angle XZY.$$

所以

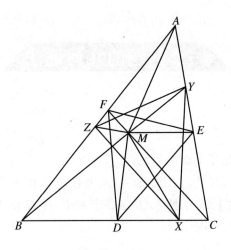

图 2

$$\angle BM_1C = \angle BM_2C, \quad \angle CM_1A = \angle CM_2A, \quad \angle AM_1B = \angle AM_2B.$$

则 M_1 和 M_2 重合,设为 M. 所以

$$\angle MDE = \angle MCE = \angle MXY, \quad \angle MED = \angle MCD = \angle MYX.$$

所以

$$\triangle MDE \backsim \triangle MXY.$$

同理

$$\triangle MEF \backsim \triangle MYZ, \quad \triangle MFD \backsim \triangle MZX.$$

所以 M 为 $\triangle DEF$ 和 $\triangle XYZ$ 的相似中心.

引理 2 如图 3 所示, $\triangle DEF$ 的三个顶点分别在 $\triangle ABC$ 的三边 BC、CA、AB 上,且 $\triangle DEF \backsim \triangle ABC$, O、H 为 $\triangle ABC$ 的外心和垂心, Q 为 $\triangle DEF$ 的外心,则 $QO = QH$.

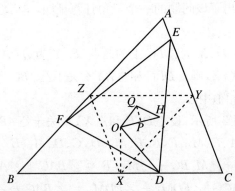

图 3

引理 2 的证明 在图 3 中,当 $\triangle DEF$ 为 $\triangle ABC$ 的中点三角形时,由九点圆定理知结论成立. 当 $\triangle DEF$ 不是 $\triangle ABC$ 的中点三角形时,设 BC、CA、AB、OH 的中点分别为 X、Y、Z、P,联结 OX、OD、PQ,则有 $\triangle DEF \backsim \triangle ABC \backsim \triangle XYZ$. 由九点圆定理知 P 为 $\triangle XYZ$ 的外心. 由引理 1 知 $\triangle DEF$ 和 $\triangle XYZ$ 关于 $\triangle ABC$ 有共同的 Miquel 点. 由外心性质知 A、Y、O、

Z、B、Z、O、X、C、X、O、Y 分别四点共圆,所以 O 为 $\triangle DEF$ 和 $\triangle XYZ$ 关于 $\triangle ABC$ 共同的 Miquel 点,且为 $\triangle DEF$ 和 $\triangle XYZ$ 的相似中心. 由于 X、D 和 P、Q 为 $\triangle XYZ$ 和 $\triangle DEF$ 的相似对应点,所以 $\triangle OXD \sim \triangle OPQ$. 又由外心性质知 $OX \perp XD$,所以 $OP \perp PQ$. 所以 $QO = QH$.

下面回到原题的证明.

如图 4 所示,联结 AH 交 $\triangle ABC$ 的外接圆于 D,联结 BH、CH、BD、CD、BO、CO、DO.

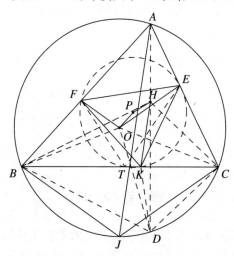

图 4

由垂心性质,知 D、H 关于 BC 对称. 所以

$$\angle BHK = \angle HKC - \angle HBC = \angle B + \frac{1}{2}\angle A - 90° + \angle C$$

$$= \frac{1}{2}\angle B + \frac{1}{2}\angle C = \frac{1}{2}\angle BHC.$$

所以 HK 平分 $\angle BHC$.

又由 OF 平行 BJ,知

$$\angle OFB = 180° - \angle B - \frac{1}{2}\angle A = \angle HKB.$$

又由外心和垂心性质,知

$$\angle OBF = \angle HBK = 90° - \angle C.$$

所以

$$\triangle OFB \sim \triangle HKB \cong \triangle DKB.$$

所以

$$\frac{BD}{BK} = \frac{BO}{BF}, \quad \angle OBF = \angle DBK.$$

所以 $\triangle OBD \sim \triangle FBK$.

由 $OB = OD$,知 $FB = FK$. 同理,$EC = EK$. 又由 HK 平分 $\angle BHC$,得

$$\frac{BO}{BF} = \frac{BH}{BK} = \frac{CH}{CK} = \frac{CO}{CE}.$$

所以 $BF = CE$,即
$$BF = FK = KE = EC.$$

若 $AB = AC$,则 A、O、H、J 共线,$BJ \perp BA$,$CJ \perp CA$. 所以 K、E、F 为 BC、CA、AB 的中点. 所以 $\triangle KEF$ 的外心 P 为 $\triangle ABC$ 的九点圆心. 故 $PO = PH$.

若 $AB \neq AC$,则由 $FB = FK = KE = EC$,易知 $\angle FKB = \angle B$,$\angle EKC = \angle C$. 所以 $\angle EKF = \angle A$. 所以

$$\angle EFK = 90° - \frac{1}{2}\angle A \neq \angle C = \angle EKC.$$

所以 $\triangle KEF$ 的外接圆与 BC 相交,设另一交点为 T,联结 ET、FT,则
$$\angle ETF = \angle EKF = \angle A, \quad \angle EFT = \angle EKC = \angle C.$$

所以 $\triangle TEF \backsim \triangle ABC$.

由引理 2 知 $PO = PH$.

参 考 文 献

[1] 约翰逊. 近代欧氏几何学[M]. 单墫,译. 哈尔滨:哈尔滨工业大学出版社,2012.

[2] 潘成华. 深圳黎誉俊老师几何题[EB/OL]. (2015-01-14) http://blog.sina.com.cn/s/blog-bda14f600/02vmtd.html.

卢　圣　杨艳玲

广西钦州市第三中学

一道角度成二倍关系的几何题的简证

题目 如图1所示,过圆 O 外一点 A,作圆 O 的切线 AB、AC,切点分别为 B、C. 点 D 是 AC 延长线上一点,$\triangle ABD$ 的外接圆与圆 O 交于点 B、E,点 F 是点 C 在 BD 上的射影. 求证:$\angle DEF = 2\angle ADB$.

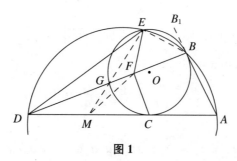

图1

文[1]给出了两种证法,笔者再给出一种简单明晰的方法,以飨读者.

证明 如图1所示,设 BD 交圆 O 于 G,联结 EG 并延长交 AD 于 M,联结 MF、BE. 设 B_1 为线段 AB 的延长线上的一点.

由 A、B、E、D 四点共圆,得
$$\angle MDE = \angle B_1BE = \angle EGB = \angle MGD,$$
则 $\triangle MDE \sim \triangle MGD$. 从而,$MD^2 = MG \cdot ME$,且
$$\angle MED = \angle MDG. \qquad ①$$

易知 $MC^2 = MG \cdot ME$,故 $MC = MD$. 又 $CF \perp DF$,故 $MF = MC = MD$. 从而
$$\angle MDF = \angle MFD. \qquad ②$$

又由 $MF^2 = MC^2 = MG \cdot ME$,知 $\triangle MFG \sim \triangle MEF$,故
$$\angle MFD = \angle MEF. \qquad ③$$

综合式①、②、③即得 $\angle DEF = 2\angle ADB$.

参 考 文 献

[1] 叶中豪,杨运新. 角度成二倍关系的几何命题之解法[M] // 李潜. 学数学:第3卷. 合肥:中国科学技术大学出版社,2015.

吕建恒
陕西省兴平市教研室

一个不等式的证明

题目 设 x_1、x_2、x_3、$x_4 \in \left(0, \dfrac{\pi}{2}\right)$,且 $x_1 + x_2 + x_3 + x_4 = \pi$. 求证:
$$\sum_{i=1}^{4} \dfrac{1}{\cos x_i} \leqslant \sqrt{2} \sum_{i=1}^{4} \tan x_i.$$

证明 法一 设 $a_i = \tan x_i$,则 $a_i > 0$,等价于证明 $\sqrt{2} \sum\limits_{i=1}^{4} a_i \geqslant \sum\limits_{i=1}^{4} \sqrt{1 + a_i^2}$.

因为 $\tan(x_1 + x_2) = \tan(\pi - x_3 - x_4)$,即
$$\dfrac{a_1 + a_2}{1 - a_1 a_2} + \dfrac{a_3 + a_4}{1 - a_3 a_4} = 0,$$

从而
$$a_1 + a_2 + a_3 + a_4 = a_1 a_2 a_3 + a_1 a_2 a_4 + a_1 a_3 a_4 + a_2 a_3 a_4,$$

于是
$$(a_1 + a_2)(a_1 + a_3)(a_1 + a_4) = (1 + a_1^2)(a_1 + a_2 + a_3 + a_4),$$

所以
$$\dfrac{1 + a_1^2}{a_1 + a_2} = \dfrac{(a_1 + a_3)(a_1 + a_4)}{a_1 + a_2 + a_3 + a_4}.$$

于是
$$\sum \dfrac{1 + a_1^2}{a_1 + a_2} = \sum \dfrac{(a_1 + a_3)(a_1 + a_4)}{a_1 + a_2 + a_3 + a_4} = a_1 + a_2 + a_3 + a_4.$$

故
$$\sum_{i=1}^{4} a_i = \sum_{i=1}^{4} \dfrac{1 + a_i^2}{a_1 + a_2} \geqslant \dfrac{\left(\sum\limits_{i=1}^{4} \sqrt{1 + a_i^2}\right)^2}{2 \sum\limits_{i=1}^{4} a_i},$$

所以
$$\sqrt{2} \sum_{i=1}^{4} a_i \geqslant \sum_{i=1}^{4} \sqrt{1 + a_i^2}.$$

法二 同前可得 $a_1 + a_2 + a_3 + a_4 = a_1 a_2 a_3 + a_1 a_2 a_4 + a_1 a_3 a_3 + a_2 a_3 a_4$. 则
$$\sqrt{2} \sum_{i=1}^{4} a_i \geqslant \sum_{i=1}^{4} \sqrt{1 + a_i^2} \Leftrightarrow \sqrt{2} \sum_{i=1}^{4} a_i \geqslant \sum_{i=1}^{4} \sqrt{a_i^2 + \dfrac{\sum a_1 a_2 a_3}{\sum a_1}}. \qquad ①$$

在式①中,不妨设 $\sum_{i=1}^{4} a_i = 1$,故只需证

$$\sqrt{2} \geq \sum_{i=1}^{4} \sqrt{a_i^2 \sum_{j=1}^{4} a_j + \sum a_1 a_2 a_3} = \sum \sqrt{(a_1+a_2)(a_1+a_3)(a_1+a_4)}.$$

因为

$$\sqrt{(a_1+a_2)(a_1+a_3)(a_1+a_4)} + \sqrt{(a_2+a_1)(a_2+a_3)(a_2+a_4)}$$
$$= \sqrt{a_1+a_2}\left(\sqrt{(a_1+a_3)(a_1+a_4)} + \sqrt{(a_2+a_3)(a_2+a_4)}\right)$$
$$\leq \sqrt{a_1+a_2}\left(\frac{a_1+a_3+a_1+a_4}{2} + \frac{a_2+a_3+a_2+a_4}{2}\right) = \sqrt{a_1+a_2},$$

同理

$$\sqrt{(a_3+a_1)(a_3+a_2)(a_3+a_4)} + \sqrt{(a_4+a_1)(a_4+a_2)(a_4+a_3)} \leq \sqrt{a_3+a_4},$$

所以

$$\sum \sqrt{(a_1+a_2)(a_1+a_3)(a_1+a_4)} \leq \sqrt{a_1+a_2} + \sqrt{a_3+a_4}$$
$$\leq \sqrt{2(a_1+a_2+a_3+a_4)} = \sqrt{2}.$$

法三 原不等式等价于证明

$$S = \sum_{i=1}^{4} \frac{\sqrt{2}\sin x_i - 1}{\cos x_i} \geq 0.$$

设

$$f(x) = \frac{\sqrt{2}\sin x - 1}{\cos x}, \quad x \in \left(0, \frac{\pi}{2}\right),$$

则

$$f'(x) = \frac{\sqrt{2}\cos^2 x + (\sqrt{2}\sin x - 1)\sin x}{\cos^2 x} = \frac{\sqrt{2} - \sin x}{\cos^2 x}, \quad ①$$

$$f''(x) = \frac{-(\sin x - \sqrt{2})^2 + 1}{\cos^3 x}. \quad ②$$

显然 $f(0) = -1, f\left(\frac{\pi}{4}\right) = 0$.

由式①知 $f(x)$ 单调递增,$f(x)$ 在 $\left(\frac{\pi}{4}, 0\right)$ 处的切线方程为

$$l(x) = \sqrt{2}x - \frac{\sqrt{2}\pi}{4}.$$

由式②知 $f(x)$ 在 $(0, x_0]$ 区间上凸,在 $\left(x_0, \frac{\pi}{2}\right)$ 区间下凸,其中 $0 < x_0 < \frac{\pi}{2}$,$\sin x_0 = \sqrt{2} - 1$,故 $x_0 \in \left(0, \frac{\pi}{6}\right)$.

可作出 $f(x)$ 与 $l(x)$ 的大致图形,又由 $l(0) = -\frac{\sqrt{2}\pi}{4} < -1 = f(0), l\left(\frac{\pi}{4}\right) = f\left(\frac{\pi}{4}\right) = 0$,

所以，$f(x) \geqslant l(x)$ 在 $x \in \left(0, \dfrac{\pi}{2}\right)$ 上恒成立，即

$$\dfrac{\sqrt{2}\sin x - 1}{\cos x} \geqslant \sqrt{2}x - \dfrac{\sqrt{2}\pi}{4}.$$

所以

$$\sum_{i=1}^{4} \dfrac{\sqrt{2}\sin x_i - 1}{\cos x_i} \geqslant \sum_{i=1}^{4} \left(\sqrt{2}x_i - \dfrac{\sqrt{2}\pi}{4}\right) = 0.$$

法四　引理　若 $x \in \left(0, \dfrac{\pi}{2}\right)$，则

$$\dfrac{\sqrt{2}\sin x - 1}{\cos x} \geqslant \sqrt{2}x - \dfrac{\sqrt{2}\pi}{4}.$$

引理的证明　构造 $f(x) = \dfrac{\sqrt{2}\sin x - 1}{\cos x} - \sqrt{2}x$，则

$$f'(x) = (\sqrt{2}\tan x - \sec x - \sqrt{2}x)'$$
$$= \sqrt{2}\sec^2 x - \tan x \sec x - \sqrt{2} = \tan x \dfrac{\sqrt{2}\sin x - 1}{\cos x}.$$

由 $f'(x) = 0$ 知 $x = \dfrac{\pi}{4}$. 易知 $f(x)_{\min} = f\left(\dfrac{\pi}{4}\right) = -\dfrac{\sqrt{2}\pi}{4}$. 所以

$$\dfrac{\sqrt{2}\sin x - 1}{\cos x} \geqslant \sqrt{2}x - \dfrac{\sqrt{2}\pi}{4}.$$

由引理知 $S = \sum\limits_{i=1}^{4} \dfrac{\sqrt{2}\sin x_i - 1}{\cos x_i} \geqslant 0$ 成立，从而 $\sum\limits_{i=1}^{4} \dfrac{1}{\cos x_i} \leqslant \sqrt{2} \sum\limits_{i=1}^{4} \tan x_i$.

李昌勇
四川师范大学数学与软件科学学院

第三篇　试题汇编

第31届中国数学奥林匹克考试题

第9届中欧地区数学奥林匹克考试题 (2015)

第22届土耳其数学奥林匹克考试题 (2014)

2015年IMO土耳其国家队选拔考试题

2015年罗马尼亚IMO选拔考试题

北京大学2015年优秀中学生数学秋令营考试题

第31届中国数学奥林匹克考试题

第 一 天

2015年12月16日　江西　鹰潭　8:00—12:30

1. 设正整数 $a_1, a_2, \cdots, a_{31}, b_1, b_2, \cdots, b_{31}$ 满足：

（Ⅰ）$a_1 < a_2 < \cdots < a_{31} \leqslant 2015$，$b_1 < b_2 < \cdots < b_{31} \leqslant 2015$；

（Ⅱ）$a_1 + a_2 + \cdots + a_{31} = b_1 + b_2 + \cdots + b_{31}$.

求 $S = |a_1 - b_1| + |a_2 - b_2| + \cdots + |a_{31} - b_{31}|$ 的最大值.

2. 如图1所示, 在凸四边形 $ABCD$ 中, K、L、M、N 分别是边 AB、BC、CD、DA 上的点, 满足

$$\frac{AK}{KB} = \frac{DA}{BC}, \quad \frac{BL}{LC} = \frac{AB}{CD}, \quad \frac{CM}{MD} = \frac{BC}{DA}, \quad \frac{DN}{NA} = \frac{CD}{AB}.$$

延长 AB、DC 交于点 E, 延长 AD、BC 交于点 F. 设 $\triangle AEF$ 的内切圆在边 AE、AF 上的切点分别为 S、T; $\triangle CEF$ 的内切圆在边 CE、CF 上的切点分别为 U、V.

证明: 若 K、L、M、N 四点共圆, 则 S、T、U、V 四点共圆.

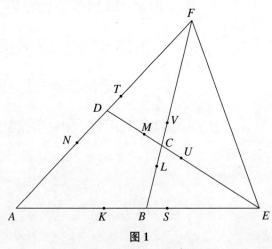

图1

3. 设 p 是奇素数, $a_1, a_2, \cdots, a_p$ 是整数. 证明以下两个命题等价:

（Ⅰ）存在一个次数不超过 $\frac{p-1}{2}$ 的整系数多项式 $f(x)$, 使得对每个不超过 p 的正整数 i, 都有 $f(i) \equiv a_i \pmod{p}$.

(Ⅱ) 对每个不超过 $\frac{p-1}{2}$ 的正整数 d,都有
$$\sum_{i=1}^{p}(a_{i+d}-a_i)^2 \equiv 0 \pmod{p},$$
这里下标按模 p 理解,即 $a_{p+n}=a_n$.

第 二 天

2015 年 12 月 17 日   江西   鹰潭   8:00—12:30

4. 设整数 $n \geq 3$,不超过 n 的素数共有 k 个.设 A 是集合 $\{2,3,\cdots,n\}$ 的子集,A 的元素个数小于 k,且 A 中任意一个数不是另一个数的倍数.证明:存在集合 $\{2,3,\cdots,n\}$ 的 k 元子集 B,使得 B 中任意一个数也不是另一个数的倍数,且 B 包含 A.

5. 在平面中,对任意给定的凸四边形 $ABCD$,证明:存在正方形 $A'B'C'D'$(其顶点可以按顺时针或逆时针标记),使得 $A' \neq A, B' \neq B, C' \neq C, D' \neq D$,且直线 AA'、BB'、CC'、DD' 经过同一个点.

6. 一项赛事共有 100 位选手参加.对于任意两位选手 x、y,他们之间恰比赛一次且分出胜负,以 $x \to y$ 表示 x 战胜 y.如果对任意两位选手 x、y,均能找到某个选手序列 $u_1, u_2, \cdots, u_k(k \geq 2)$,使得 $x = u_1 \to u_2 \to \cdots \to u_k = y$,那么称该赛事结果是友好的.

(1) 证明:对任意一个友好的赛事结果,存在正整数 m 满足如下条件:对任意两位选手 x、y,均能找到某个长度为 m 的选手序列 $z_1, z_2, \cdots, z_m$(这里 $z_1, z_2, \cdots, z_m$ 可以有重复),使得 $x = z_1 \to z_2 \to \cdots \to z_m = y$;

(2) 对任意一个友好的赛事结果 T,将符合(1)中条件的最小正整数 m 记为 $m(T)$.求 $m(T)$ 的最小值.

参 考 答 案

1. 定义集合 $A = \{m \mid a_m > b_m, 1 \leq m \leq 31\}, B = \{n \mid a_n < b_n, 1 \leq n \leq 31\}$.令
$$S_1 = \sum_{m \in A}(a_m - b_m), \quad S_2 = \sum_{n \in B}(b_n - a_n),$$
则 $S = S_1 + S_2$.又由条件(Ⅱ)知
$$S_1 - S_2 = \sum_{m \in A \cup B}(a_m - b_m) = 0,$$
从而 $S_1 = S_2 = \frac{S}{2}$.

当 $A = \varnothing$ 时,$S = 2S_1 = 0$.

以下设 $A \neq \varnothing$,则 $B \neq \varnothing$,此时 $|A|$、$|B|$ 为正整数,且 $|A| + |B| \leq 31$.

记 $u = a_k - b_k = \max_{m \in A}\{a_m - b_m\}$, $v = b_l - a_l = \max_{n \in B}\{b_n - a_n\}$.我们证明 $u + v \leq 1984$.不失一般性,设 $1 \leq k < l \leq 31$,则

$$u + v = a_k - b_k + b_l - a_l = b_{31} - (b_{31} - b_l) - b_k - (a_l - a_k).$$

注意到条件（Ⅰ），有 $b_{31} \leq 2015, b_{31} - b_l \geq 31 - l, b_k \geq k, a_l - a_k \geq l - k$，故
$$u + v \leq 2015 - (31 - l) - k - (l - k) = 1984.$$

又显然有 $S_1 \leq u|A|, S_2 \leq v|B|$，所以
$$1984 \geq u + v \geq \frac{S_1}{|A|} + \frac{S_2}{|B|} \geq \frac{S_1}{|A|} + \frac{S_2}{31 - |A|}$$
$$= \frac{S}{2} \cdot \frac{31}{|A|(31 - |A|)} \geq \frac{31S}{2 \times 15 \times 16},$$

即
$$S \leq \frac{2 \times 15 \times 16}{31} \times 1984 = 30720.$$

另一方面，若取
$$(a_1, a_2, \cdots, a_{16}, a_{17}, a_{18}, \cdots, a_{31}) = (1, 2, \cdots, 16, 2001, 2002, \cdots, 2015),$$
$$(b_1, b_2, \cdots, b_{31}) = (961, 962, \cdots, 991),$$

则条件（Ⅰ）、（Ⅱ）均满足，此时 $S = 2S_1 = 2 \times 16 \times 960 = 30720$．

综上所述，S 的最大值为 30720．

2. 设 $AB = a, BC = b, CD = c, DA = d$，由已知得
$$AK = \frac{ad}{b+d}, \quad BK = \frac{ab}{b+d}, \quad BL = \frac{ab}{a+c}, \quad CL = \frac{bc}{a+c},$$
$$CM = \frac{bc}{b+d}, \quad DM = \frac{cd}{b+d}, \quad DN = \frac{cd}{a+c}, \quad AN = \frac{ad}{a+c}.$$

若 $a + c > b + d$，则 $AK > AN$，故 $\angle AKN < \angle KNA$，同理有
$$\angle BKL < \angle KLB, \quad \angle CML < \angle MLC, \quad \angle DMN < \angle MND,$$

由此推出
$$360° - \angle AKN - \angle BKL - \angle CML - \angle DMN$$
$$> 360° - \angle KNA - \angle KLB - \angle MLC - \angle MND,$$

即 $\angle NML + \angle NKL > \angle MNK + \angle MLK$，这与 K、L、M、N 四点共圆矛盾．

故 $a + c > b + d$ 不成立．

同理，$a + c < b + d$ 也不成立．

因而 $a + c = b + d$，故四边形 $ABCD$ 有内切圆 ω．

如图 2 所示，设 ω 与边 AB、BC、CD、DA 分别切于点 W、X、Y、Z，则
$$AE - AF = WE - ZF = EY - FX = CE - CF.$$

设 $\triangle AEF$ 的内切圆和 $\triangle CEF$ 的内切圆在边 EF 上的切点分别为 G 和 G'，则
$$2(FG - FG') = (EF + AF - AE) - (EF + CF - CE)$$
$$= (AF - AE) - (CF - CE) = 0.$$

因此，$\triangle AEF$ 的内切圆和 $\triangle CEF$ 的内切圆与边 EF 切于同一点，仍记为 G．

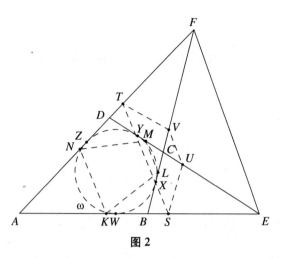

图 2

由 $ES = EG = EU$ 及 $FT = FG = FV$,知

$$\angle EUS = \frac{180° - \angle UES}{2} = \frac{\angle A + \angle ADC}{2},$$

$$\angle FTV = \frac{180° - \angle TFV}{2} = \frac{\angle A + \angle ABC}{2},$$

而 $\angle ATS = \frac{180° - \angle A}{2}$, $\angle CUV = \frac{180° - \angle BCD}{2}$,故

$$\angle VTS + \angle VUS = (180° - \angle FTV - \angle ATS) + (\angle CUV + 180° - \angle EUS)$$

$$= \left(180° - \frac{\angle A + \angle ABC}{2} - \frac{180° - \angle A}{2}\right)$$

$$+ \left(\frac{180° - \angle BCD}{2} + 180° - \frac{\angle A + \angle ADC}{2}\right)$$

$$= 180°.$$

所以 S、T、V、U 四点共圆.

3. 我们需要如下几个结论.

(1) 定义多项式 f 的差分为 $\Delta f = \Delta f(x) = f(x+1) - f(x)$,各阶差分为:$\Delta^0 f = f$, $\Delta^1 f = \Delta f$, $\Delta^n f = \Delta(\Delta^{n-1} f)$, $n = 2, 3, \ldots$.

若 $\deg(f) \geq 1$,则 $\deg(\Delta f) = \deg(f) - 1$;若 $\deg(f) = 0$,则 Δf 是零多项式. 为方便起见,约定零多项式的次数为 0,则总有 $\deg(\Delta f) \leq \deg(f)$. 另外,$\Delta f$ 的首项系数等于 f 的首项系数乘以 $\deg(f)$.

(2) 对正整数 n,有

$$f(x + n) = \sum_{i=0}^{n} C_n^i \Delta^i f(x).$$

对 n 用数学归纳法即可证明上式.

(3) 设 f 为整系数多项式,对每个整数 d,定义

$$T_d = \sum_{x=1}^{p}(f(x+d)-f(x))^2,$$

则 $T_0 = 0$,且 $T_{p-d} \equiv T_d \equiv T_{p+d} \pmod{p}$. 又对每个正整数 i,定义

$$S_i = \sum_{x=1}^{p} \Delta^i f(x) \cdot f(x),$$

则在模 p 的意义下可用 $S_1, S_2, \cdots$ 来表示 T_d.

事实上

$$T_d = \sum_{x=1}^{p} f^2(x+d) + \sum_{x=1}^{p} f^2(x) - 2\sum_{x=1}^{p} f(x+d)f(x)$$

$$\equiv 2\sum_{x=1}^{p} f^2(x) - 2\sum_{x=1}^{p} f(x+d)f(x) = -2\sum_{x=1}^{p}(f(x+d)-f(x))\cdot f(x)$$

$$= -2\sum_{x=1}^{p}\left(\sum_{i=0}^{d} C_d^i \Delta^i f(x) - f(x)\right)\cdot f(x) = -2\sum_{x=1}^{p}\sum_{i=1}^{d} C_d^i \Delta^i f(x) \cdot f(x)$$

$$= -2\sum_{i=1}^{d} C_d^i \sum_{x=1}^{p} \Delta^i f(x) \cdot f(x)$$

$$\equiv -2\sum_{i=1}^{d} C_d^i S_i \pmod{p}.$$

(4) 我们要反复用到如下同余式:

$$\sum_{x=1}^{p} x^k \equiv \begin{cases} 0 \pmod{p}, & k = 0,1,\cdots,p-2; \\ -1 \pmod{p}, & k = p-1. \end{cases}$$

事实上,当 $k=0$ 时,$\sum_{x=0}^{p} x^0 = p$;当 $k = p-1$ 时,由 Fermat 小定理可得

$$\sum_{x=1}^{p} x^{p-1} \equiv \sum_{x=1}^{p-1} x^{p-1} \equiv \sum_{x=1}^{p-1} 1 \equiv -1 \pmod{p}.$$

当 $1 \leqslant k \leqslant p-2$ 时,至多有 k 个 $x \in \{1,2,\cdots,p\}$ 满足 $x^k - 1 \equiv 0 \pmod{p}$,故存在 $a \in \{1,2,\cdots,p-1\}$ 使得 $a^k - 1 \not\equiv 0 \pmod{p}$. 注意到 $a \cdot 1, a \cdot 2, \cdots, a \cdot p$ 模 p 的余数遍历 $1, 2, \cdots, p$,则有

$$\sum_{x=1}^{p} x^k \equiv \sum_{x=1}^{p}(ax)^k \equiv a^k \sum_{x=1}^{p} x^k \pmod{p},$$

故此时有 $\sum_{x=1}^{p} x^k \equiv 0 \pmod{p}$.

(5) 利用(4)的结论可知,对整系数多项式 $g(x) = B_{p-1}x^{p-1} + \cdots + B_1 x + B_0$,有

$$\sum_{x=1}^{p} g(x) \equiv -B_{p-1} \pmod{p}.$$

特别地,若 $\deg(g) \leqslant p-2$,则

$$\sum_{x=1}^{p} g(x) \equiv 0 \pmod{p}.$$

回到原问题.

先设（Ⅰ）成立，$f(x)$满足（Ⅰ）中的条件，我们来证明（Ⅱ）成立.

当 $\deg(f)=0$ 时，$T_d=0$. 当 $1\leqslant\deg(f)\leqslant\dfrac{p-1}{2}$ 时，对正整数 i，有
$$\deg(\Delta^i f\cdot f)\leqslant 2\deg(f)-1\leqslant p-2,$$
由(5)的结论可得
$$S_i=\sum_{x=1}^{p}\Delta^i f(x)\cdot f(x)\equiv 0(\bmod\ p),$$
再根据（3）的结论知 $T_d\equiv 0(\bmod\ p)$. 因此（Ⅱ）成立.

以下设（Ⅱ）成立，我们来证明（Ⅰ）成立.

对每个 $i\in\{1,2,\cdots,p\}$，取整数 λ_i 使得
$$\lambda_i\cdot\prod_{\substack{1\leqslant j\leqslant p\\ j\neq i}}(i-j)\equiv 1(\bmod\ p),$$
令
$$f(x)=\sum_{i=1}^{p}\Big(a_i\lambda_i\prod_{\substack{1\leqslant j\leqslant p\\ j\neq i}}(x-j)\Big)(\bmod\ p),$$
其中 f 的首项系数不是 p 的倍数，除非 f 是零多项式. 显然 f 是次数不超过 $p-1$ 的整系数多项式，且 $f(i)\equiv a_i(\bmod\ p)$ $(i=1,2,\cdots,p)$. 设 f 不是零多项式，记
$$f(x)=\sum_{i=0}^{m}B_i x^i,$$
其中 $B_m\not\equiv 0(\bmod\ p)$. 下面证明，$m\leqslant\dfrac{p-1}{2}$.

用反证法. 假设 $m>\dfrac{p-1}{2}$，当 $d=1,2,\cdots,\dfrac{p-1}{2}$ 时，有
$$T_d=\sum_{x=1}^{p}(f(x+d)-f(x))^2\equiv\sum_{i=1}^{p}(a_{i+d}-a_i)^2\equiv 0(\bmod\ p),$$
由 $T_{p-d}\equiv T_d\equiv T_{p+d}(\bmod\ p)$ 知，对任意正整数 d，有 $T_d\equiv 0(\bmod\ p)$，代入到（3）的结论中，可得
$$\sum_{i=1}^{d}C_d^i S_i\equiv 0(\bmod\ p).$$
取 $d=1$ 可知 $S_1\equiv 0(\bmod\ p)$，由此及 $S_d\equiv -\sum_{i=1}^{d-1}C_d^i S_i\equiv 0(\bmod\ p)$ 可知，对每个正整数 i 都有 $S_i\equiv 0(\bmod\ p)$.

另一方面，令 $k=2m-(p-1)$，则 $0<k\leqslant m$. 由(1)的结论知，$\Delta^k f$ 的次数为 $m-k$，首项系数为 $m(m-1)\cdots(m-k+1)B_m$，则 $\Delta^k f\cdot f$ 的次数为 $(m-k)+m=p-1$，首项系数为 $m(m-1)\cdots(m-k+1)B_m^2$. 利用(5)的结论可得
$$S_k=\sum_{x=1}^{p}\Delta^k f(x)\cdot f(x)\equiv -m(m-1)\cdots(m-k+1)B_m^2\not\equiv 0(\bmod\ p),$$

这与前述所有 $S_i \equiv 0 \pmod{p}$ 矛盾. 因此 $\deg(f) = m \leqslant \dfrac{p-1}{2}$, 从而（Ⅰ）成立.

至此我们证明了（Ⅰ）和（Ⅱ）的等价性.

4.（法一） 我们证明,若 $|A| < k$, 则可在 $\{2,3,\cdots,n\} \setminus A$ 中找到一个数,它不整除 A 中任意一个数,也不被 A 中任意一个数整除. 如果这个论断正确,我们将这个数添入 A, 并重复这一过程,直至将 A 扩充成一个 k 元集合 B, 则 B 满足要求.

对大于 1 的整数 m, 设 m 的标准分解为 $m = p_1^{a_1} \cdots p_t^{a_t}$, 定义
$$f(m) = \max\{p_1^{a_1},\cdots,p_t^{a_t}\}.$$

由于 $|A| < k$, 数 $N = \prod_{a \in A} f(a)$ 的不同素因子的个数小于 k, 又由于不超过 n 的素数共有 k 个,因此存在素数 $p \leqslant n$, 使得 $p \nmid N$. 设 $p^\alpha \leqslant n < p^{\alpha+1}$, 于是 $p^\alpha \notin A$（否则将有 $f(p^\alpha) = p^\alpha$, 则 $p \mid N$, 与 $p \nmid N$ 的假设矛盾）.

对任意 $a \in A$, 假如 $a \mid p^\alpha$, 则 $f(a) = a$ 是 p 的方幂, 于是 $p \mid N$, 矛盾. 因此, $a \nmid p^\alpha$.

另一方面, 假如 $p^\alpha \mid a$, 由于 $p \nmid f(a)$, 故 $f(a) = q^\beta$, q 是不同于 p 的素数, 且 $q^\beta > p^\alpha \geqslant p$. 于是, $a \geqslant p^\alpha q^\beta > p^\alpha p = p^{\alpha+1} > n$, 矛盾. 因此, $p^\alpha \nmid a$.

这样, p^α 不整除 A 中任意一个数,也不被 A 中任意一个数整除. 我们证明了一开始的论断,故结论获证.

（法二） 将不超过 n 的所有 k 个素数从小到大记为 $p_1, p_2, \cdots, p_k$.

对 $i = 1,2,\cdots,k$, 取正整数 α_i 满足 $p_i^{\alpha_i} \leqslant n < p_i^{\alpha_i+1}$. 对这个 α_i, 取正整数 λ_i 满足 $\lambda_i p_i^{\alpha_i} \leqslant n < (\lambda_i+1) p_i^{\alpha_i}$. 这里 α_i 与 λ_i 均是唯一确定的, 且 $\lambda_i < p_i$. 令 $D_i = \{p_i^s \mid s \leqslant \alpha_i, s \in \mathbf{N}^*\}$, $M_i = \{t \cdot p_i^{\alpha_i} \mid t \leqslant \lambda_i, t \in \mathbf{N}^*\}$. 则 D_i 是 $p_i^{\alpha_i}$ 在 $\{2,3,\cdots,n\}$ 中的约数全体, M_i 是 $p_i^{\alpha_i}$ 在 $\{2,3,\cdots,n\}$ 中的倍数全体.

考虑 k 个集合 $A_i = D_i \bigcup M_i (i = 1,2,\cdots,k)$.

注意到 A_i 中的每个数均以 p_i 为最大素因子, 从而 $A_1, A_2, \cdots, A_k$ 是 $\{2,3,\cdots,n\}$ 的两两不交的 k 个子集.

当 $|A| < k$ 时, 必存在某个 $i \in \{1,2,\cdots,k\}$, 使得 $A \cap A_i = \varnothing$, 即 $p_i^{\alpha_i}$ 不整除 A 中的每个数,也不被 A 的任意一个数整除, 将 $p_i^{\alpha_i}$ 添入集合 A.

重复这一过程,直至将 A 扩充成一个 k 元集合 B, 则 B 满足要求.

5. 如图 3 所示,当四边形 $ABCD$ 是矩形时,在 $\angle BAD$ 的平分线上取一点 A', 使得 A' 在射线 AB、AD 上的投影 B'、D' 满足 $B' \neq B$, $D' \neq D$. 再令 $C' = A$. 此时四边形 $A'B'C'D'$ 是正方形, 且 AA'、BB'、CC'、DD' 经过点 A.

如图 4 所示,当四边形 $ABCD$ 不是矩形时,四个内角中必有锐角,不妨设 $\angle BAD$ 为锐角, C 在 $\angle BAD$ 内.

在 AC 的延长线上取一点 C', 使得 C' 在 AB、AD 上的投影 H、J 分别在 AB、AD 的延长线上. 设 HC' 与 AJ 的延长线交于点 K, JC' 与 AH 的延长线交于点 L.

分别延长 AL、AK 至点 B'、D'，使得 $LB' = KC'$，$KD' = LC'$. 又注意到 $\angle B'LC' = 90° + \angle LAK = \angle C'KD'$，从而 $\triangle B'LC' \cong \triangle C'KD'$. 因此 $B'C' = C'D'$，且 $\angle B'C'D' = 180° - \angle KC'D' - \angle B'C'H = 180° - \angle LB'C' - (90° - \angle LB'C') = 90°$. 于是，存在以 B'、C'、D' 为三个顶点的正方形 $A'B'C'D'$，其中 A' 在 $\angle B'C'D'$ 内，故 $A' \neq A$. 此时，AA'、BB'、CC'、DD' 经过点 A.

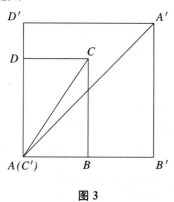

图 3

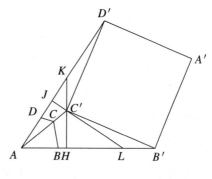

图 4

证毕.

6. 考虑选手总数为 n 的情况（在本题中 $n = 100$）. 我们对所有整数 $n \geq 4$ 证明（1）的结论，并对所有整数 $n \geq 11$，证明（2）中 $m(T)$ 的最小值等于 3.

（1）将赛事结果 T 看作一个以选手为顶点、战胜关系为有向边的竞赛图，选手总数 n 就是 T 的顶点数，T 是友好的等价于 T 是强连通的.

我们指出如下引理.

引理 1 当 $n \geq 3$ 时，T 有一个长度为 n 的圈.

引理 2 当 $n \geq 4$ 时，T 有一个长度为 $n - 1$ 的圈.

引理 3 当 $n \geq 3$ 时，对任意整数 $m \geq n^2 - 3n + 3$，存在非负整数 λ、μ，使得 $m = \lambda n + \mu(n-1)$.

引理 3 是数论中熟知的结果，引理 1 和引理 2 的证明见最后部分.

由引理 1、引理 2 知，T 中有一个长度为 n 的圈 C_1 和一个长度为 $n - 1$ 的圈 C_2. 对任意两位选手 x、y，由于 T 是强连通的，故能找到 $s \leq n$ 位选手 $w_1, w_2, \cdots, w_s$，使得 $x = w_1 \to \cdots \to w_s = y$.

当整数 $m \geq n^2 - 2n + 3$ 时，$m - s \geq n^2 - 3n + 3$. 由引理 3 知，存在非负整数 λ、μ，使得 $\lambda n + \mu(n-1) = m - s$. C_2 至少包含 x、y 之一.

若 C_2 包含 x，则可用 λ 个 C_1 和 μ 个 C_2 拼接成一条边数为 $m - s$ 的有向回路 $x = z_1 \to \cdots \to z_{m-s} \to x$，于是 $x = z_1 \to \cdots \to z_{m-s} \to x = w_1 \to \cdots \to w_s = y$，从而 $z_1, \cdots, z_{m-s}, w_1, \cdots, w_s$ 为满足要求的长度为 m 的选手序列.

若 C_2 包含 y，则可用 λ 个 C_1 和 μ 个 C_2 拼接成一条边数为 $m - s$ 的有向回路 $y \to z_1 \to \cdots \to z_{m-s} = y$，于是 $x = w_1 \to \cdots \to w_s = y \to z_1 \to \cdots \to z_{m-s} = y$，从而 $w_1, \cdots, w_s, z_1, \cdots,$

z_{m-s} 为满足要求的长度为 m 的选手序列.

因此（1）得证.

（2）对任意一个强连通的 n（$n \geq 11$）阶竞赛图,设 $x \to y$ 是 T 的一条边,则从 y 到 x 的有向路至少有 3 个顶点,故 $m(T) \geq 3$.

下面构造一个强连通竞赛图 T_n,使得 $m(T_n) = 3$.

设 $A = \{i \in \mathbf{N}^* \mid i \leq k, i \neq 3\} \cup \{n-3\}$,其中 $k = \left[\dfrac{n-1}{2}\right]$. 当 $n \geq 11$ 时,$k \geq 5$. 容易验证,$\{a+b \mid a, b \in A\} = \{2, 3, \cdots, 2k\} \cup \{n-2, n-1, n+1, n+2, \cdots, n+k-3\}$. 因此,$A$ 满足如下两个性质:

（Ⅰ）对每个 $i = 1, 2, \cdots, k$,i 与 $n-i$ 恰有一个在 A 中;

（Ⅱ）对任意整数 $k \not\equiv 0 \pmod{n}$,均存在 a、$b \in A$,使得 $a+b \equiv k \pmod{n}$.

设 T_n 的顶点为 $v_1, v_2, \cdots, v_n$. 任取 $1 \leq i < j \leq n$,若 $j - i \in A$,则规定 $v_i \to v_j$;若 $n + i - j \in A$,则规定 $v_j \to v_i$;若 $j - i$、$n + i - j \notin A$,则只可能 n 为偶数,且 $j = i + \dfrac{n}{2}$,此时规定 $v_i \to v_j$. 由（Ⅰ）知这样的构造可以实现.

对任意 v_i、v_j（$1 \leq i < j \leq n$）,由（Ⅱ）知存在 a、$b \in A$,使得 $a + b \equiv j - i \pmod{n}$,故有 $v_i \to v_{i+a} \to v_j$,这里下标按模 n 理解. 因此,T_n 是友好的,且 $m(T_n) = 3$.

综上所述,$m(T)$ 的最小值为 3.

引理 1 的证明 首先 T 中必有圈（事实上,任取 x、y,不妨设 $x \to y$,由 T 的强连通性可知,存在从 y 到 x 的一条最短路径 $y \to \cdots \to x$,则 $x \to y \to \cdots \to x$ 为一个圈）. 设 $v_1 \to v_2 \to \cdots \to v_p \to v_1$ 是 T 中最长的一个圈.

假如 $p \leq n - 1$,任取 $u \notin \{v_1, v_2, \cdots, v_p\}$.

若对所有的 $i = 1, \cdots, p$ 都有 $u \to v_i$,考虑从 $\{v_1, v_2, \cdots, v_p\}$ 到 u 的最短有向路,不妨设为 $v_p \to z_1 \to \cdots \to z_k \to u$,则 $k \geq 1$ 且所有 $z_1, \cdots, z_k$ 均不属于 $\{v_1, v_2, \cdots, v_p\}$,于是存在长度为 $p + k + 1 > p$ 的圈 $v_1 \to \cdots \to v_p \to z_1 \to \cdots \to z_k \to u \to v_1$,矛盾.

若对所有的 $i = 1, \cdots, p$ 都有 $v_i \to u$,考虑从 u 到 $\{v_1, v_2, \cdots, v_p\}$ 的最短有向路,不妨设为 $u \to z_1 \to \cdots \to z_k \to v_1$,则 $k \geq 1$ 且所有 $z_1, \cdots, z_k$ 均不属于 $\{v_1, v_2, \cdots, v_p\}$,于是存在长度为 $p + k + 1 > p$ 的圈 $v_1 \to \cdots \to v_p \to u \to z_1 \to \cdots \to z_k \to v_1$,矛盾.

其余情况下,存在 $i, j \in \{1, \cdots, p\}$,使得 $v_i \to u \to v_j$,不妨设 $u \to v_p$,k 是满足 $v_k \to u$ 的最大正整数 i,则必有 $k < p$,且 $v_k \to u \to v_{k+1}$,于是存在长度为 $p + 1$ 的圈 $v_1 \to \cdots \to v_k \to u \to v_{k+1} \to \cdots \to v_p \to v_1$,矛盾.

从而 $p = n$,即 T 中有长度为 n 的圈,引理 1 证毕.

引理 2 的证明 由引理 1 知,T 中有长度为 n 的圈 $x_1 \to x_2 \to \cdots \to x_n \to x_1$.

无论 $x_1 \to x_3$ 还是 $x_3 \to x_1$,T 中必存在长度不超过 $n-1$ 的圈,该圈的所有顶点生成 T 的一个强连通的真子图.

设 H 是 T 中顶点个数最大的一个强连通真子图，H 的顶点为 $v_1, v_2, \cdots, v_p$.

我们证明，$p = n - 1$.

用反证法. 假设 $p < n - 1$, 任取 $u \notin \{v_1, v_2, \cdots, v_p\}$, 设
$$U_1 = \{v \in T \mid v \to v_1\}, \quad U_2 = \{v \in T \mid v_1 \to v\}.$$

若 $u \in U_1$, 则 $u \to v_i (1 \leq i \leq p)$ (否则 $u, v_1, v_2, \cdots, v_p$ 生成 $p+1$ 阶强连通的真子图，与 p 的最大性矛盾). 同理可知，若 $u \in U_2$, 则 $v_i \to u$ $(1 \leq i \leq p)$.

由于 T 是强连通的，故 U_1、$U_2 \neq \varnothing$, 且存在 $u_1 \in U_1, u_2 \in U_2$ 使得 $u_2 \to u_1$, 则 $u_1, u_2, v_1, v_2, \cdots, v_{p-1}$ 生成 $p+1$ 阶强连通的真子图，与 p 的最大性矛盾.

因此，$p = n - 1$. 故对 H 应用引理 1 知，引理 2 的结论成立.

第9届中欧地区数学奥林匹克考试题（2015）

个 人 赛

1. 试求所有的满射 $f: \mathbf{N}^* \to \mathbf{N}^*$，使得对任意正整数 a、b，下面的两个式子中恰有一个成立：
$$f(a) = f(b),$$
$$f(a+b) = \min\{f(a), f(b)\}.$$

注 如果一个映射 $f: X \to Y$ 满足对任意 $y \in Y$，都存在 $x \in X$ 使得 $f(x) = y$，那么就称 f 为一个满射.

2. 设整数 $n \geqslant 3$. 简单 n 边形的内对角线是指在这个 n 边形内部的对角线. 记简单 n 边形 P 的内对角线的数目为 $D(P)$，记 $D(Q)$ 所能取到的最小值为 $D(n)$，这里，Q 是简单 n 边形. 证明：简单 n 边形 P 的内部没有两条内对角线相交（内对角线有公共端点的情形除外）当且仅当 $D(P) = D(n)$.

注 简单 n 边形是指有 n 个顶点并且边不相交的多边形，它不一定是凸多边形.

3. 已知四边形 $ABCD$ 是圆内接四边形，过点 B 且平行于 AC 的直线与过点 A 且平行于 BD 的直线相交于点 E，直线 EC、ED 与 $\triangle AEB$ 的另一个交点分别为 F、G. 证明：C、D、F、G 四点共圆.

4. 试求所有的正整数对 (m, n)，使得存在两个大于 1 且互素的正整数 a、b，满足 $\dfrac{a^m + b^m}{a^n + b^n}$ 是整数.

团 体 赛

5. 证明：对任意满足 $abc = 1$ 的正实数 a、b、c，有
$$\frac{a}{2b+c^2} + \frac{b}{2c+a^2} + \frac{c}{2a+b^2} \leqslant \frac{a^2+b^2+c^2}{3}.$$

6. 试求所有的函数 $f: \mathbf{R}\setminus\{0\} \to \mathbf{R}\setminus\{0\}$，使得
$$f(x^2 yf(x)) + f(1) = x^2 f(x) + f(y)$$
对任意非零实数 x、y 成立.

7. n 名同学站在一条直线的 n 个位置（依次标记为 $1, 2, \cdots, n$）上. 当老师背对他们

时,其中某些同学交换了位置.当老师再次面对他们时,他们又重新站在这条直线上.如果某个同学开始时位于位置 i,现在位于位置 j,那么就称他移动了 $|i-j|$ 步.试求所有同学移动的步数之和所能达到的最大值.

8. 设 N 为正整数.在 $N \times N$ 的方格表的每个单元格中各作出一条对角线,所作的对角线将方格表分成 K 个区域(图 1 给出了 $N=3, K=7$ 时的一个例子).对给定的正整数 N,试求 K 的最小可能值和最大可能值.

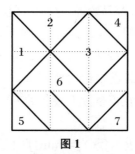

图 1

9. 在锐角 $\triangle ABC$ 中,$AB > AC$.证明:存在点 D 满足如下条件:如果 $\triangle ABC$ 内部的两点 X、Y 满足 B、C、X、Y 四点在一个圆周上,且
$$\angle AXB - \angle ACB = \angle CYA - \angle CBA,$$
那么直线 XY 经过点 D.

10. 在 $\triangle ABC$ 中,$AB > AC$,I 是内心,D 是直线 AI 与边 BC 的交点.点 P 在边 BC 上,且满足 $PI = PD$.点 J 是 I 关于线段 BC 的垂直平分线的对称点,Q 是 $\triangle ABC$ 的外接圆与 $\triangle APD$ 的另一个交点.

证明:$\angle BAQ = \angle CAJ$.

11. 试求所有的正整数对 (a, b),使得 $a! + b! = a^b + b^a$.

12. 设整数 $n \geq 2$.试求满足 $m \leq n$,且 $m^2 + 1$ 被 n 整除的正整数 m 的个数.

参 考 答 案

1.(法一(a)) 任意正整数 n 都唯一地可以表示成 $n = 2^k l$ 的形式,这里,k 为非负整数,k 是正奇数.我们将证明,对任意非负整数 k 和正奇数 l,唯一符合要求的映射是 $f(2^k l) = k + 1$.

假设 $f(1) \neq 1$.由 f 是满射,知存在 $a \in \mathbf{N}^*$,使得 $f(a) = 1$.由 $f(1) \neq 1 = f(a)$,可得 $f(a+1) = \min\{f(a), f(1)\} = 1$.结合数学归纳法可知,对任意 $n \geq a$,均有 $f(n) = 1$,这与 f 是满射矛盾.因此,$f(1) = 1$.

于是
$$f(2) \neq \min\{f(1), f(1)\} = 1,$$
$$f(3) = \min\{f(1), f(2)\} = 1.$$
结合数学归纳法可知,若 n 是奇数,则 $f(n) = 1$;若 n 是偶数,则 $f(n) > 1$.

下面对 k 应用数学归纳法证明 $f(2^k l) = k+1$（l 是正奇数），$f(2^k m) > k+1$（m 是正偶数）. 奠基在前述过程中已完成. 假设结论对所有 $k < k_0$ 成立. 定义映射 $g: \mathbf{N}^* \to \mathbf{N}^*$ 为 $g(n) = f(2^{k_0} n) - k_0$. 由归纳假设可知，$g$ 是到 $\mathbf{N}^*$ 的映射，并且对不能被 2^{k_0} 整除的所有正整数，在映射 f 之下的像小于 k_0+1. 不小于 k_0+1 的值在映射 f 之下的原像都是被 2^{k_0} 整除的正整数，从而 g 是满射. 容易验证，映射 g 也满足题中 f 的条件. 因此，若 n 是奇数，则 $g(n) = 1$；若 n 是偶数，则 $g(n) > 1$. 即有 $f(2^{k_0} l) = 1$（l 为正奇数），$f(2^{k_0} m) > k_0 + 1$（m 为正偶数）. 从而前述结论成立. 容易验证，这样的 f 满足要求.

（法一（b）） 同法一（a）的证明：若 n 是奇数，则 $f(n) = 1$；若 n 是偶数，则 $f(n) > 1$.

下面对 k 应用数学归纳法证明 $f(2^k l) = k+1$（l 是正奇数），$f(2^k m) > k+1$（m 是正偶数）. 奠基在前述过程中已完成. 假设结论对所有 $k < k_0$ 成立. 假设 $f(2^{k_0}) \neq k_0 + 1$，则 $f(2^{k_0}) > k_0 + 1$. 由 f 是满射，知存在正整数 b 使得 $f(b) = k_0 + 1$. 由归纳假设，存在正整数 r，使得 $b = 2^{k_0} r$. 考虑 $(2^{k_0}, b)$，则

$$f(2^{k_0}(r+1)) = f(b + 2^{k_0}) = \min\{f(2^{k_0}), f(b)\} = k_0 + 1.$$

结合数学归纳法可知对任意正整数 $r' \geq r$，都有 $f(2^{k_0} r') = k_0 + 1$，这与 f 是满射矛盾. 从而，$f(2^{k_0}) = k_0 + 1$. 由归纳假设和条件可知 $f(n) = k_0 + 1$ 当且仅当 $f(n + 2^{k_0}) > k_0 + 1$. 因此，我们有 $f(2^{k_0} l) = k_0 + 1$（l 为正奇数），$f(2^{k_0} m) > k_0 + 1$（m 为正偶数）. 容易验证，这样的 f 满足要求.

（法二） 对 (a, a) 应用条件，得

$$f(2a) \neq \min\{f(a), f(a)\} = f(a),$$

特别地，$f(4a) \neq f(2a)$. 对 $(a, 2a)$ 应用条件，得

$$f(3a) = f(2a + a) = \min\{f(2a), f(a)\}.$$

假设 $f(2a) < f(a)$，则 $f(3a) = f(2a) \neq f(a)$. 考虑 $(a, 3a)$，则

$$f(4a) = \min\{f(a), f(3a)\} = f(2a),$$

矛盾. 因此，$f(2a) > f(a)$.

下面我们对所有正奇数 l 应用数学归纳法证明 $f(la) = f(a)$. 对 $l = 1$，结论显然成立. 假设 $f((l-2)a) = a$，由 $f(2a) > f(a)$，得

$$f(la) = \min\{f((l-2)a), f(2a)\} = \min\{f(a), f(2a)\} = f(a).$$

从而结论对所有正奇数 l 都成立.

设 $n = 2^k l$，其中 k 为非负整数，l 为正奇数. 由上述结论可知 $f(n) = f(2^k)$. 下面只需对非负整数 k 求 $f(2^k)$ 的值. 由于对任意正整数 a，均有 $f(2a) > f(a)$，故 $f(2^k)$ 关于 k 单调递增. 结合 f 是满射，可知只能有 $f(2^k) = k+1$. 因此，$f(2^k l) = k+1$. 容易验证，这样的 f 满足要求.

2. （法一） 首先证明，对任意简单 n（$n \geq 4$）边形 P，都有 $D(P) \geq 1$.

设 A 是 P 的一个顶点，其内角小于 $180°$. 设与 A 相邻的两个顶点分别为 B、C，则由 $n \geq 4$ 知 BC 是 P 的一条对角线. 如果 BC 在 P 的内部，那么结论得证. 下面假设 BC 不在 P 的内部. 设 C' 是线段 AC 上唯一使得 $\triangle ABC'$ 在 P 内部，且 BC' 上包含至少一个不同于 B 和

C' 的 P 的边界上的点. 设 $D(D \neq C')$ 是线段 BC' 上的一点, 它在 P 的边界上, 且与 C' 的距离最近, 则 D 一定是 P 的顶点, 且 AD 是 P 的内对角线.

下面证明, $D(n) = n - 3$.

在如图 2 所示的简单 n 边形中, 底部的 $n - 1$ 个顶点之间的对角线都在该 n 边形的外部(这是因为这部分是凹的). 于是, 在该 n 边形中, 只有联结顶部的一个顶点和底部的 $n - 1$ 个顶点之间的对角线是内对角线, 即内对角线共有 $n - 3$ 条. 因此, $D(n) \leq n - 3$.

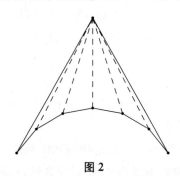

图 2

我们用数学归纳法证明 $D(n) \geq n - 3$. 当 $n = 3$ 时, 结论显然成立. 以下设 $n \geq 4$, 且 P 是一个简单 n 边形. 假设结论对小于 n 的正整数都成立. 由前述证明可知 P 中至少有一条内对角线. 这条内对角线将 P 分成两个多边形, 设为 R、S, 其顶点数分别为 k、m. 显然, $k、m < n$ 且 $k + m = n + 2$. 由归纳假设, 我们有 $D(k) \geq k - 3$, $D(m) \geq m - 3$. 注意到 $D(P) \geq D(R) + D(S) + 1$, 则
$$D(P) \geq (k - 3) + (m - 3) + 1 = k + m - 5 = n - 3.$$
由 P 的任意性可知 $D(n) \geq n - 3$.

最后用数学归纳法证明题中的结论.

当 $n = 3$ 时, 结论显然成立. 以下设 $n \geq 4$. 假设结论对小于 n 的正整数都成立. 由前述证明可知存在 P 的一条内对角线 d, 它将 P 分成两个多边形 R、S, 其顶点数分别为 k、m, 则 $k + m = n + 2$. 由归纳假设, 知
$$D(P) \geq D(R) + D(S) + 1 \geq D(k) + D(m) + 1 = n - 3.$$
若 $D(P) = D(n) = n - 3$, 则上式中等号成立. 特别地, 有 $D(P) = D(R) + D(S) + 1$, 这表明, P 除 d 外的内对角线位于 R 或 S 内部, 且有 $D(R) = D(k)$, $D(S) = D(m)$. 由归纳假设知 R、S 的内对角线均两两不交. 于是, P 的内对角线两两不交. 另一方面, 若 P 的内对角线两两不交, 则 R、S 的内对角线均两两不交, 于是, $D(P) = D(R) + D(S) + 1$. 由归纳假设我们有
$$D(R) = D(k) = k - 3, \quad D(S) = D(m) = m - 3,$$
因此
$$D(P) = (k - 3) + (m - 3) + 1 = n - 3 = D(n).$$

(法二) 我们首先证明如下两个引理.

引理 1 任意简单 n 边形 P 均可被 $n - 3$ 条内对角线剖分成 $n - 2$ 个三角形区域(将该

过程称为简单 n 边形 P 的一个三角形剖分,简称剖分).

引理 1 的证明 这是一个常见的事实,可由 $D(P) \geq 1$（如法一所证）结合数学归纳法得到.

引理 2 对任意简单 n 边形的任一条内对角线 l,存在 P 的一个剖分包含 l.

引理 2 的证明 内对角线 l 将 P 划分成两个独立的简单多边形,它们均可被剖分,因此 P 亦可被剖分.

由引理 1 可知 $D(n) \geq n-3$. 同法一中的例子可知 $D(n) \leq n-3$. 故 $D(n) = n-3$.

（法二（a））如果简单 n 边形 P 中没有两条内对角线相交,那么这些对角线属于同一个剖分. 因为 P 的任意剖分均恰包含 $n-3$ 条内对角线,故 P 的内对角线恰有 $n-3$ 条,即 $D(P) = n-3$.

设 $D(P) = n-3$. 对 P 的任一个剖分,它恰包含 $n-3$ 条内对角线. 因此,所有的内对角线都属于这个剖分,它们两两不交.

（法二（b））首先证明,简单 n 边形 P 的内对角线两两不交当且仅当 P 有唯一的剖分.

一方面,假设 P 中有两条内对角线相交. 由引理 2 知,这两条对角线分别属于某一种剖分,这两种剖分是不同的,矛盾. 另一方面,假设 P 有至少两种剖分. 因为每种剖分均包含 $n-3$ 条内部不交的对角线,所以这两种剖分中一定包含不同的对角线. 从而,一定有两条对角线相交（否则 P 可被多于 $n-3$ 条对角线剖分）,矛盾. 因此,上述结论得证.

以下只需证明,简单 n 边形 P 有唯一的剖分当且仅当 $D(P) = n-3$.

若 P 只有一种剖分,则 P 至少有 $n-3$ 条对角线. 假设 P 中的对角线多于 $n-3$ 条,那么由引理 2 可知,此时存在其他的剖分,矛盾. 若 $D(P) = n-3$,则 P 恰有一种剖分,它包含 P 的所有 $n-3$ 条内对角线.

3. 如图 3 所示,使用有向角,只需证明 $\measuredangle GDC = \measuredangle GFC$. 事实上,有

$$\measuredangle GDC = \measuredangle EDC = \measuredangle EDB + \measuredangle BDC$$
$$= \measuredangle DEA + \measuredangle BAC = \measuredangle GEA + \measuredangle ABE$$
$$= \measuredangle GBA + \measuredangle ABE = \measuredangle GBE = \measuredangle GFE = \measuredangle GFC.$$

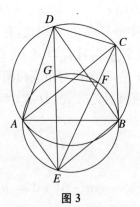

图 3

从而结论成立.

4. 本题的答案是 $(m,n) = (qn, n)$，其中 q 是奇数，n 是任意正整数．

（法一） 若 $\dfrac{m}{n} = q$ 是奇数，则对任意正整数 a、b，都有

$$\frac{a^m + b^m}{a^n + b^n} = \frac{(a^n)^q + (b^n)^q}{a^n + b^n} = (a^n)^{q-1} - (a^n)^{q-2} \cdot b^n + \cdots - a^n \cdot (b^n)^{q-2} + (b^n)^{q-1}$$

是整数．下面证明 (qn, n)（q 是奇数）是所有可能的解．用反证法，假设存在正整数对 (m, n) 是问题的解，而 $\dfrac{m}{n}$ 不是奇数．选取其中使得 $m + n$ 最小的一对．

显然，$m > n$．设 $m = n + k$（$k \in \mathbf{N}^*$）．不失一般性，不妨设 $a > b$，则

$$\frac{a^m + b^m}{a^n + b^n} > \frac{a^n \cdot b^k + b^m}{a^n + b^n} = b^k,$$

于是，存在正整数 t，使得

$$\frac{a^m + b^m}{a^n + b^n} = b^k + t,$$

即

$$a^m + b^m = (b^k + t)(a^n + b^n),$$

亦即

$$a^m = a^n b^k + t(a^n + b^n).$$

由 a 与 b 互素，知 $a^n + b^n$ 与 a^n 也互素．从而由上式可知 $a^n \mid t$．设正整数 c 使得 $t = c \cdot a^n$，则

$$a^k + b^k + c \cdot a^n + c \cdot b^n.$$

上式右边大于 a^n，则 $k > n$，从而

$$a^n(a^{k-n} - c) = b^n(b^{k-n} + c).$$

由 a 与 b 互素，知 $a^n \mid b^{k-n} + c$．设正整数 x 使得

$$b^{k-n} + c = x \cdot a^n,$$

则有

$$a^{k-n} - c = x \cdot b^n.$$

以上两式相加，得

$$a^{k-n} + b^{k-n} = x(a^n + b^n),$$

即 $\dfrac{a^{k-n} + b^{k-n}}{a^n + b^n}$ 是整数．由于 $(k-n) + n = k < m + n$，且我们所选取的 (m, n) 是和最小的一对，故 $\dfrac{k-n}{n} = s$ 是奇数．设 $s = 2r + 1$（$r \geq 0$），则 $k - n = (2r+1)n$，即 $k = (2r+2) \cdot n$．由此可知

$$\frac{m}{n} = \frac{n+k}{n} = \frac{(2r+2) \cdot n + n}{n} = 2r + 3,$$

这与 $\dfrac{m}{n}$ 是奇数矛盾．因此，(qn, n)（q 是奇数，n 是任意正整数）是所有可能的解．

（法二） 显然,$m > n$.设 $m = kn + r$,其中 $k \geq 1, 0 \leq r < n$.由

$$\frac{a^m + b^m}{a^n + b^n} = a^{(k-1)n+r} + \frac{b^m - a^{(k-1)n+r}b^n}{a^n + b^n}$$

是整数,知 $\dfrac{b^m - a^{(k-1)n+r}b^n}{a^n + b^n}$ 也是整数.又由 a 与 b 互素,知

$$\frac{b^{m-n} - a^{(k-1)n+r}}{a^n + b^n} = -a^{(k-2)n+r} + \frac{a^{(k-2)n+r}b^n + b^{m-n}}{a^n + b^n}$$

也是整数.这个过程可以一直进行下去,直至 $a^n + b^n \mid b^r + (-1)^k a^r$.而 $|b^r + (-1)^k a^r| < a^n + b^n$,故 $b^r + (-1)^k a^r = 0$.由 a 与 b 互素,可知只能有 $r = 0$,且 k 是奇数.因此,(kn, n) (k 为奇数) 是所有可能的解.

5.（法一） 由 $abc = 1$,根据均值不等式,得 $\left(\text{以下用} \sum\limits_{\text{cyc}} \text{表示循环和}\right)$

$$\sum_{\text{cyc}} \frac{a}{2b + c^2} = \sum_{\text{cyc}} \frac{a}{b + b + c^2}$$

$$\leq \sum_{\text{cyc}} \frac{a}{3\sqrt[3]{b^2 c^2}} = \sum_{\text{cyc}} \left(\frac{a}{3} \cdot \sqrt[3]{a^2}\right)$$

$$\leq \sum_{\text{cyc}} \left(\frac{a}{3} \cdot \frac{a + a + 1}{3}\right) = \sum_{\text{cyc}} \frac{a(2a + 1)}{9}$$

$$= \frac{2}{9} \sum_{\text{cyc}} a^2 + \frac{1}{9} \sum_{\text{cyc}} a.$$

于是,只需证明

$$\frac{2}{9} \sum_{\text{cyc}} a^2 + \frac{1}{9} \sum_{\text{cyc}} a \leq \frac{1}{3} \sum_{\text{cyc}} a^2 \Leftrightarrow \sum_{\text{cyc}} a^2 \geq \sum_{\text{cyc}} a.$$

由均值不等式易得

$$\sum_{\text{cyc}} a^2 \geq 3 \left(\frac{\sum\limits_{\text{cyc}} a}{3}\right)^2 = \frac{\sum\limits_{\text{cyc}} a}{3} \cdot \sum_{\text{cyc}} a \geq \frac{\sum\limits_{\text{cyc}} a}{3} \cdot 3\sqrt[3]{abc} = \sum_{\text{cyc}} a.$$

（法二） 同法一可得

$$\frac{a}{2b + c^2} + \frac{b}{2c + a^2} + \frac{c}{2a + b^2} \leq \frac{a^{\frac{5}{3}} + b^{\frac{5}{3}} + c^{\frac{5}{3}}}{3}.$$

由条件 $abc = 1$ 及米尔黑德（Muirhead）不等式,得

$$a^{\frac{5}{3}} + b^{\frac{5}{3}} + c^{\frac{5}{3}} = a^{\frac{16}{9}} b^{\frac{1}{9}} c^{\frac{1}{9}} + a^{\frac{1}{9}} b^{\frac{16}{9}} c^{\frac{1}{9}} + a^{\frac{1}{9}} b^{\frac{1}{9}} c^{\frac{16}{9}} \leq a^2 + b^2 + c^2.$$

（法三） 由 $abc = 1$,根据均值不等式,得

$$\sum_{\text{cyc}} \frac{a}{2b + c^2} = \sum_{\text{cyc}} \frac{a^2 bc}{2b + c^2} = \sum_{\text{cyc}} \frac{a^2}{\frac{2}{c} + \frac{c}{b}} = \sum_{\text{cyc}} \frac{a^2}{\frac{1}{c} + \frac{1}{c} + \frac{c}{b}}$$

$$\leq \sum_{\text{cyc}} \frac{1}{3} a^2 \sqrt[3]{c \cdot c \cdot \frac{b}{c}} = \sum_{\text{cyc}} \frac{1}{3} a^2 \sqrt[3]{bc}$$

$$= \sum_{\text{cyc}} \frac{1}{3} a^2 \sqrt[3]{\frac{1}{a}} = \sum_{\text{cyc}} \frac{1}{3} a^{\frac{5}{3}}.$$

由幂平均不等式,得
$$\frac{a^{\frac{5}{3}}+b^{\frac{5}{3}}+c^{\frac{5}{3}}}{3} \leqslant \left(\frac{a^2+b^2+c^2}{3}\right)^{\frac{1}{2} \cdot \frac{5}{3}} = \left(\frac{a^2+b^2+c^2}{3}\right)^{\frac{5}{6}}.$$

从而只需证明$\frac{a^2+b^2+c^2}{3} \geqslant 1$,由均值不等式易得
$$\frac{a^2+b^2+c^2}{3} \geqslant \sqrt[3]{a^2 b^2 c^2} = 1.$$

6. 所求函数 f 为 $f(x) = \pm\frac{1}{x^2}$.

(法一) 设 f 是满足要求的任一函数,并记 $\alpha = f(1)$.

引理 任取 $x \in \mathbb{R}\setminus\{0\}$,并设 $z = x^2 f(x)$,则
$$f(z) = z, \quad f(z^2) = 2z - \alpha, \quad z^3 = 3z - 2\alpha.$$

引理的证明 分别在原方程中令 $y = 0$ 和 $y = z$,可得
$$f(z) = z, \quad f(z^2) + \alpha = z + f(z),$$
从而前两个关系成立. 在第一个关系中,取 $x = z$,可知 $z^2 f(z) = z^3$ 也是 f 的一个不动点,即 $f(z^3) = z^3$. 在原方程中令 $y = z^2$,得
$$f(z^3) + \alpha = z + f(z^2) = 3z - \alpha.$$
结合前两个关系即得 $z^3 = 3z - 2\alpha$.

引理得证. 回到原题.

令 $x = 1$,即得 $z = \alpha$,结合引理的第三个关系,得 $\alpha^3 = \alpha$. 由于 α 是 f 可取到的函数值,它不能等于 0,故 $\alpha = \pm 1$. 此时,第三个关系可改写为 $(z-\alpha)^2(z+2\alpha) = z^3 - 3z + 2\alpha^3 = 0$. 这表明, $z = \alpha$ 或 $z = -2\alpha$.

假设存在非零实数 x 使得 $z = x^2 f(x)$ 满足 $z = -2\alpha$,则由引理可知 $f(z) = -2\alpha$. 于是
$$z^2 f(z) = -8\alpha^3 = -8\alpha \notin \{\alpha, 2\alpha\},$$
这与在前述结论中令 $x = z$ 所得结果矛盾. 因此,对任意非零实数 x,均有 $z = \alpha$,即 $f(x) = \frac{\alpha}{x^2}$. 又 $\alpha = \pm 1$,故 $f(x) = \frac{1}{x^2}$ 或 $-\frac{1}{x^2}$.

容易验证,若 $f(x) = \pm\frac{1}{x^2}$,则原方程左右两边均等于 $\alpha + \frac{\alpha}{y^2}$. 因此,这两个函数符合要求.

(法二) 在原方程中令 $y = 1$,可知对任意非零实数 x,有
$$f(x^2 f(x)) = x^2 f(x). \qquad ①$$
特别地,有 $f(f(1)) = f(1)$. 在原方程中令 $x = 1$,可知对任意非零实数 y,有 $f(yf(1)) = f(y)$. 从而,由数学归纳法可得对任意正整数 k,均有 $f((f(1))^k) = f(1)$. 另一方面,在式①中,令 $x = f(1)$,可得
$$f((f(1))^3) = (f(1))^3,$$
即 $(f(1))^3 = f(1)$,故 $f(1) = \pm 1$.

在原方程中令 $y = x^2 f(x)$,并由式①,可知对任意非零实数 x,有
$$f(x^4 (f(x))^2) = 2x^2 f(x) \pm 1.$$
在原方程中令 $y = x^4 (f(x))^2$,可知对任意非零实数 x,有
$$f(x^6 (f(x))^3) = x^6 (f(x))^3.$$
因此,对任意非零实数 x,有
$$0 = x^6 (f(x))^3 - 3x^2 f(x) \pm 2 = (x^2 f(x) \pm 1)^2 (x^2 f(x) \pm 2),$$
即
$$f(x) \in \left\{ \pm \frac{1}{x^2}, \pm \frac{2}{x^2} \right\}.$$

假设存在 $x_0 \neq 0$,使得 $f(x) = \pm 2x_0^2$. 在原方程中令 $x = x_0$,可得对任意非零实数 y,有 $f(\pm 2y) = f(y) \pm 3$,特别地,$f(\pm 2) = \pm 2$. 而这与 $f(\pm 2) \in \left\{ \pm \frac{1}{4}, \pm \frac{1}{2} \right\}$ 矛盾. 因此,对任意非零实数 x,都有 $f(x) = \pm \frac{1}{x^2}$,即若 $f(1) = 1$,则 $f(x) = \frac{1}{x^2}$,若 $f(1) = -1$,则 $f(x) = -\frac{1}{x^2}$. 容易验证这两个函数均满足原方程.

7. 所求最大值为 $\left[\dfrac{n^2}{2} \right]$,即当 n 为偶数时,所求最大值为 $\dfrac{n^2}{2}$;当 n 为奇数时,所求最大值为 $\dfrac{n^2 - 1}{2}$.

设开始位于位置 i 的同学在交换位置后位于位置 x_i. 易知
$$\sum_{i=1}^{n} (i - x_i) = \sum_{i=1}^{n} i - \sum_{i=1}^{n} x_i = 0,$$
即
$$\sum_{i > x_i} (i - x_i) = \sum_{i > x_i} |i - x_i| = \sum_{i < x_i} |i - x_i|.$$

为使和 $\sum_{i=1}^{n} |i - x_i|$ 最大,只需使得 $\sum_{i > x_i} (i - x_i)$ 最大.

设满足 $i > x_i$ 的正整数 i 依次为 $i_1, i_2, \cdots, i_k$,则
$$\sum_{i > x_i} (i - x_i) = \sum_{j=1}^{k} (i_j - x_{i_j}) \leqslant \sum_{j=n-k+1}^{n} j - \sum_{j=1}^{k} j = k(n-k).$$

上式当 $k = \left[\dfrac{n}{2} \right]$ 时取到最大值. 当 n 为偶数时,最大值为 $\dfrac{n^2}{2}$;当 n 为奇数时,最大值为 $\dfrac{n^2 - 1}{2}$. 事实上,开始时位于位置 i 与位置 $n - i + 1$ 的同学交换位置 $\left(i = 1, 2, \cdots, \left[\dfrac{n}{2} \right] \right)$ 即可取到该最大值.

8. 所求 K 的最小可能值为 $2N$,最大可能值为 $\left[\dfrac{(N+1)^2 + 1}{2} \right]$.

（法一） 首先求最小值.

称以单元格的对角线为斜边、面积为 $\frac{1}{2}$ 的等腰直角三角形为小三角形. 称方格表的边界线上的水平或竖直的单位线段为边界线段, 在方格表中共有 $4N$ 条边界线段, 每条边界线段都属于某个区域.

注意到每个区域的边界上恰有 0 或 2 条边界线段. 事实上, 设区域 R 的边界上至少有一条边界线段. 我们将其中的一条边界线段染为红色, 并将以这条边界线段为一条直角边的小三角形 (含边界) 也染为红色. 在接下来的每一步中, 我们将唯一一个有一条直角边被染红的小三角形染为红色. 该过程当某一步被染红的小三角形的另一条直角边是边界线段时停止. 这样, 我们可以遍历区域 R 中的每一个小三角形, 从而 R 的边界上恰有两条边界线段.

若区域的数目为 K, 则至多有 $2K$ 条边界线段, 故 $2K \geq 4N$, 即 $K \geq 2N$.

图 4 给出了 $K = 2N$ 时的一个例子.

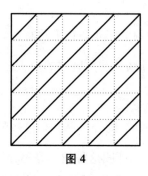

图 4

下面求最大值.

我们指出, 所有区域的面积的和是一个不变量, 它等于方格表的面积.

若一个区域的边界上没有边界线段, 则称该区域为内区域. 内区域的边界由一些单元格对角线组成, 它们位于两个分别平行的方向上. 我们选择内区域的边界上的一个点, 从该点出发, 沿逆时针方向遍历该区域一周, 最终回到该点. 在该过程中, 方向改变的次数至少是 3 次, 这意味着在内区域的边界上至少有 4 条单元格对角线. 每个单元格对角线属于不同的小三角形, 所以内区域的面积至少为 2.

如果某个区域不是内区域, 那么它的边界上恰有两条边界线段. 若这两条边界线段在方格表的某个角相交, 则该区域只包含一个小三角形, 其面积为 $\frac{1}{2}$. 我们称这样的区域为角区域. 若一个区域既不是内区域, 也不是角区域, 则称之为外区域. 一个外区域的边界上恰有两条边界线段, 它们不是同一个小三角形的直角边, 故外区域的面积至少是 1. 若外区域的边界上的两条边界线段在方格表的同一条边上且有公共端点, 则该区域的面积恰等于 1.

易知不是内区域的区域共有 $2N$ 个, 其面积至少为 $4 \cdot \frac{1}{2} + (2N - 4) \cdot 1 = 2N - 2$.

情形 1 N 是偶数. 此时, 我们可以得到 4 个角区域和 $4 \cdot \left(\frac{1}{2} N - 1 \right) = 2N - 4$ 个面积

为 1 的区域. 因此, 不是内区域的区域的面积至少是 $2N-2$, 即内区域的面积至多为 $N^2 - 2N + 2$. 从而, 至多有 $\frac{1}{2}(N^2 - 2N + 2)$ 个内区域, 即此时至多有 $2N + \frac{N^2 - 2N + 2}{2} = \frac{(N+1)^2 + 1}{2}$ 个区域.

情形 2 N 是奇数. 此时, 若恰有 2 个角区域, 则外区域和角区域的面积之和至少为 $2 \cdot \frac{1}{2} + (2N-2) \cdot 1 = 2N - 1$.

若恰有 3 个角区域, 则方格表有两条边各有两条边界线段属于这些角区域. 这两条边有奇数条边界线段属于外区域, 故此时必存在某个外区域, 它的边界上的两条边界线段属于方格表的两条不同的边, 从而该区域的面积至少是 $\frac{3}{2}$. 此时, 外区域和角区域的面积之和至少为 $3 \cdot \frac{1}{2} + \frac{3}{2} + (2N-4) \cdot 1 = 2N - 1$.

若恰有 4 个角区域, 则方格表的全部 4 条边上均有奇数条边界线段属于外区域, 故有两个外区域的面积至少是 $\frac{3}{2}$. 此时, 外区域和角区域的面积之和至少为 $4 \cdot \frac{1}{2} + 2 \cdot \frac{3}{2} + (2N-6) \cdot 1 = 2N - 1$.

若没有角区域或只有一个角区域, 则外区域和角区域的面积之和至少为 $1 \cdot \frac{1}{2} + (2N-1) \cdot 1 > 2N - 1$. (事实上, 我们可以证明这种情况是不存在的.)

因此, 不是内区域的区域的面积至少为 $2N - 1$, 从而剩下的区域的面积至多为 $N^2 - 2N + 1 = (N-1)^2$, 故内区域至多有 $\frac{1}{2}(N-1)^2$ 个, 即此时至多有 $2N + \frac{(N-1)^2}{2} = \frac{(N+1)^2}{2}$ 个区域.

图 5 和图 6 分别给出了 N 为偶数和奇数时取到最大值的一个例子.

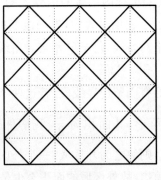

图 5

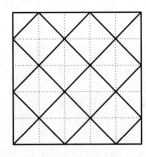

图 6

综上所述, 所求 K 的最小可能值为 $2N$, 最大可能值为 $\left[\frac{(N+1)^2 + 1}{2}\right]$.

(法二) 这里我们用到一般形式的多面体的欧拉定理:
$$V + F = E + C + 1.$$

其中，V 表示顶点数，E 表示边数，F 表示面数，C 表示连通分支数。对以 $N\times N$ 的方格表的 $(N+1)^2$ 个格点为顶点，以边界上的 $4N$ 条边界线段和 N^2 个单元格对角线为边的平面图应用上述定理，则区域数（去掉一个外部面即转化为平面图）
$$K = F - 1 = E - V + C = 4N + N^2 - (N+1)^2 + C = 2N - 1 + C.$$
由 $C \geqslant 1$，知 $K \geqslant 2N$。$C=1$ 及 $K=2N$ 是容易达到的，只要取所有单元格的对角线相互平行即可（如前述图 4 所示）。因此，K 的最大可能值为 $2N$。

为求得 C 的上界，我们定义每个格点的边界距离为该点距离 $N\times N$ 的方格表的边界的最近距离。边界距离为 d 的所有格点位于一个边长为 $N+1-2d$ 的正方形上，这样的点恰有 $(N+1-2d)^2 - (N-1-2d)^2 = 4(N-2d)$ 个（仅当 $N=2d$ 时例外，此时仅有一个这样的点，即方格表的中心）。对某个连通分支 Z，定义 $D(Z)$ 为 Z 上的点的最小边界距离。由于所有方格表的边界上的点属于同一个连通分支，所以恰存在一个连通分支 Z_0 使得 $D(Z_0) = 0$。考察具有相同的边界距离 d（$d \geqslant 1$）的两个相邻的格点，由于这两个格点属于某个边界单元格，该单元格的另两个顶点的边界距离为 $d-1$，故这两个点中必有一个通过该单元格中的对角线与边界距离为 $d-1$ 的格点相连。这表明对 $d < \dfrac{N}{2}$，使得 $D(Z) = d$ 的连通分支的个数至多为 $2(N-2d)$（边界距离为 d 的格点数的一半）。因此，当 N 为奇数时
$$C \leqslant 1 + \sum_{d=1}^{\frac{N-1}{2}} (N-2d) = 1 + 2\cdot \dfrac{1}{2}\cdot \dfrac{N-1}{2}\cdot (N-2+1) = \dfrac{N^2 - 2N + 3}{2};$$
当 N 为偶数时
$$C \leqslant 1 + 1 + \sum_{d=1}^{\frac{N-2}{2}} (N-2d) = 2 + 2\cdot \dfrac{1}{2}\cdot \dfrac{N-2}{2}\cdot (N-2+2) = \dfrac{N^2 - 2N + 4}{2},$$
即
$$C \leqslant \left[\dfrac{N^2 - 2N + 4}{2}\right].$$
故
$$K = 2N - 1 + C \leqslant \left[\dfrac{N^2 + 2N + 2}{2}\right].$$
这个上界可以取到，如前述图 5 和图 6 所示。

9. 如图 7 所示，过点 A 作 $\triangle ABC$ 的外接圆的切线，与直线 BC 交于点 D。下面证明点 D 即为满足条件的点。

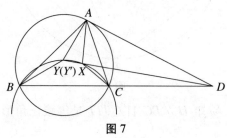

图 7

(法一) 不妨设 B、C、X、Y 以此顺序排列在圆上，其他情形可类似证明. 于是，我们有

$$\angle AXY - \angle DAY = \angle AXB - \angle YXB - \angle DAB - \angle BAY$$
$$= \angle AXB - \angle YCB - \angle ACB - \angle BAY$$
$$= \angle AXB - 2\angle ACB + \angle ACY - \angle BAC + \angle YAC$$
$$= \angle AXB - 2\angle ACB - \angle BAC + 180° - \angle CYA$$
$$= \angle AXB - \angle AYC + \angle CBA - \angle ACB = 0.$$

故 AD 是 $\triangle AXY$ 的外接圆切线. 从而，AD 是 $\triangle AXY$ 的外接圆和 $\triangle ABC$ 的外接圆的根轴. 而 BC 是四边形 $BCXY$ 的外接圆和 $\triangle ABC$ 的外接圆的根轴. 由根心定理知：这三个圆的根轴交于一点. 故 XY 经过点 D.

(法二) 设 X、Y 是满足题中条件的两点. 设直线 DX 与 $\triangle BXC$ 的外接圆的另一个交点为 Y'. 从而只需证明 $Y = Y'$.

不妨设 D、X、Y' 以此顺序排列在直线上，其他情形可类似证明. 由 $DX \cdot DY' = DB \cdot DC = DA^2$，知 $\triangle ADX \backsim \triangle Y'DA$，从而

$$\angle CY'A = 360° - \angle AY'D - \angle DY'C = 180° - \angle DAX + \angle CBX$$
$$= (180° - \angle BAX) - \angle DAB + \angle CBX = \angle AXB + \angle XBA - \angle ACB + \angle CBX$$
$$= \angle AXB + \angle CBA - \angle ACB.$$

结合条件 $\angle AXB - \angle ACB = \angle AY'C - \angle CBA$，知 $\angle AYC = \angle AY'C$. 于是，点 Y、Y' 均位于某个经过点 A、C 的圆上，而这两点均在 $\triangle BCX$ 的外接圆上，故 $Y = Y'$.

10. 如图 8 所示，设 AI 与 $\triangle ABC$ 的外接圆的另一个交点为 T，根据内心的性质，易知 T 是 $\triangle BIC$ 的外心. 又由对称性，易知点 J 也在 $\triangle BIC$ 的外接圆上. 由

$$\angle BQP = \angle AQP - \angle AQB = 180° - \angle ADP - \angle ACB = \angle DAC = \angle BAT = \angle BQT,$$

知 T、P、Q 三点共线.

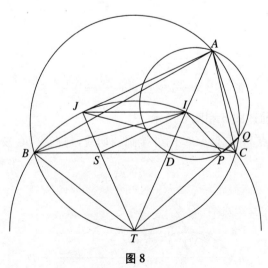

图 8

设 TJ 与 BC 交于点 S. 易知 $IJ \parallel BC$ 且 $\triangle JTI$ 是等腰三角形，故 $\triangle STD$ 也是等腰三角

形. 又△DPI 也是等腰三角形,则∠ITS = ∠IPS,故 I、P、T、S 四点共圆. 从而,∠SPT = ∠SIT.

易知△TAB∽△TBD,则
$$\frac{TD}{TB} = \frac{TD}{TA}.$$

结合 $TD = TS, TB = TI = TJ$,知
$$\frac{TS}{TI} = \frac{TJ}{TA}.$$

由此可得 $IS \parallel AJ$,故∠SIT = ∠JAT. 从而
$$\angle IAQ = 180° - \angle QPD = \angle SPT = \angle SIT = \angle JAT.$$
结合∠TAC = ∠BAI,知∠JAC = ∠BAQ.

11. 所求的正整数对 $(a,b) \in \{(1,1),(1,2),(2,1)\}$.

若 $a = b$,则原方程转化为 $a! = a^a$. 对 $a \geq 2$,有 $a^a \geq a!$,故此时只有 $a = b = 1$ 一组解. 若 $a = 1$,则原方程转化为 $b! = b$,由此可得另一组解 $(a,b) = (1,2)$. 类似地,$(a,b) = (2,1)$ 也是一组解. 下面证明,除这三组解外,原方程没有其他的正整数解.

假设 (a,b) 是满足 $1 < a < b$ 的另一组解(当 $1 < b < a$ 时的情形类似),则 $a \mid b!$,从而,$a \mid b^a$. 设 p 是 a 的一个素因子,则易知 $p \mid b$. 下面比较 p 在原方程左右两端的次数.

方程左边可表示为 $a!\left(\frac{b!}{a!} + 1\right)$,由 $p \mid b, b > a$,知 $p \mid \frac{b!}{a!}$. 从而,$\frac{b!}{a!} + 1$ 与 p 互素. 于是,方程左边 p 的幂次等于 $a!$ 中 p 的幂次,即 $\sum_{k=1}^{\infty}\left[\frac{a}{p^k}\right]$. 我们有
$$\sum_{k=1}^{\infty}\left[\frac{a}{p^k}\right] < \frac{a}{p} + \frac{a}{p^2} + \cdots = a \cdot \frac{1}{p-1} \leq a.$$

另一方面,由 $p \mid a, p \mid b, b > a$ 可知,方程右边 p 的幂次不小于 a,矛盾. 因此,当 a、$b \geq 2$ 时,原方程没有正整数解.

12. 设 $D(n)$ 为满足 $m \leq n, m \mid m^2 + 1$ 的正整数 m 的个数. 设 $n = 2^{\alpha_0} p_1^{\alpha_1} p_2^{\alpha_2} \cdots p_k^{\alpha_k}$,其中 $p_1, p_2, \cdots, p_k$ 为奇素数,α_0 为非负整数,$\alpha_1, \alpha_2, \cdots, \alpha_k$ 为正整数,我们将证明,$D(n) = 2^k$.

(法一) 显然,$4 \nmid m^2 + 1$,因此,若 $4 \mid n$,则 $D(n) = 0$. 类似地,若 n 被某些 $4k + 3$ 型的数整除,亦有 $D(n) = 0$. 此外,$D(2) = 1$.

(1) 若 $n = p$,这里 p 是素数,且 $p \equiv 1 \pmod 4$,我们证明,$D(n) = 2$.

引理 若素数 $p \equiv 1 \pmod 4$,其中 $k \in \mathbf{N}^*, p$ 为素数,设 $S = \{x_1, x_2, \cdots, x_p\}$ 是 mod p 的一个完全剩余系,则恰存在两个 $x \in S$,使得 $x^2 \equiv -1 \pmod p$.

引理的证明 首先,我们证明,当 $p \equiv 1 \pmod 4$ 时,同余方程 $x^2 \equiv -1 \pmod p$ 至少有一个解.

由威尔逊(Wilson)定理,有

$$\left(1 \cdot 2 \cdot \cdots \cdot \frac{p-1}{2}\right) \cdot \left((p-1)(p-2)\cdots\left(p-\frac{p-1}{2}\right)\right) \equiv \left(\left(\frac{p-1}{2}\right)!\right)^2 \equiv -1 \pmod{p},$$

因此，$x = \left(\dfrac{p-1}{2}\right)!$ 是一个解．

其次，若 $x_i \in S$ 是一个解，则 $x_j = p - x_i \in S$ 也是一个解．若 $p = 2q+1$，则 x_i、x_j 中恰有一个不大于 q．不妨设 $x_i \leqslant q$．假设该同余方程有另一个解 $x_k \in S$，类似地，可不妨设 $x_k \leqslant q$．于是，$x_i^2 \equiv x_k^2 \equiv -1 \pmod{p}$，这导致 $p \mid (x_k - x_i)(x_k + x_i)$，这与 x_i、$x_k \leqslant q$ 矛盾．

综上，引理成立．由此易知，当 n 是模 4 余 1 的素数时，$D(n) = 2$．

(2) 若 $n = p^k$，这里 p 是素数，且 $p \equiv 1 \pmod{4}$，我们用数学归纳法证明 $D(p^k) = 2$．

当 $k = 1$ 时，由 (1) 可知结论成立．

假设 $D(p^k) = 2$ 对正整数 k 成立，下面计算 $D(p^{k+1})$．

设小于 p^k 的两个正整数 i、j 使得 $i^2 + 1$、$j^2 + 1$ 均被 p^k 整除．于是，所有小于 p^{k+1} 且满足同余方程 $x^2 \equiv -1 \pmod{p^k}$ 的所有正整数为 $mp^k + i$、$mp^k + j$（$m = 0, 1, \cdots, p-1$）．我们将证明，在形如 $\dfrac{(mp^k + i)^2 + 1}{p^k}$（$m = 0, 1, \cdots, p-1$）的数中恰有一个被 p 整除，即形如 $(mp^k + i)^2 + 1$（$m = 0, 1, \cdots, p-1$）的数中恰有一个被 p^{k+1} 整除．

用反证法．假设如果有两个这样的数，设为 $(m_1 p^k + i)^2 + 1$、$(m_2 p^k + i)^2 + 1$，则

$$\frac{(m_1 p^k + i)^2 + 1}{p^k} - \frac{(m_2 p^k + i)^2 + 1}{p^k}$$

$$= \frac{(m_1 p^k + i - m_2 p^k - i)(m_1 p^k + i + m_2 p^k + i)}{p^k}$$

$$= (m_1 - m_2)(p^k(m_1 + m_2) + 2i)$$

被 p 整除，这与 $m_1 - m_2$ 和 i 均不被 p 整除矛盾．

同理，我们可以证明，在形如 $(mp^k + j)^2 + 1$（$m = 0, 1, \cdots, p-1$）的数中恰有一个被 p^{k+1} 整除．

因此，$D(p^{k+1}) = 2$．

(3) 若 $n = p^a q^b$，这里 p、q 是不同的模 4 余 1 的素数，则对任意正整数 a、b，$D(p^a q^b) = 4$．

由前面的解答可知，$D(p^a) = 2$．设 i、j 是小于 p^a 且满足 $i^2 + 1$、$j^2 + 1$ 均被 p^a 整除的正整数．小于 $p^a q^b$ 且满足同余方程 $x^2 \equiv -1 \pmod{p^a}$ 的所有正整数为 $mp^a + i$、$mp^a + j$（$m = 0, 1, \cdots, q^b - 1$）．由 $\{0, 1, 2, \cdots, q^b - 1\}$ 是模 q^b 的完全剩余系及 $(p^a, q^b) = 1$，知 $\{0, p^a, 2p^a, \cdots, (q^b - 1)p^a\}$ 也是模 q^b 的完全剩余系，因此，$T = \{i, p^a + i, 2p^a + i, \cdots, (q^b - 1)p^a + i\}$ 也是模 q^b 的完全剩余系．

由引理可知，恰有两个 T 中的元素满足同余方程 $x^2 \equiv -1 \pmod{q^b}$．类似地，恰有两个 $\{j, p^a + j, 2p^a + j, \cdots, (q^b - 1)p^a + j\}$ 中的元素满足同余方程 $x^2 \equiv -1 \pmod{q^b}$．

因此，$D(p^a q^b) = 4$．

对不同的素数 p_i（$i = 1, 2, \cdots, n$），由数学归纳法易知 $D(p_1^{a_1} \cdots p_n^{a_n}) = 2^n$．

(4) 最后证明，$D(p_1^{\alpha_1}\cdots p_n^{\alpha_n}) = D(2p_1^{\alpha_1}\cdots p_n^{\alpha_n})$，其中 $p_i(i=1,2,\cdots,n)$ 都是模 4 余 1 的素数．

设 $a = p_1^{\alpha_1}\cdots p_n^{\alpha_n}$．若 $i_1, i_2, \cdots, i_{2^n}$ 是所有小于 a 且满足同余方程 $x^2 \equiv -1 \pmod{a}$ 的正整数，则所有小于 $2a$ 且满足该同余方程的正整数为 $\delta a + i_j$，$\delta = 0、1$，而在 $i_j^2 + 1$ 和 $(a+i_j)^2 + 1$ 中恰有一个偶数，故
$$D(p_1^{\alpha_1}\cdots p_n^{\alpha_n}) = D(2p_1^{\alpha_1}\cdots p_n^{\alpha_n}).$$

因此，对任意奇素数 $p_i(i=1,2,\cdots,n)$，我们有
$$D(p_1^{\alpha_1}\cdots p_n^{\alpha_n}) = D(2p_1^{\alpha_1}\cdots p_n^{\alpha_n}) = 2^n.$$

（法二） 首先，$m^2 + 1$ 型的整数不能被 4 整除，故若 $4 \mid n$，则 $D(n) = 0$．又易知 $D(2) = 1$．

设 $n = p_0^{\alpha_0} p_1^{\alpha_1}\cdots p_k^{\alpha_k}$，其中 $p_0 = 2, \alpha_0 \in \{0,1\}$，$p_i$ 为奇素数，且对 $i \geq 1$，有 $\alpha_i \geq 1$．本题即为求满足 $m^2 \equiv -1 \pmod{n}$ 的模 n 的剩余类 m 的个数．显然，$m^2 \equiv -1 \pmod{n}$ 当且仅当 $m^2 \equiv -1 \pmod{p_i^{\alpha_i}}$ 对所有的 i 均成立．

下面证明如下引理．

引理 设 p 为素数，$\alpha \geq 1$，则满足 $m^2 \equiv -1 \pmod{p^\alpha}$ 的剩余类 m 的个数为
$$\begin{cases} 0, & \text{若 } p \equiv 3 \pmod 4, \\ 1, & \text{若 } p^\alpha = 2, \\ 2, & \text{若 } p \equiv 1 \pmod 4. \end{cases}$$

引理的证明 若 $p^\alpha = 2$，引理显然成立．注意到 -1 是模 p（p 是奇素数）的二次剩余当且仅当 $p \equiv 1 \pmod 4$，我们假设 $p \equiv 1 \pmod 4$．此外，如果 b 是奇素数 p 的二次剩余，那么 b 也是 p^α 的二次剩余．

于是，至少有一个剩余类 m 满足 $m^2 \equiv -1 \pmod{p^\alpha}$．另一个剩余系 r 满足 $r^2 \equiv -1 \pmod{p^\alpha}$ 当且仅当
$$m^2 \equiv r^2 \pmod{p^\alpha} \Leftrightarrow p^\alpha \mid (m-r)(m+r).$$
我们有 $\gcd(m-r, m+r)$ 整除 $2m$ 且与 p^α 互素，故
$$r \equiv \pm m \pmod{p^\alpha}.$$
因此，同余方程 $m^2 \equiv -1 \pmod{p^\alpha}$ 恰有两个解．从而引理得证．

又引理可知，α_0 并不影响结果．对每个 $1 \leq i \leq k$，模 $p_i^{\alpha_i}$ 的剩余类 m 恰有两种选择，故由中国剩余定理，知模 n 的剩余类 m 共有 2^k 种选择．

李 潜 整理

第22届土耳其数学奥林匹克考试题（2014）

1. 在一个盒子中装有编号为 $1,2,\cdots,2014$ 的 1007 个白球和 1007 个黑球,游戏者每一步可以从盒中随机取一个球放在桌上,同时允许移走桌上的两个颜色不同的球（也可以选择不移走）.当移走的两个球的编号为 a 和 b 时,游戏者可获得 $|a-b|$ 的积分.试求在 2014 步之后,游戏者所能获得的积分的最大可能值.

2. 试求所有的正整数组 (x,y,z),使得 $x^3 = 3^y \cdot 7^z + 8$.

3. 设 P 是 $\triangle ABC$ 内的一点,直线 AP、BP、CP 与边 BC、CA、AB 的交点分别是 D、E、F.射线 DE、DF 与过点 A 的直线 l 分别交于点 Q、R,点 M、N 分别是射线 DB、DC 上的点.已知
$$\frac{QN^2}{DN} + \frac{RM^2}{DM} = \frac{(DQ+DR)^2 - 2 \cdot RQ^2 + 2 \cdot DM \cdot DM}{MN},$$
证明：$AD \perp BC$.

4. 设点 P、Q 是圆 ω 内两条不平行的弦的中点,过这两条弦的端点所作的圆 ω 的切线的交点分别为 A、B,$\triangle ABP$ 的垂心关于直线 AB 的对称点为 R,点 R_1、R_2、R_3、R_4 分别是过点 R 向直线 AP、BP、AQ、BP 所作垂线的垂足.证明：
$$\frac{AR_1}{PR_1} \cdot \frac{PR_2}{BR_2} = \frac{AR_3}{QR_3} \cdot \frac{QR_4}{BR_4}.$$

5. 试求所有的正整数 n,使得存在互不相同的正实数 $a_1, a_2, \cdots, a_n$,满足
$$\left\{ a_i + \frac{(-1)^i}{a_i} \,\middle|\, 1 \le i \le n \right\} = \{a_i \mid 1 \le i \le n\}.$$

6. 某国有 36 个城市.现有 5 家航空公司运营该国的城际航线,使得对任意两个不同的城市,它们之间的直飞（双向）航线恰由其中一家航空公司运营.对每两条由同一个城市出发且由同一家航空公司运营的航线,该国交通部门将支付 1 万元补贴.试求该国交通部门所需支付补贴的最小可能值.

参考答案

1. 所求的结果为 1007^2.

首先证明,不能得到多于 1007^2 的积分.设我们每次成对移走的球分别是 (a_1, b_1), $(a_2, b_2), \cdots, (a_l, b_l)$,其中 $a_i > b_i$,$l \le 1007$.从而,游戏者所能获得的积分至多为

$$\sum_{i=1}^{l}(a_i - b_i) = \sum_{i=1}^{l} a_i - \sum_{i=1}^{l} b_i \leqslant \sum_{i=1008}^{2014} i - \sum_{i=1}^{1007} i = 1007^2.$$

下面证明可以得到 1007^2 分. 将所有球分成两组,第一组包括编号为 $1,2,\cdots,1007$ 的球,第二组包括编号为 $1008,1010,\cdots,2014$ 的球. 我们证明,如果前 1007 步不移走任何球,那么此后每步可以移走属于不同组的两个异色球. 在前 1008 步中,我们共将 1008 个球放在桌上,因为每种颜色的球都是 1007 个,所以这 1008 个球中一定有属于不同组的两个异色球,此时移走这两个球. 假设我们在第 $1008, 1009, \cdots, i \, (i < 2014)$ 步中每步都移走了两个球. 在第 i 步结束后,桌上共有 $2014 - i$ 个球. 考虑第 $i+1$ 步,先取出一个球放在桌上,现在桌上共有 $2015 - i$ 个球,而在前 n 步操作移走的球中,属于某种颜色或者某一组的恰有 $1007 - i$ 个. 因此,此时必有两个异色球属于不同的组,移走这两个球. 假设第 i 步移走的两个球的编号为 (a_i, b_i),其中 $a_i > b_i$,则总积分为

$$\sum_{i=1008}^{2014}(a_i - b_i) = \sum_{i=1008}^{2014} a_i - \sum_{i=1008}^{2014} b_i = S_1 - S_2.$$

由于每步操作移走的球属于不同的组,因此 S_1 包含 $\{1008, 1010, \cdots, 2014\}$ 中的所有数,S_2 包含 $\{1, 2, \cdots, 1007\}$ 中的所有数,故 $S_1 - S_2 = 1007^2$.

综上所述,所求的最大可能值为 1007^2.

2. 易知方程的右边为奇数,故 x 是奇数. 原方程可变形为

$$(x-2)(x^2 + 2x + 4) = 3^y \cdot 7^z.$$

设 $d = \gcd(x-2, x^2+2x+4)$,则由 $d \mid x-2$,知 $d \mid x^2 - 4x + 4$,又 $d \mid x^2 - 2x + 4$,故 $d \mid 6x$. 而 $d \mid x - 1 \Rightarrow d \mid 6x - 12$,故 $d \mid 12$. 由 d 是奇数,知 $d = 1$ 或 3. 从而,只需讨论以下四种情形.

情形 1 $x - 2 = 3^y, x^2 + 2x + 4 = 7^z$. 此时,由 $x - 2 = 3^y$,知 $x \equiv 2 \pmod{3}$,则 $x^2 + 2x + 4 \equiv 1 + 4 + 4 \equiv 0 \pmod{3}$,而 $7^z \equiv 1 \pmod{3}$,矛盾.

情形 2 $x - 2 = 7^y, x^2 + 2x + 4 \equiv 3^z$. 此时,由 $x - 2 = 7^y \equiv 1 \pmod{3}$,知 $x \equiv 0 \pmod 3$,则 $x^2 + 2x + 4 \equiv 0 + 0 + 1 \equiv 1 \pmod 3$,而 $3^z \equiv 0 \pmod 3$,矛盾.

情形 3 $x - 2 = 3 \cdot 7^z, x^2 + 2x + 4 = 3^{y-1}$. 此时,$x = 3 \cdot 7^z + 2$,代入第二个式子,得 $9 \cdot 7^{2z} + 18 \cdot 7^z + 12 = 3^{y-1}$. 当 $y = 1$ 或 2 时,上述方程没有正整数解. 当 $y > 2$ 时,两边模 9,得 $0 + 0 + 3 \equiv 0 \pmod 9$,矛盾.

情形 4 $x - 2 = 3^{y-1}, x^2 + 2x + 4 = 3 \cdot 7^z$. 此时,$x = 3^{y-1} + 2$,代入第二个式子,得

$$(3^{y-1} + 3)^2 + 3 = 3 \cdot 7^z.$$

当 $y = 1$ 或 2 时,上述方程没有正整数解. 以下设 $y > 2$. 两边模 4 得 $0 + 3 \equiv 3 \cdot (-1)^z \pmod 4$,故 z 为偶数. 设 $z = 2l$,则有

$$3^{y-1}(3^{y-2} + 2) = (7^l - 2)(7^l + 2).$$

易知 $3 \nmid 7^l - 2$,故存在正整数 q,使得

$$\begin{cases} 7^l + 2 = 3^{y-1} \cdot q, \\ 7^l - 2 = \dfrac{3^{y-2} + 2}{q}. \end{cases}$$

假设 $q > 1$. 以上两式相减,得
$$4 = 3^{y-1} \cdot q - \frac{3^{y-2}+2}{q} \geqslant 2 \cdot 3^{y-1} - \frac{3^{y-2}+2}{2}.$$
而由 $y > 2$,知
$$3^{y-1} - \frac{3^{y-2}+2}{2} = \frac{11 \cdot 3^{y-2}}{2} - 1 > 5 \cdot 3^{y-2} - 1 \geqslant 4,$$
矛盾. 因此只能有 $q = 1$,即 $4 = 3^{y-1} - 3^{y-2} - 2$. 从而得到原方程的唯一解 $(x, y, z) = (11, 3, 2)$.

3. 首先证明,四边形 $RDNQ$ 和四边形 $QDMR$ 均为平行四边形,且 $DR = DQ$.

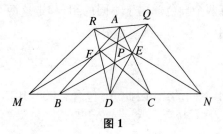

图 1

如图 1 所示,设 $DQ = x, DR = y, RQ = z, QN = p, RM = q, DM = u, DN = v, RN = e$, $QM = f$. 对四边形 $RDNQ$ 和四边形 $QDMR$ 分别应用平行四边形不等式,得
$$y^2 + v^2 + p^2 + z^2 \geqslant x^2 + e^2, \quad x^2 + u^2 + q^2 + z^2 \geqslant y^2 + f^2.$$
以上两式相加,得
$$u^2 + v^2 + p^2 + q^2 + 2z^2 \geqslant e^2 + f^2. \qquad ①$$
由斯特瓦尔特(Stewart)定理,得
$$e^2 = v^2 + uv + \frac{(u+v)y^2 - q^2 v}{u}, \quad f^2 = u^2 + uv + \frac{(u+v)x^2 - p^2 u}{v}.$$
代入式①,得
$$u^2 + v^2 + p^2 + q^2 + 2z^2 \geqslant (u+v)^2 + \frac{(u+v)y^2 - q^2 v}{u} + \frac{(u+v)x^2 - p^2 u}{v},$$
从而
$$2(z^2 - uv) \geqslant (u+v)\left(\frac{x^2 - p^2}{v} + \frac{y^2 - q^2}{u}\right)$$
$$= (u+v)\left(\frac{x^2}{v} + \frac{y^2}{u}\right) - (u+v)\left(\frac{p^2}{v} + \frac{q^2}{u}\right).$$
由柯西不等式,得
$$(u+v)\left(\frac{x^2}{v} + \frac{y^2}{u}\right) \geqslant (x+y)^2.$$
于是
$$2(z^2 - uv) \geqslant (x+y)^2 - (u+v)\left(\frac{p^2}{v} + \frac{q^2}{u}\right),$$

即
$$\frac{p^2}{v}+\frac{q^2}{u} \geqslant \frac{(x+y)^2-2z^2+2uv}{u+v}.\qquad ②$$

题中条件即为式②中等号成立的情形,因此,上述证明过程中的不等式应全部取到等号.由此可知,四边形 $RDNQ$ 和四边形 $QDMR$ 均为平行四边形.又此时 $z=u=y$,故由柯西不等式取到等号的条件知 $x=y$,即 $DR=DQ$.

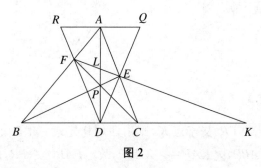

图2

如图2所示,由 $QR \parallel BC, DR=DQ$,知 $\angle EDC=\angle DQR=\angle DRQ=\angle FDB$.设 K 是直线 EF 与 BC 的交点(事实上,若 $EF \parallel BC$,可设 K 为无穷远点).不妨设点 C 在 B、K 之间.对 $\triangle ABC$ 与截线 FEK 应用梅涅劳斯定理,得

$$\frac{CK}{KB} \cdot \frac{BF}{FA} \cdot \frac{AE}{EC}=1.$$

对 $\triangle ABC$ 和点 M 应用塞瓦定理,得

$$\frac{CD}{DB} \cdot \frac{BF}{FA} \cdot \frac{AE}{EC}=1.$$

比较以上两式,得

$$\frac{CK}{KB}=\frac{CD}{DB},$$

即 B、D、C、K 构成调和点列,亦即 AB、AD、AC、AK 构成调和线束.从而,点 F、L、E、K 也构成调和点列(L 是直线 AP 与 EF 的交点),即

$$\frac{FL}{LE}=\frac{FK}{KE}.\qquad ③$$

由 DC 是 $\triangle FDE$ 的外角平分线,知

$$\frac{EK}{FK}=\frac{ED}{FD}.\qquad ④$$

比较式③、④,得 $\dfrac{EL}{FL}=\dfrac{ED}{FD}$.故 DL 是 $\triangle FDE$ 的内角平分线.因此,$AD \perp BC$,结论得证.

4. 如图3所示,设圆 ω 的圆心为 O,X、Y 分别是两条弦的一个端点.由 $\angle OPX=\angle OXA=90°$,知 $\triangle OPX \sim \triangle OXA$,故 $OP \cdot OA=OX^2$.类似地,$\triangle OQY \sim \triangle OYB$,故 $OQ \cdot OB=OY^2$.从而,$OP \cdot OA=OQ \cdot OB$,这表明 A、P、Q、B 四点共圆.另一方面,由熟知

的结论可知 R 在 $\triangle ABP$ 的外接圆上. 因此, A、P、Q、B、R 五点共圆.

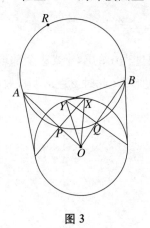

图 3

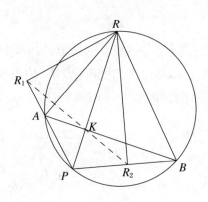

图 4

如图 4 所示, 设 AB 与 PR 交于点 K, 则由西姆松定理, 知 R_1、K、R_2 三点共线. 易知 $\angle AR_1K = \angle ARK = \angle ABP$, $\angle KAP = \angle KR_2P$, 故 $\triangle PAB \sim \triangle PR_2R_1$. 从而

$$\frac{PR_2}{PR_1} = \frac{AP}{BP}.$$

又易知 $\angle RBR_2 = \angle RAR_1$, $\angle R_2RB = \angle R_1RA$, 故 $\triangle RAR_1 \sim \triangle RBR_2$. 从而

$$\frac{AR_1}{BR_2} = \frac{AR}{BR}.$$

因此, 我们有

$$\frac{AR_1}{PR_1} \cdot \frac{PR_2}{BR_2} = \frac{AP}{BP} \cdot \frac{AR}{BR}. \qquad ①$$

如图 5 所示, 由西姆松定理, 知 R_3、K、R_4 三点共线. 易知 $\angle KR_3Q = \angle KRA = \angle PBA$, $\angle KR_4Q = \angle KRB = \angle PAB$, 故 $\triangle APB \sim \triangle R_4QR_3$. 从而

$$\frac{QR_4}{QR_3} = \frac{AP}{BP}.$$

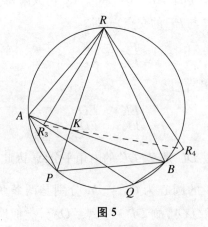

图 5

又易知 $\angle RAR_3 = \angle RBR_4$, $\angle ARR_3 = \angle BRR_4$, 故 $\triangle ARR_3 \sim \triangle BRR_4$. 从而

$$\frac{AR_3}{BR_4} = \frac{AR}{BR}.$$

因此,我们有

$$\frac{AR_3}{QR_3} \cdot \frac{QR_4}{BR_4} = \frac{AP}{BP} \cdot \frac{AR}{BR}. \qquad ②$$

由式①、②即知结论成立.

5. 所求的正整数 n 为所有大于 1 的奇数.

假设存在偶数 n 满足条件,那么,存在 $\{1,2,\cdots,n\}$ 的一个排列 σ,使得对任意 $1 \leqslant i \leqslant n$,均有

$$a_i + \frac{(-1)^i}{a_i} = a_{\sigma(i)},$$

即

$$a_i^2 - a_i a_{\sigma(i)} = (-1)^{i+1}. \qquad ①$$

将式①两端乘以 2,并对 i 从 1 到 n 求和,可得

$$\sum_{i=1}^{n}(a_i - a_{\sigma(i)})^2 = 2\sum_{i=1}^{n}(-1)^{i+1} = 0.$$

故 $i = \sigma(i)$,即 $\frac{(-1)^i}{a_i} = 0$,矛盾.

显然 $n \neq 1$.下面设 n 为大于 1 的奇数.设 $a_1 = 1 + x$ ($x > 0$),且对任意 $1 \leqslant i \leqslant n$,有

$$a_{i+1} = a_i + \frac{(-1)^i}{a_i}.$$

我们证明,存在正实数 x,使得 $a_{n+1} = a_1$,且 $a_1, a_2, \cdots, a_n$ 互不相同.注意到若 i 是奇数,且 $a_i > 1$,则 $a_{i+2} = a_i + \frac{1}{a_i^3 - a_i} > a_i$.于是,由数学归纳法可知 $a_1 < a_3 < \cdots < a_n$.而若 i 是偶数,且 $a_i > 0$,则 $a_{i+2} = a_i + \frac{1}{a_i^3 + a_i} > a_i$.于是,由 $a_2 = \frac{x^2 + 2x}{1+x} > 0$,结合数学归纳法可知 $a_2 < a_4 < \cdots < a_{n+1}$.从而只需证明存在正实数 x,使得 $a_{n+1} = a_1$ 即可.注意到当 $x \to 0$ 时

$$a_{n+1} - a_1 \geqslant a_4 - a_1 = \frac{1}{a_2^3 + a_2} - \frac{1}{1+x} \to +\infty,$$

故存在 $x > 0$,使得 $a_{n+1} > a_1$.又 $a_2 > x$,且对偶数 i,有

$$a_{i+2} = a_i + \frac{1}{a_i^3 + a_i} < a_i + \frac{1}{a_i^3} \leqslant a_i + \frac{1}{a_i^3},$$

从而

$$a_{n+1} < a_2 + \frac{n-1}{2x^3}.$$

另一方面,对足够大的 x,有

$$a_1 - a_2 - \frac{n-1}{2x^3} = \frac{1}{1+x} - \frac{n-1}{2x^3} = \frac{2x^3 - (n-1)(1+x)}{2x^3(1+x)}$$

为正数,即存在 $x > 0$,使得 $a_{n+1} < a_1$. 由于 a_{n+1} 的值是在 $\mathbf{R}^+$ 上关于 x 的连续函数,故由介值定理可知存在 $x > 0$,使得 $a_{n+1} = a_1$. 从而结论得证.

6. 改用图论语言叙述. 本题即为: 求在每条边被染为 5 种颜色之一的 36 阶完全图中同色角的个数的最小值. 该结果为 $6C_{36}^2$.

考虑 n 阶完全图,它的每条边被染为 r 种颜色之一. 对每个点 v,设 $f(v,i)$ 是由它引出的被染为第 i 种颜色的边的数目,这里,$i = 1, 2, \cdots, r$,$\sum_{i=1}^{r} f(v,i) = n - 1$. 于是,以 v 为顶点的同色角的个数为

$$\sum_{i=1}^{r} C_{f(v,i)}^2 = \frac{1}{2}\Big(\sum_{i=1}^{r} (f(v,i))^2 - (n-1) \Big)$$

$$\geqslant \frac{1}{2}\Big(\frac{1}{r}\Big(\sum_{i=1}^{r} f(v,i) \Big)^2 - (n-1) \Big)$$

$$= \frac{1}{2}\Big(\frac{(n-1)^2}{r} - (n-1) \Big).$$

将上式对图中所有的点求和,即得图中同色角的个数至少为

$$n \cdot \frac{1}{2}\Big(\frac{(n-1)^2}{r} - (n-1) \Big) = \Big(\frac{n-1}{r} - 1 \Big)C_n^2.$$

在本题中,$n = 36$,$r = 5$,即同色角至少有 $6C_{36}^2$ 个.

下面给出一种染色方式,使得图中的同色角恰有 $6C_{36}^2$ 个.

首先考虑 6 阶完全图 G_0,将其 6 个点分别标记为 $1, 2, \cdots, 6$. 用 $\{i, j\}$ 表示联结点 i 与 j 的边,按如下方式将 G_0 中的边分成 5 组:

$$\{\{1,2\},\{3,4\},\{5,6\}\}, \{\{1,6\},\{2,3\},\{4,5\}\}, \{\{1,3\},\{2,5\},\{4,6\}\},$$

$$\{\{1,5\},\{2,4\},\{3,6\}\}, \{\{1,4\},\{2,6\},\{3,5\}\}.$$

这里,每组中的 3 条边恰好联结 G_0 的 6 个点. 将每组中的边分别染成某一种颜色. 于是,每种颜色恰染 G_0 中的 3 条没有公共点的边,从而 G_0 中无同色角. 作 6 个与 G_0 相同的图 $G_1, G_2, \cdots, G_6$,分别替换 G_0 中的点 $1, 2, \cdots, 6$,得到 36 个点的图. 在这个 36 个点的图中,对于边 $\{a, b\}$,其中 $a \in G_i$,$b \in G_j$,$i \neq j$,它的染色与 G_0 中边 $\{i, j\}$ 的染色相同. 下面计算该图中同色角的个数. 考虑同色角 (a, b, c),其中 b 为该同色角的顶点. 设 $b \in G_i$. 当 $a \in G_i$ 时,这样的同色角恰有 5×6 个 (这是因为与边 $\{a, b\}$ 同色且由 b 连出的边的另一个点都在某个 G_j 中). 当 $a \notin G_i$ 时,a、c 在同一个 G_j 中,这样的同色角有 $5C_6^2$ 个. 因此,图中的同色角恰有 $36 \times (5 \times 6 + 5C_6^2) = 6C_{36}^2$ 个.

综上所述,所求的最小值为 $6C_{36}^2$.

李 潜 翻译

2015年IMO土耳其国家队选拔考试题

1. 已知素数 p 和正整数 l、m、n 满足 $p^{2l-1}m(mn+1)^2+m^2$ 是完全平方数. 证明：m 是完全平方数.

2. 平面上有 2015 个点，其中任意两点间的距离都不相同，称与某个点距离最近的 22 个点是它的近邻点. 试问：对其中的某个点，它至多可以是多少个点的近邻点？

3. 设不含 m 个连续的数字 1 的 n 位二进制数的个数为 $S(n,m)$. 证明：
$$S(2015n,n) \cdot S(2015m,m) \geq S(2015n,m) \cdot S(2015m,n).$$

4. 在 $\triangle ABC$ 中，$AB=AC$，D、E 分别是 $\triangle ABC$ 的外接圆的劣弧 $\overset{\frown}{AB}$、$\overset{\frown}{AC}$ 上的点（不同于 $\triangle ABC$ 的顶点）. 设直线 AD 与 BC 交于点 F，直线 AE 与 $\triangle FDE$ 的另一个交点为 G. 证明：AC 与 $\triangle ECG$ 的外接圆相切.

5. 称由 2015×2015 的棋盘上的三个单元格 u、v、w 组成的三元组 (u,v,w) 是特殊的，如果它们满足条件：或者 u 与 v 在同一列，u 与 w 在同一行，并且 u 在 v 的上方，w 在 u 的右方；或者 u 与 v 在同一列，v 与 w 在同一行，并且 u 在 v 的上方，w 在 v 的左方.

将 2015×2015 棋盘的每个单元格染成 k 种颜色之一，使得不存在特殊的三元组 (u,v,w)，其中的三个单元格被染为同一种颜色. 试求满足要求的正整数 k 的最小值.

6. 证明：存在无穷多个正整数 n，使得 $(n^2)!$ 是 $(n!)^{n+2015}$ 的倍数.

7. 试求所有的函数 $f: \mathbf{R} \to \mathbf{R}$，使得对任意实数 x、y，都有
$$f(x^2)+4y^2f(y)=(f(x-y)+y^2)(f(x+y)+f(y)).$$

8. 在 $\triangle ABC$ 中，$AC > BC > AB$，I、O 分别为 $\triangle ABC$ 的内心、外心，$\triangle ABC$ 的内切圆与边 BC、CA、AB 的切点分别为 D、E、F，点 A 关于 F、E 的对称点分别为 F_1、E_1. 经过点 F_1 且与 BC 相切于 D 的圆与直线 AB 的另一个交点为 F_2，经过点 E_1 且与 BC 相切于 D 的圆与直线 AC 的另一个交点为 E_2. 线段 OE、IF 的中点分别为 P、Q. 证明：$PQ \perp E_2F_2$ 的充要条件是 $AB+AC=2BC$.

9. 某国有 2015 个城市，每个城市之间都有由某家航空公司运行的双向直飞航线，并且对其中任意三个城市，它们之间的航线至多由两家航空公司运营. 试求正整数 k 的最大值，使得对所有满足条件的运营方案，都存在某个城市，从它出发的航线中有 k 条是由同一家航空公司运营的.

参 考 答 案

1. 设 $A = p^{2l-1}$，则 $p^{2l-1}m(mn+1)^2 + m^2 = m \cdot (A(mn+1)^2 + m)$. 注意到
$$\gcd(m, A(mn+1)^2 + m) = \gcd(m, A(mn+1)^2) = \gcd(m, A),$$
从而，存在正整数 r，使得 $\gcd(m, A) = p^r$. 于是
$$m(A(mn+1)^2 + m) = p^{2r} \cdot \frac{m}{p^r} \cdot \left(\frac{A}{p^r}(mn+1)^2 + \frac{m}{p^r}\right)$$
是完全平方数. 因此
$$\frac{m}{p^r} \cdot \left(\frac{A}{p^r}(mn+1)^2 + \frac{m}{p^r}\right)$$
是完全平方数. 又它的两个因式互素，故这两个因式也都是完全平方数，即 $\frac{m}{p^r}$ 是完全平方数.

为证明结论，只需证明 r 是偶数. 用反证法，假设 r 是奇数，则 $\frac{A}{p^r}$ 是 p 的偶数次幂，从而也是完全平方数. 设 $\frac{A}{p^r} = k^2$，则
$$\frac{A}{p^r}(mn+1)^2 + \frac{m}{p^r} = (kmn+k)^2 + \frac{m}{p^r}$$
是完全平方数. 另一方面，我们有
$$(kmn+k)^2 < (kmn+k)^2 + \frac{m}{p^r} < (kmn+k+1)^2,$$
矛盾. 从而结论得证.

2. 所求的答案为 110.

首先证明如下引理.

引理 平面上有 2015 个点，其中任意两点间的距离都不相同，称与某个点距离最近的点是它的最近邻点. 那么，对某个给定的点，它至多可以是 5 个点的最近邻点.

引理的证明 设 P 同时是 A_1、A_2 的最近邻点，则 $A_1P < A_1A_2$，$A_2P < A_1A_2$. 于是，$\triangle PA_1A_2$ 的最长边为 A_1A_2，故 $\angle A_1PA_2 > 60°$. 由此易知 P 至多可以是 5 个点的最近邻点.

回到原题. 设 P 是 $A_1, A_2, \cdots, A_n$ 的近邻点，将其中与 P 距离最远的点记为 F_1. 以 F_1 为圆心，F_1P 为半径作圆，并将圆内的所有点去掉. 将在剩下的 A_j 中与 P 距离最远的点记为 F_2. 以 F_2 为圆心，F_2P 为半径作圆，并将圆内的点去掉. 将此过程一直进行下去，直至 $A_1, A_2, \cdots, A_n$ 全部被去掉，设后续每次选出的与 P 距离最远的点依次是 $F_3, \cdots, F_t$. 注意到对 $i < j$，有 $PF_i > PF_j$，$F_iF_j > PF_j$. 从而，$F_iF_j > PF_j > PF_i$. 因此，若平面上只有点 $F_1, \cdots, F_t$ 和 P，则 P 是 $F_1, \cdots, F_t$ 的最近邻点. 由引理可知，$t \leq 5$. 由于在上述过程中，每一步至多去掉 22 个点，因此，至多有 $5 \times 22 = 110$ 个点被去掉，即点 P 至多有 110 个近邻点.

最后给出取到最大值的例子. 考虑平面上的一个正五边形, 其中心为 P, 在它的每个顶点附近都有距离足够近的 22 个点, 而其他的 1904 个点在平面上足够远的位置. 从而, 点 P 恰是其中 110 个点的近邻点.

3. 我们将证明, 对任意正整数对 (k,l), 都有
$$S(k+1,l+1) \cdot S(k,l) \geq S(k+1,l) \cdot S(k,l+1). \quad \text{①}$$
若式①成立, 则对任意正整数 r, s, u, v, 有
$$\prod_{k=u}^{u+r-1} \prod_{l=v}^{v+s-1} S(k+1,l+1) \cdot S(k,l) \geq \prod_{k=u}^{u+r-1} \prod_{l=v}^{v+s-1} S(k+1,l) \cdot S(k,l+1).$$
消去上式左右两边相同的项, 即得
$$S(u+r,v+s) \cdot S(u,v) \geq S(u+r,v) \cdot S(u,v+s).$$
不妨设 $n > m$（当 $n = m$ 时结论显然成立）, 在上式中取 $u = 2015m, v = m, r = 2015(n-m), s = n-m$, 即得题中结论.

下面证明式①.

如果一个不含连续的 m 个数字 1 的 n 位二进制数的第一个数字 0 是第 k 位, 那么, 当 $k \leq m$ 时, 这样的数的个数为 $S(n-k,m)$, 否则这样的数的个数为 0. 为求所有的这样的 n 位二进制数的个数, 只需对所有可能的 k 求和即可, 即对 $n > m$, 有
$$S(n,m) = S(n-1,m) + S(n-2,m) + \cdots + S(n-m,m). \quad \text{②}$$
事实上, 若规定 $S(0,m) = 1$, 则式② 对 $n = m$ 也成立.

在式②中取 n 为 $n-1$ 并移项, 得
$$S(n-2,m) + \cdots + S(n-m,m) = S(n-1,m) - S(n-m-1,m).$$
结合式②, 得
$$S(n,m) = S(n-1,m) + S(n-1,m) - S(n-m-1,m)$$
$$= 2S(n-1,m) - S(n-m-1,m). \quad \text{③}$$
式③对 $n > m$ 成立. 事实上, 易知
$$S(m,m) = 2^m - 1, \quad S(m-1,m) = 2^{m-1},$$
由此规定 $S(-1,m) = 1$, 则式③对 $n = m$ 也成立.

注意到对 $k \in \{0,1,\cdots,l-1\}$, 都有 $S(k,l) = 2^k$. 而对 $k \geq l$, 有
$$S(k,l) = 2S(k-1,l) - S(k-l-1,l) \leq 2(k-1,l).$$
于是, 对任意正整数 k, 均有 $S(k,l) \leq 2S(k-1,l)$. 由此递推可知, 对一切 $k \geq l$, 均有
$$S(k,l) \leq 2^l \cdot S(k-l,l). \quad \text{④}$$
由式③、④, 可知对一切 $k \geq l$, 有
$$\frac{S(k+1,l)}{S(k,l)} = 2 - \frac{S(k-l,l)}{S(k,l)} \leq 2 - \frac{1}{2^l}.$$
由式②、④, 可知对一切 $k \geq l$, 有
$$\frac{S(k+1,l+1)}{S(k,l+1)} = 1 + \frac{S(k-1,l+1)}{S(k,l+1)} + \cdots + \frac{S(k-l,l+1)}{S(k,l+1)}$$

$$\geqslant 1 + \frac{1}{2} + \cdots + \frac{1}{2^l} \geqslant 2 - \frac{1}{2^l}.$$

比较以上两式,知对一切 $k \geqslant l$,有

$$\frac{S(k+1,l+1)}{S(k,l+1)} \geqslant \frac{S(k+1,l)}{S(k,l)}. \qquad ⑤$$

事实上,对 $k < l$,由前所证,式⑤左边等于 2,而右边不超过 2,故此时式⑤也成立. 由此可知,式①对所有正整数对 (k,l) 都成立. 结论得证.

4. 如图 1 所示,设 $\angle ABC = \angle ACB = \alpha$, $\angle ABD = \beta$. 由 A、E、C、B、D 五点共圆,知 $\angle AED = \angle ABD = \beta$, $\angle FDB = \angle ACB = \alpha$. 于是, $\angle DFB = \angle DBC = \angle FDB = \beta$. 设 AE 与 FC 交于点 G',则由 $\angle AED = \angle DFB$ 可知 F、D、E、G' 四点共圆. 从而, G' 与 G 重合,即 F、C、G 三点共线. 于是, $\angle ACE = \angle ADE = \angle EGC$,这表明直线 AC 与 $\triangle ECG$ 的外接圆相切于点 C,结论得证.

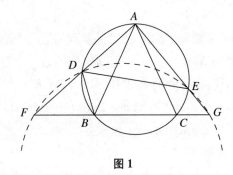

图 1

5. 所求的答案为 1008.

首先证明,对某个单元格的三元组 (u,v,w),其中 u 与 v 在同一列, u 与 w 在同一行,并且 u 在 v 的上方, w 在 v 的左方,如果其中的三个单元格不全同色,那么任意一种颜色至多染 4029 个单元格. 事实上,对某种颜色(不妨设为红色),我们将每一行最左侧的红色单元格标出,那么除第一列不可能有被标记出的红色单元格外,每一列至多有一个红色单元格未被标记(否则,若每列有两个未标记的红色单元格,则存在一个被标记出的红色单元格与这两个单元格构成同色的特殊的三元组,矛盾). 因此,至多有 2015 个被标记出的红色单元格和 2014 个未被标记的红色单元格,即至多有 4029 个红色单元格. 故 $k > \frac{2015 \times 2015}{4029} > 1007$,即 $k \geqslant 1008$.

下面给出 $k = 1008$ 的一种染色方案. 将棋盘的每一行自下而上依次标记为第 $1, 2, \cdots$, 2015 行, 每一列自左而右依次标记为第 $1, 2, \cdots$, 2015 列, 将每种颜色依次记为 $0, 1, \cdots$, 1007. 那么, 只需将第 i 行与第 j 列相交处的单元格染为颜色 $\left[\frac{i+j}{2}\right]$(在模 2016 的意义下理解)即可.

6. 由勒让德定理可知,符合题目要求的 n 满足:对任意素数 p,均有

$$(n+2015)\left(\left[\frac{n}{p}\right]+\left[\frac{n}{p^2}\right]+\cdots\right) \leqslant \left(\left[\frac{n^2}{p}\right]+\left[\frac{n^2}{p^2}\right]+\cdots\right).$$

设 n 在 p 进制表示下各位数字的和为 $s_p(n)$，不难证明

$$\left[\frac{n}{p}\right]+\left[\frac{n}{p^2}\right]+\cdots = \frac{n-s_p(n)}{p-1}.$$

于是，符合题目要求的 n 满足

$$(n+2015)(n-s_p(n)) \leqslant n^2 - s_p(n^2).$$

我们将证明，对任意素数 p，有

$$(s_p(n))^2 \geqslant s_p(n^2). \qquad ①$$

从而，当 $s_p(n) \geqslant 2015$ 时，就有

$(n+2015)(n-s_p(n)) \leqslant (n+s_p(n))(n-s_p(n)) = n^2 - (s_p(n))^2 \leqslant n^2 - s_p(n^2).$

因此，$s_p(n) \geqslant 2015$ 是使得 $(n!)^{n+2015} \mid (n^2)!$ 的一个充分（不一定必要）条件.

下面证明式①.

设多项式 $N(x)$ 满足其各项系数分别是 n 在 p 进制表示下的各位数字，并设 $M(x) = (N(x))^2$. 注意到 $M(x)$ 的系数都是非负整数，$M(1) = (N(1))^2 = (s_p(n))^2$，$M(p) = (N(p))^2 = n^2$. 我们对 $M(x)$ 进行如下操作：若 $M(x)$ 中某项系数不小于 p，则将该项系数减 p，并将较该项高一次的项的系数加 1. 这样操作后，$M(p)$ 保持不变，$M(x)$ 的各项系数保持非负，而 $M(1)$ 的值变小. 显然，这样的操作只能进行有限多步，这是因为 $M(1)$ 不能取负值. 最终，我们将得到一个多项式 $M'(x)$，其各项系数属于 $\{0,1,\cdots,p-1\}$，并且满足 $M'(1) \leqslant (s_p(n))^2$，$M'(p) = n^2$. 而此时 $M(x)$ 的各项系数分别是 n^2 在 p 进制表示下的各位数字，故

$$s_p(n^2) = M'(1) \leqslant (s_p(n))^2.$$

以下只需证明，存在无穷多个正整数 n，使得对任意素数 p，均有 $s_p(n) \geqslant 2015$. 为此，我们计算集合 $\{1,2,\cdots,N\}$（N 是足够大的正整数）中不符合条件，即存在某个素数 p，使得 $s_p(n) < 2015$ 的正整数 n 的个数.

情形 1　$p > N$. 此时，n 是 p 进制表示中的一位数，故 $n = s_p(n) < 2015$，这样的 n 一共有 2014 个.

情形 2　$\sqrt{N} < p \leqslant N$. 此时，n 至多是 p 进制表示中的两位数，由 $s_p(n) < 2015$，知 n 的每位数字都属于 $\{0,1,\cdots,2014\}$. 于是，对每个素数 p，满足 $s_p(n) < 2015$ 的正整数 n 至多有 2015^2 个. 因此，这类正整数 n 的个数至多为 $2015^2 \pi$，其中 π 为 $\{1,2,\cdots,N\}$ 中素数的个数.

情形 3　$p \leqslant \sqrt{N}$. 此时，n 至多是 p 进制表示中的 k 位数，其中 k 是 N 的 p 进制表示的位数. 我们可以将数字和为 s 的 k 位数的个数估计为将 s 个不同的球放入 k 个不同的盒子中的方法数，这样的放法至多为 k^s 种. 于是，对每个素数 p，满足 $s_p(n) < 2015$ 的正整数 n 至多有 $1 + k + \cdots + k^{2014} < k^{2015}$ 个，而满足此时条件的素数至多有 $\sqrt{N}$ 个. 因此，这类正整数

n 的个数少于 $k^{2015}\sqrt{N}$.

综上,在集合 $\{1,2,\cdots,N\}$ 中,满足存在素数 p,使得 $s_p(n) < 2015$ 的正整数 n 的个数少于 $2014 + k^{2015}\sqrt{N} + 2015^2\pi$. 对足够大的 N, 我们有 $2014 + k^{2015}\sqrt{N} < \dfrac{N}{4}$. 所以,如果我们可以证明存在无穷多个正整数 N, 使得 $\pi < \dfrac{N}{10^8}$, 那么就存在无穷多个 N, 在 $\{1,2,\cdots,N\}$ 中有多于 $\dfrac{N}{2}$ 个我们所寻找的正整数 n. 从而题中结论成立.

最后证明,对任意正整数 a, 都存在无穷多个正整数 N, 使得 $\pi < \dfrac{N}{a}$.

取 $N = p_1 p_2 \cdots p_t$, 其中 p_i 表示第 i 个素数 ($i = 1, 2, \cdots$). 若 $p \leqslant N$ 为素数, 则或者有 $\gcd(p, p_1 p_2 \cdots p_t) = 1$, 或者有 $p = p_i (1 \leqslant i \leqslant t)$, 故 $\pi < \varphi(p_1 p_2 \cdots p_t) + t$, 这里, $\varphi(n)$ 表示 $1, 2, \cdots, n$ 中与 n 互素的数的个数. 由

$$\varphi(p_1 p_2 \cdots p_t) = (p_1 - 1)(p_2 - 1)\cdots(p_t - 1) \geqslant (p_2 - 1)\cdots(p_t - 1) \geqslant 2^{t-1} \geqslant t,$$

故

$$\pi \leqslant 2\varphi(p_1 p_2 \cdots p_t) = 2p_1 p_2 \cdots p_t \left(1 - \dfrac{1}{p_1}\right)\cdots\left(1 - \dfrac{1}{p_t}\right) = 2N\left(1 - \dfrac{1}{p_1}\right)\cdots\left(1 - \dfrac{1}{p_t}\right).$$

又易知对 $x > -1$ 且 $x \neq 0$, 有 $\ln(1 + x) < x$, 则

$$\ln \prod_{i=1}^{t}\left(1 - \dfrac{1}{p_i}\right) = \sum_{i=1}^{t} \ln\left(1 - \dfrac{1}{p_i}\right) < -\sum_{i=1}^{t} \dfrac{1}{p_i},$$

结合 $\sum\limits_{i=1}^{+\infty} \dfrac{1}{p_i} = +\infty$, 知

$$\lim_{t \to +\infty} \ln \prod_{i=1}^{t}\left(1 - \dfrac{1}{p_i}\right) = -\infty,$$

即

$$\lim_{t \to +\infty} \prod_{i=1}^{t}\left(1 - \dfrac{1}{p_i}\right) = 0.$$

因此,对任意正整数 a, 存在正整数 T, 使得当 $t \geqslant T$ 时, 有 $\prod\limits_{i=1}^{t}\left(1 - \dfrac{1}{p_i}\right) < \dfrac{1}{2a}$. 故当 $t \geqslant T$ 时, 对 $N = p_1 p_2 \cdots p_t$, 均有 $\pi < \dfrac{N}{a}$. 从而, 存在无穷多个正整数 N, 使得 $\pi < \dfrac{N}{a}$.

注 本题用到结论:

$$\sum_{n=1}^{+\infty} \dfrac{1}{p_n} = \dfrac{1}{2} + \dfrac{1}{3} + \cdots = +\infty.$$

其证明如下.

用反证法. 假设存在正常数 C, 使得

$$\lim_{N \to +\infty} \sum_{n=1}^{N} \dfrac{1}{p_n} = C,$$

则存在正整数 j, 使得当 $N \geqslant j$ 时

$$C - \sum_{n=1}^{N} \frac{1}{p_n} < \frac{1}{2}.$$

取 $N = j$, 故对任意 $x > 0$, 均有

$$\frac{x}{p_{j+1}} + \frac{x}{p_{j+2}} + \cdots < \frac{1}{2}x.$$

因此, 不超过 x 且素因子不超过 p_j 的正整数 n 的个数大于 $\frac{1}{2}x$.

另一方面, 设 $n = n_1^2 \cdot m \leqslant x$ 且素因子不超过 p_j, 其中 m 为无平方因子数, 则 n_1 至多有 $\sqrt{x}$ 种选法, m 有 2^j 种选法, 故这样的数的个数不超过 $\sqrt{x} \cdot 2^j$.

因此, $\frac{1}{2}x < \sqrt{x} \cdot 2^j$, 这当 $x \geqslant 2^{2j+2}$ 时矛盾.

故 $\sum_{n=1}^{+\infty} \frac{1}{p_n} = +\infty$. 引理证毕.

7. 在原方程中令 $x = 0$, 得

$$f(0) + 4y^2 f(y) = (f(-y) + y^2) \cdot 2f(y),$$

在上式中用 $-y$ 代替 y, 得

$$f(0) + 4y^2 f(-y) = (f(y) + y^2) \cdot 2f(-y).$$

以上两式相减, 得

$$4y^2(f(y) - f(-y)) = 2y^2(f(y) - f(-y)).$$

由此可知, 对任意 $y \in \mathbf{R}$, 有 $f(y) = f(-y)$.

在原方程中用 $-y$ 代替 y, 得

$$f(x^2) + 4y^2 f(-y) = (f(x+y) + y^2)(f(x-y) + f(-y)),$$

由 $f(y) = f(-y)$, 知

$$f(x^2) + 4y^2 f(y) = (f(x+y) + y^2)(f(x-y) + f(y)).$$

上式减原方程, 得

$$0 = (f(x+y) + y^2)(f(x-y) + f(y)) - (f(x-y) + y^2)(f(x+y) + f(y))$$
$$= (f(y) - y^2)(f(x+y) - f(x-y)).$$

因此, 对 $y \in \mathbf{R}$, 或者有 $f(y) = y^2$, 或者有 $f(x+y) = f(x-y)$ ($x \in \mathbf{R}$).

显然, $f(y) = y^2$ 满足条件. 若存在 $y_0 \neq 0$, 使得 $f(y_0) \neq y_0^2$, 则对任意 $x \in \mathbf{R}$, 有 $f(x+y_0) = f(x-y_0)$. 用 $x+y_0$ 代替 x, 得 $f(x+2y_0) = f(x)$ ($x \in \mathbf{R}$). 在原方程中令 $y = 2y_0$, 得

$$f(x^2) + 16y_0^2 f(2y_0) = (f(x-2y_0) + 4y_0^2)(f(x+2y_0) + f(2y_0)).$$

由

$$f(x - 2y_0) = f(x + 2y_0) = f(x), \quad f(2y_0) = f(0),$$

知

$$f(x^2) + 16y_0^2 f(0) = (f(x) + 4y_0^2)(f(x) + f(0)).$$

在原方程中令 $y=0$ 可得
$$f(x^2) = f(x)(f(x) + f(0)).$$
代入上式,得
$$16y_0^2 f(0) = 4y_0^2(f(x) + f(0)).$$
由 $y_0 \neq 0$,可知对任意 $x \in \mathbf{R}$,都有 $f(x) = 3f(0)$. 代入原方程可知 $f(x) = 0$ 是此时的唯一解. 若 $y = 0$ 是不满足 $f(y) = y^2$ 的唯一值, 则
$$f(x^2) = f(x)(f(x) + f(0)).$$
对 $x \neq 0$, 我们有 $x^4 = x^2(x^2 + f(0))$, 则 $f(0) = 0$, 矛盾.

综上所述, 所求满足要求的函数为 $f(x) = 0$ 或 $f(x) = x^2$.

8. 我们证明三个引理.

引理 1 $OI \perp E_2F_2$.

引理 1 的证明 如图 2 所示, 只需证明点 E_2、F_2 都在 $\triangle ABC$ 的外接圆与内切圆的根轴上. 由 $AB > AC$, 知 F_1 在线段 AB 的延长线上. 设 $F_1F_2 = x_1$, $BF_1 = y_1$, $BF = z_1$, 则 $BD = z_1$, $AF = y_1 + z_1$. 由圆幂定理, 知 $BD^2 = BF_1 \cdot BF_2$, 即 $z_1^2 = y_1(x_1 + y_1)$. 于是
$$F_2F^2 = (x_1 + y_1 + z_1)^2 = (x_1 + y_1)^2 + 2(x_1 + y_1)z_1 + z_1^2$$
$$= (x_1 + y_1)^2 + 2(x_1 + y_1)z_1 + y_1(x_1 + y_1) = (x_1 + y_1)(x_1 + 2y_1 + 2z_1)$$
$$= F_2B \cdot F_2A.$$

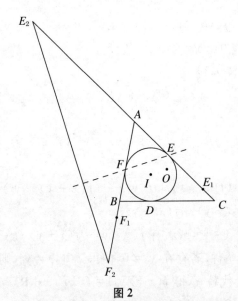

图 2

即 F_2 对 $\triangle ABC$ 的外接圆和内切圆的幂相等, 亦即 F_2 在 $\triangle ABC$ 的外接圆与内切圆的根轴上. 由 $BC > AB$, 知 E_1 在线段 AC 上. 设 $AE = EE_1 = x_2$, $CE_1 = y_2$, $AE_2 = z_2$, 则 $CD = x_2 + y_2$. 由圆幂定理, 知 $CD^2 = CE_1 \cdot CE_2$, 即
$$(x_2 + y_2)^2 = y_2(y_2 + 2x_2 + z_2) \Rightarrow x_2^2 = y_2 z_2.$$

于是
$$E_2E^2 = (z_2 + x_2)^2 = z_2^2 + 2z_2x_2 + x_2^2 = z_2^2 + 2z_2x_2 + y_2z_2 = z_2(z_2 + 2x_2 + y_2)$$
$$= E_2A \cdot E_2C.$$

即 E_2 对 $\triangle ABC$ 的外接圆和内切圆的幂相等,亦即 E_2 在 $\triangle ABC$ 的外接圆与内切圆的根轴上.

综上,引理 1 得证.

引理 2 $PQ \perp E_2F_2 \Leftrightarrow EF \perp E_2F_2$.

引理 2 的证明 由引理 1 及 P、Q 分别是 OE、IF 的中点易知引理 2 成立.

引理 3 $EF \perp E_2F_2 \Leftrightarrow AB + AC = 2BC$.

引理 3 的证明 由 $AI \perp EF$,知
$$EF \perp E_2F_2 \Leftrightarrow AI \parallel E_2F_2 \Leftrightarrow AE_2 = AF_2.$$

设 $BC = a$, $CA = b$, $AB = c$, $p = \dfrac{a+b+c}{2}$,由圆幂定理,知

$$AE_2 = CE_2 - CA = \frac{CD^2}{CE_1} - CA = \frac{(p-c)^2}{a-c} - b,$$

$$AF_2 = BF_2 + AB = \frac{BD^2}{BF_1} + AB = \frac{(p-b)^2}{b-a} + c.$$

因此
$$AE_2 = AF_2 \Leftrightarrow \frac{(p-c)^2}{a-c} - b = \frac{(p-b)^2}{b-a} + c \Leftrightarrow (p-a)^2(2a-b-c) = 0.$$

引理 3 得证.

由引理 2、引理 3 可知题中结论成立.

9. 改用图论语言叙述. 本题即为:将 2015 阶染色图 K_{2015} 的边进行染色,其中任意三角形的三条边至多被染为两种不同颜色,求正整数 k 的最大值,使得存在某个点,它的某种颜色的单色度(即该点引出的该色边的数目)不小于 k. 所求结果为 806.

将 K_{2015} 的每条边按如下方式染成三种颜色之一:作 5 个 403 阶完全图 $K_{403}^{(i)}$ ($i = 1, \cdots, 5$),将它们的所有边染为第 1 种颜色. 作一个正五边形,其顶点沿顺时针方向依次标记为 1,2,3,4,5,并将 $K_{403}^{(i)}$ 放置在顶点 i 处. 对于边 $\{u, v\}$,其中 $u \in K_{403}^{(i)}$, $v \in K_{403}^{(j)}$, $i \neq j$,若 $|i-j| \equiv 1 \pmod 4$,则将其染为第 2 种颜色;若 $|i-j| \not\equiv 1 \pmod 4$,则将其染为第 3 种颜色. 容易验证,其中最大的单色度为 806. 因此,$k \leq 806$.

以下证明,将 K_n 的边进行染色,如果其中任意三角形的三条边至多被染为两种不同颜色,那么一定存在某个点,它的某种颜色的单色度不小于 $\left\lceil \dfrac{2n}{5} \right\rceil$①.

引理 将一个完全图的每条边染为 r ($r \geq 3$) 种颜色之一,如果图中不存在三条边被

---

① $\lceil x \rceil$ 表示不小于 x 的最小整数.

染为三种不同颜色的三角形,那么存在一种颜色 L,这种颜色的边(以及它们联结的点)构成的子图是不连通的.

引理的证明 假设引理不成立,即存在这样的完全图,它的每条边被染为 $r(r \geqslant 3)$ 种颜色之一,其中不存在三条边被染为三种不同颜色的三角形,并且任何颜色的边(以及它们联结的点)构成的子图都是连通的.考虑其中点数最少的一个完全图 G.设 x 是 G 的任一个点,则从 x 引出的边中每种颜色的都有(否则,若存在某个点 x,由该点引出的边中没有某种颜色,则可将其他颜色的边去掉,得到不连通的子图,从而引理成立).去掉图中的某个点 x 和由 x 引出的所有的边,得到图 $T=G\backslash\{x\}$.注意到 T 的边至少被染为 3 种颜色(否则,若 T 的边被染为不超过两种颜色,则任意去掉其他一种颜色后 G 变为不连通的,从而引理成立),由 G 是点数最少的反例,知存在某种颜色(记为颜色 0),T 中这种颜色的边是不连通的.设 T 的连通分支分别是 $T_1,T_2,\cdots$,由图中不存在三条边被染为三种不同颜色的三角形,知所有联结 T_1 与 T_2 中的点的边都是不同于颜色 0 的同一种颜色.考虑 G 中的两条边 $\{x,a\}$ 和 $\{x,b\}$,它们分别被染为颜色 1 和颜色 2(不同于颜色 0).如果 a、b 属于不同的连通分支,设它们分别属于 T_1、T_2,那么考虑颜色 0 的边 $\{x,c\}$、$\{x,d\}$,其中 $c \in T_1, d \in T_2$,由图中不存在三条边被染为三种不同颜色的三角形,可知 $\{c,b\}$ 为颜色 2,$\{a,d\}$ 为颜色 1,这与所有联结 T_1 与 T_2 中的点的边都是同一种颜色矛盾.如果 a、b 属于同一个连通分支,设为 T_1,那么考虑颜色为 0 的边 $\{x,c\}$,其中 $c \in T_2$,可知 $\{a,c\}$ 为颜色 1,$\{b,c\}$ 为颜色 2,这亦与所有联结 T_1 与 T_2 中的点的边都是同一种颜色矛盾.从而引理成立.

回到原题.

考虑 n 个点的完全图,它的每条边被染为至少 3 种颜色之一,并且其中没有三角形的三条边被染为三种不同的颜色.由引理可知,存在某种颜色 L,这种颜色的边(以及它们联结的点)构成的子图是不连通的.设该子图的连通分支分别为 $T_1,\cdots,T_k$.注意到对任意 $1 \leqslant i < j \leqslant k$,联结 T_i 与 T_j 之间的点的所有边的颜色相同(这是因为图中不存在三条边被染为三种不同颜色的三角形).从而,我们可以将每个连通分支都压缩成一个点,得到一个新的完全图,其中边的颜色数少于原图中的颜色数.重复进行此过程,直至得到一个完全图 G^*,它的每条边被染为至多两种颜色之一(记为颜色 1 和 2).我们证明,K_n 中至少有一个点,它的颜色 1 或 2 的单色度不小于 $\dfrac{2n}{5}$.

下面根据 G^* 中点的数目(记为 $|G^*|$)进行讨论.

情形 1 $|G^*|=2$.此时,K_n 中显然存在某些点,其颜色 1 或 2 的单色度不小于 $\dfrac{n}{2}$.

情形 2 $|G^*|=3$.设边 $\{v_1,v_2\}$、$\{v_1,v_3\}$ 被染为颜色 1.若 v_2 和 v_3 中至少包含 $\dfrac{n}{2}$ 个 K_n 中的点,则 v_1 中所包含的 K_n 中的点的颜色 1 的单色度均不小于 $\dfrac{n}{2}$.否则,v_1 中至少包含 K_n 中的 $\dfrac{n}{2}$ 个点,则 v_2 中所包含的 K_n 中的点的颜色 1 的单色度均不小于 $\dfrac{n}{2}$.

情形 3 $|G^*|=4$. 假设存在点 v_1, 其颜色 1 的单色度为 3. 若 v_2、v_3、v_4 中共计至少包含 K_n 中的 $\frac{n}{2}$ 个点, 则 v_1 中所包含的 K_n 中的颜色 1 的点至少有 $\frac{n}{2}$ 个. 否则, v_1 至少包含 K_n 中的 $\frac{n}{2}$ 个点, 并且 v_2 中所包含的 K_n 中的点颜色为 1 或 2 的单色度不小于 $\frac{n}{2}$. 假设不存在某种颜色的单色度为 3 的点, 不妨设 $\{v_1, v_2\}$ 和 $\{v_1, v_3\}$ 为颜色 1, $\{v_1, v_4\}$ 为颜色 2. 由 v_4 的单色都也小于 3, 不妨设 $\{v_2, v_4\}$ 为颜色 1. 此时, 或者 v_2、v_3 中共计至少包含 K_n 中的 $\frac{n}{2}$ 个点, 或者 v_1、v_4 中共计至少包含 K_n 中的 $\frac{n}{2}$ 个点. 在前一种情形中, v_1 中所包含的 K_n 中的点的颜色 1 的单色度不小于 $\frac{n}{2}$; 在后一种情形中, v_2 中所包含的 K_n 中的点的颜色 1 的单色度不小于 $\frac{n}{2}$.

情形 4 $|G^*|=5$. 显然, G^* 中的某个点 (设为 v_1) 至多包含 K_n 中的 $\frac{n}{5}$ 个点, 即 v_1 外至少有 K_n 中的 $\frac{4n}{5}$ 个点. 因此, 每个 v_1 中所包含的 K_n 中的点颜色 1 或 2 的单色度不小于 $\frac{2n}{5}$.

综上所述, 结论成立.

李　潜　整理

2015年罗马尼亚IMO选拔考试题

第一次选拔考

1. 如图1所示,点 O 是 $\triangle ABC$ 的外心, A' 为点 A 在边 BC 上的射影,点 X 为由 A 发出的射线 AA' 上的一点. $\angle BAC$ 的平分线交 $\triangle ABC$ 的外接圆于点 D,点 M 为线段 DX 的中点.过 O 作 AD 的平行线交直线 DX 于点 N,证明: $\angle BAM = \angle CAN$.

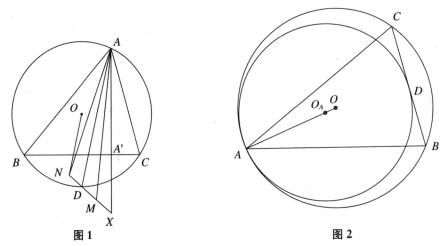

图1 图2

2. 如图2所示,设 $\triangle ABC$ 的内切圆半径为 r,用 R_A 表示与 $\triangle ABC$ 的外接圆内切于点 A,且与 $\triangle ABC$ 的边 BC 相切的圆的半径,类似地定义 R_B、R_C,证明: $\dfrac{1}{R_A}+\dfrac{1}{R_B}+\dfrac{1}{R_C} \leqslant \dfrac{2}{r}$.

3. 一个勾股数组是指方程 $x^2+y^2=z^2$ 的一组使得 $x<y$ 的正整数解.对于给定的正整数 n,证明:存在某些正整数,恰好在 n 对不同的勾股数组中出现过.

4. 正整数 $k \equiv 1 \pmod 4$ 且为非完全平方数, $a=\dfrac{1+\sqrt{k}}{2}$,证明:
$$\{[a^2 n]-[a[an]] \mid n=1,2,3,\cdots\} = \{1,2,\cdots,[a]\}.$$

5. 对于给定的整数 $N \geqslant 4$,求下述和式的最大值:
$$\sum_{i=1}^{\left[\frac{k}{2}\right]+1}\left(\left[\frac{n_i}{2}\right]+1\right),$$
其中 $k \geqslant 3, n_1 \geqslant n_2 \geqslant \cdots \geqslant n_k \geqslant 1$ 均为整数,且 $n_1+n_2+\cdots+n_k=N$.

第二次选拔考

6. 设 a 为整数,n 为正整数,证明:$n \mid \sum_{k=1}^{n} a^{(k,n)}$,其中 (x,y) 表示整数 x、y 的最大公约数.

7. 在 $\triangle ABC$ 中,点 A' 是经过边 BC 的中点、点 B 在 $\angle ACB$ 的平分线上的射影、点 C 在 $\angle ABC$ 的平分线上的射影的圆的圆心,类似地定义 B'、C'. 证明:$\triangle ABC$ 的九点圆与 $\triangle A'B'C'$ 的外接圆同心.

8. 给定 $t \in \mathbf{R}^+$,A 为含有 t 的实数集,使得存在一个实数集 B(与 A 有关),满足 $|B| \geq 4$,$AB = \{ab \mid a \in A, b \in B\}$ 的元素构成一个有限长等差数列. 求集合 A 所有可能的情况.

9. 考察 n 维欧氏空间中的整点集合 $\mathbf{Z}^n$,$n \geq 2$,定义 $\mathbf{Z}^n$ 中的直线为形如 $a_1 \times a_2 \times \cdots \times a_{k-1} \times \mathbf{Z} \times a_{k+1} \times \cdots \times a_n$ 的点集,其中 $1 \leq k \leq n$ 是整数,a_i 可以为任意整数. 将 $\mathbf{Z}^n$ 的一个子集 A 称为容许的,如果它是有限、非空的且 $\mathbf{Z}^n$ 中的每条直线与 A 的交集至少含两个 A 中的点. 将 $\mathbf{Z}^n$ 的一个子集 N 称为无效的,如果它是非空的且 $\mathbf{Z}^n$ 中的每条直线与 N 有偶数个交点(允许 0 个).

(1) 证明:$\mathbf{Z}^2$ 中每个容许的集合都含有一个无效的子集.

(2) 列举一个 $\mathbf{Z}^3$ 中的不含无效的子集的容许的集合.

第三次选拔考

10. 如图 3 所示,两圆 γ、γ' 相交于点 A、B,圆 γ' 在点 A 处的切线交圆 γ 于 C(不同于点 A),圆 γ 在点 A 处的切线交圆 γ' 于 C'(不同于点 A),且点 A、B 落在直线 CC' 的两侧. 圆 Γ 与圆 γ、γ' 均外切,与直线 CC' 相切,并且与点 B 在直线 CC' 的同侧. 证明:点 A 对圆 Γ 的一条切线与圆 γ、γ' 所截得的线段等长.

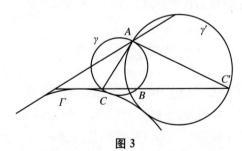

图 3

11. 已知实数列 $\{a_n\}_{n \geq 0}$、$\{b_n\}_{n \geq 0}$ 满足 $a_0 > \frac{1}{2}$,$a_{n+1} \geq a_n$,$b_{n+1} = a_n(b_n + b_{n+2})$,其中 $n \geq 0$,证明:$\{b_n\}_{n \geq 0}$ 是有界数列.

12. 对于正整数 $k \leq n$,$M(n,k)$ 表示数 $n, n-1, \cdots, n-k+1$ 的最小公倍数. $f(n)$ 是使得 $M(n,1) < M(n,2) < \cdots < M(n,k)$ 成立的最大正整数 $k(k \leq n)$. 证明:

(1) 对每个正整数 n, $f(n) \leqslant 3\sqrt{n}$.

(2) 若 N 是正整数,则 $f(n) > N$ 对除去有限多个正整数外的无穷多个整数 n 均成立.

13. 给定整数 $h \geqslant 1$, $p \geqslant 2$, 求一个有 hp 名议员的国会的最小敌对议员对数,使得"每一种将 hp 名议员划分入 h 个议会,每个议会 p 名议员"的分法中,都存在一个议会里至少有一对敌对议员.

第四次选拔考

14. 如图 4 所示,△ABC 和 △ABD 是同一平面内等周长的三角形,∠CAD 和 ∠CBD 的平分线交于点 P. 证明:∠APC = ∠BPD.

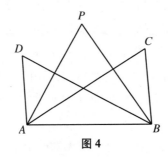

图 4

15. 对于给定的正整数 $k \geqslant 2$, 当 n 取遍大于等于 k 的所有整数时,在 $n-k+1, \cdots, n$ 中最多能有多少个是二项式系数 C_n^k 的约数?

16. 对于给定正整数 n, 已知 σ 是前 n 个正整数的排列,记 $S(\sigma)$ 表示所有形如 $\sum_{i=k}^{l} \sigma(i) (1 \leqslant k \leqslant l \leqslant n)$ 的和构成的集合中不同元素的个数.

(1) 请对前 n 个正整数举一个 σ 的具体例子,使得 $|S(\sigma)| \geqslant \left[\dfrac{(n+1)^2}{4}\right]$;

(2) 证明:对前 n 个正整数的任意排列 σ, 均有 $|S(\sigma)| > \dfrac{n\sqrt{n}}{4\sqrt{2}}$.

第五次选拔考

17. 在 △ABC 中,点 P_1、P_2 在边 AB 上,使得点 P_2 在线段 BP_1 上且 $AP_1 = BP_2$, 点 Q_1、Q_2 在边 BC 上,使得点 Q_2 在线段 BQ_1 上且 $BQ_1 = CQ_2$. 记线段 P_1Q_2 与 P_2Q_1 的交点为 R, 点 S 是 △P_1P_2R 的外接圆与 △Q_1Q_2R 的外接圆的另一个交点,且在 △P_1Q_1R 内部. 记点 M 为 AC 边的中点,证明:∠P_1RS = ∠Q_1RM.

18. 设 n 是一个大于等于 1 的整数, p 是 n 的一个素因子. 一个联邦共和国由 p 个州组成,每个州恰有 n 座飞机场,每两个座落于不同州的飞机场之间都有一条州际直航(来回)航线,这些航线由 p 个航空公司经营且每条航线仅属于 1 家公司. 求满足以下条件的整数 N 的最大值:在每个这样的联邦共和国中,可以在 p 家航空公司中选出 1 家,在 np 座机场中

选出 N 座,使得游客可以从这 N 座机场中的任一座,乘这家航空公司的航班到另一座机场(未必直航).

19. 定义一个整数列 $\{a_n\}$: $a_0 = 1$, $a_n = \sum_{k=0}^{n-1} C_n^k a_k$, 其中 $n \geq 1$. 令 m 为正整数, p 为素数, q、r 为非负整数.证明:两项之差 $a_{p^m q + r} - a_{p^{m-1}q + r}$ 能被 p^m 整除.

参 考 答 案

1.(法一) 如图 5 所示,由于 $AD \parallel ON$,所以可以在 AD 上取一点 Y,使得四边形 $AONY$ 构成平行四边形.下面证明 $\triangle AOY \backsim \triangle AXD$.如果这个结论成立,由于 AN、AM 分别平分 OY、DX,故有 $\angle BAM = \angle CAN$.

由于 $\angle BAO = \dfrac{1}{2}(180° - \angle BOA) = 90° - \angle C = \angle CAA'$, AD 平分 $\angle BAC$,所以 $\angle OAD = \angle A'AD$. 由于 $OD \parallel AX (\perp BC)$, $ON \parallel AD$,所以 $\triangle OND \backsim \triangle ADX$,故 $\dfrac{ON}{OD} = \dfrac{AD}{AX}$. 另一方面, $OD = OA$, $ON = AY$,所以 $\dfrac{AD}{AX} = \dfrac{ON}{OD} = \dfrac{AY}{AO}$,加之前述的 $\angle OAY = \angle XAD$,便可得 $\triangle AOY \backsim \triangle AXD$.

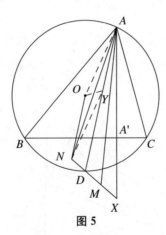

图 5

(法二) 如图 6 所示,延长 OD 交 AM 于点 P,因为 $DP \parallel AX$,所以 $\dfrac{AM}{MP} = \dfrac{DM}{MX} = 1$,进而四边形 $AXPD$ 是平行四边形.注意到 $ON \parallel AD$,所以 $ON \parallel XP$,可得

$$\dfrac{AX}{XP} = \dfrac{DP}{XP} = \dfrac{OD}{ON} = \dfrac{OA}{ON}.$$

另一方面

$$\angle NOA = 180° - \angle OAD = 180° - \angle ODA = \angle AXP,$$

所以 $\triangle AXP \backsim \triangle AON$, $\angle XAM = \angle OAN$,而

$$\angle BAO = \dfrac{1}{2}(180° - \angle BOA) = 90° - \angle C = \angle CAA',$$

所以 $\angle CAM = \angle BAN$,进而 $\angle CAN = \angle BAM$.

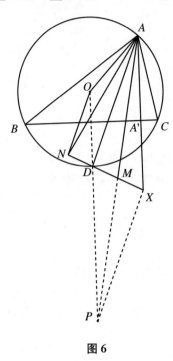

图 6

注 本题实质上是证明 AM 与 AN 关于 AB 与 AC 是等角线. 如图 7 所示,若点 A 在线段 $A'X$ 上,依旧有类似问题,不过条件需要改为 AD 是 $\angle BAC$ 的外角平分线,结论改为 $\angle CAN + \angle BAM = 180°$.

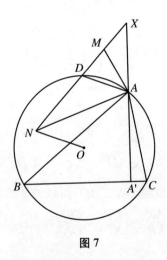

图 7

2.(法一） 我们分别用 a、h_A、$S_{\triangle ABC}$ 表示 BC 的边长、BC 边上的高和 $\triangle ABC$ 的面积,记半径为 R_A 的圆与 BC 边相切于点 D,那么

$$2R_A \geqslant AD \geqslant h_A = \frac{S_{\triangle ABC}}{2},$$

等号成立当且仅当 $AB = BC$. 类似地，对半径为 R_B、R_C 也有类似的不等式，所以

$$\frac{1}{R_A} + \frac{1}{R_B} + \frac{1}{R_C} \leqslant \frac{a+b+c}{S_{\triangle ABC}} = \frac{2}{r},$$

等号成立当且仅当 $\triangle ABC$ 为正三角形.

（法二） 如图 8 所示，由于点 A 是两圆位似中心，所以 $MN // BC$，进而

$$\frac{DC^2}{DB^2} = \frac{CM \cdot CA}{BN \cdot BA} = \frac{CA^2}{BA^2},$$

故 AD 为 $\angle BAC$ 的平分线. 类似地，半径为 R_B、R_C 的圆切另外两条边于点 E、F，则 AD、BE、CF 相交于内心 I，进而

$$\frac{r}{AD} + \frac{r}{BE} + \frac{r}{CF} \leqslant \frac{ID}{AD} + \frac{IE}{BE} + \frac{IF}{CF} = \frac{S_{\triangle BIC}}{S_{\triangle ABC}} + \frac{S_{\triangle AIC}}{S_{\triangle ABC}} + \frac{S_{\triangle AIB}}{S_{\triangle ABC}} = 1.$$

注意到 $2R_A \geqslant AD$，所以

$$\frac{1}{R_A} + \frac{1}{R_B} + \frac{1}{R_C} \leqslant \frac{2}{AD} + \frac{2}{BE} + \frac{2}{CF},$$

将前式代入便可得到结论.

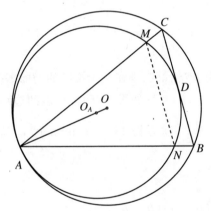
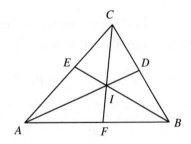

图 8

（法三） 我们证明：$\dfrac{1}{R_A} = \dfrac{a}{S_{\triangle ABC}} \cdot \cos^2\left(\dfrac{B}{2} - \dfrac{C}{2}\right)$，类似地得到另两个式子，相加即得结论.

如图 9 所示，作 $AA' \perp BC$，$\angle A'AO = |90° - \angle C - (90° - \angle B)| = |\angle B - \angle C|$. 所以

$$\cos(B - C) = \cos\angle A'AO = \frac{AA' - O_A D}{O_A A} = \frac{h_A - R_A}{R_A},$$

而 $\cos(B - C) = 2\cos^2\dfrac{B-C}{2} - 1$，代入后便可得到之前要证的等式.

评注 本题还可以考虑与 $\triangle ABC$ 的外接圆外切于点 A 且与边 BC 相切的圆的半径 R_A'，则

$$\frac{1}{R_A'} = \frac{a}{S_{\triangle ABC}} \cdot \sin^2\frac{B-C}{2},$$

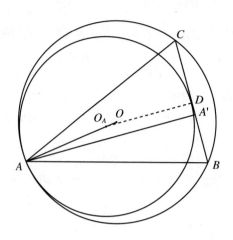

图 9

所以
$$\frac{1}{R'_A} + \frac{1}{R'_B} + \frac{1}{R'_C} \leq \frac{2}{r}.$$

当然,$\triangle ABC$ 为等腰三角形时,顶点处对应的圆退化为过该顶点平行于对边的直线,此时圆的半径记为 ∞.

3. (法一) 取素数 $p \equiv 3 \pmod{4}$,我们证明 p^n 恰好出现在 n 个不同的勾股数组中,且均是该数组中最小的那个,否则若 $a^2 + b^2 = p^n$,$(a, b) = 1$(如果不互素,可以两边约去公因子 p^k 再处理),则 $a^2 \equiv -b^2 \pmod{p}$,两边同时 $\frac{p-1}{2}$ 次方得 $1 \equiv -1 \pmod{p}$,矛盾. 所以只能

$$a^2 + p^n = b^2,$$
$$\Rightarrow p^n = b^2 - a^2 = (b-a)(b+a),$$
$$\Rightarrow \begin{cases} b - a = p^k, \\ b + a = p^{2n-k}, \end{cases} \quad 0 \leq k < n.$$

每个 k 均对应一个不同勾股数组 $\left(p^n, \dfrac{p^k(p^{2(n-k)} - 1)}{2}, \dfrac{p^k(p^{2(n-k)} + 1)}{2}\right)$,一共 n 组.

(法二) 对 n 归纳,证明 2^{n+1} 恰好出现在 n 个不同的勾股数组中. 由于 2 不可能出现在勾股数组中,故 $n = 0$ 成立. 对于 $n \geq 1$,若 2^n 恰出现在 $n - 1$ 个不同的勾股数组中,则 2^{n+1} 一定恰出现在 $n - 1$ 个不同的非本原勾股数组中,所以只需证明 2^{n+1} 恰出现在一个本原勾股数组中即可.

注意到本原勾股数可记为 $x = v^2 - u^2$,$y = 2uv$,$z = u^2 + v^2$,u、v 互素且一奇一偶,所以 x、z 均为奇数,$2^{n+1} = y = 2uv$,因为 $u < v$,所以 $u = 1$,$v = 2^n$,恰好仅这一组.

(法三) 我们用 $P(m)$ 表示含有正整数 m 的勾股数组的个数,用 $P_0(m)$ 表示含有正整数 m 的本原勾股数组(三条边两两互素)的个数,故

$$P(m) = \sum_{d|m} P_0(m).$$

因为 $P_0(1) = P_0(2) = 0, P_0(2^k) = 1$(见证法二),所以 $P(2^{n+1}) = n$.

4. 因为 $a = \frac{1+\sqrt{k}}{2}$,所以 $a^2 - a \in \mathbf{Z}$,进而 $a^2 n - an \in \mathbf{Z}$. 记 $\varepsilon = an - [an]$,所以

$$\varepsilon = an - [a^2 n - a^2 n + an] = -[a^2 n] + a^2 n,$$

而 $a\varepsilon = a^2 n - a[an]$,所以

$$[a^2 n] - a[an] = (a-1)\varepsilon,$$

进一步

$$[[a^2 n] - a[an]] = [(a-1)\varepsilon].$$

因为 a 不是有理数,所以当 n 取遍所有正整数时,ε 在 $(0,1)$ 中稠密,故上式中 $(a-1)\varepsilon$ 在区间 $(0, a-1)$ 上稠密,得证.

5. 要求的最大值为 $\left[\frac{2(N+1)}{3}\right]$.

将题中的和式记为 s.

为了叙述方便,我们将给定的 k 个实数从小到大列为一列,将其中较大的 $1 + \left[\frac{k}{2}\right]$ 个实数所在区域称为上半列,其补集即剩下的 $\left[\frac{k+1}{2}\right] - 1$ 个较小的数所在区域称为下半列. 由于 $k \geqslant 3$,所以下半列区域非空.

为了使题中的 s 达到最大值,我们进行一系列操作,将任意一个 N 的至少 3 正整数划分变成另一个划分,下半区域全是 1,上半区域至多有 1 处是 1,其余全是 2,进一步,每次操作后产生的划分至少有 3 个正整数,且 s 不会变小. 下面的 $n_1, n_2, \cdots, n_k$ 表示 N 的一类符合题意的划分.

如果给出的划分中 1 的个数小于 $\left[\frac{k+1}{2}\right] - 1$,比如下半列中有一处 $n_i > 1$,我们的操作是将 n_i 分为 $n_i - 1$ 和 1,这样划分的长度增长了 1,若 k 为奇数则 s 至少增长 1,否则 s 不变. 总之 s 不会变小.

如果给出的划分中 1 的个数超过 $\left[\frac{k+1}{2}\right]$,比如上半列中至少有 2 处为 1,那么我们用 1 个 2 来替代两个 1,若 k 为奇数,则 s 至少增长 1,否则 s 不变. 总之 s 不会变小. 由于 $N \geqslant 4$,所以操作后的划分也至少有 3 个正整数元素. (事实上,要使得操作后划分中的元素个数小于 3 的情形只可能为 $N = 3$,初始情况是 1, 1, 1 这种唯一的符合要求的 3 整数划分,但这个不在题目的要求中).

至此,我们可以将 N 的任何至少 3 正整数划分变为另一个下半列全为 1,上半列至多 1

个 1 的划分,且在操作过程中 s 不会变小,划分出的元素至少 3 个.所以下面我们可以认为所有的划分都有以上结构.

若上半列中没有 1,但有某个奇数 $n_i > 1$,我们的操作是将 n_i 分为 $n_i - 1$ 和 1,这样划分的长度增长了 1,若 k 为奇数,则 s 至少增长 1,否则 s 不变.总之 s 不会变小,操作后的划分至少有 3 个正整数,下半列全为 1,上半列恰好 1 处为 1,且超过 1 的奇数个数变少了.

若上半列中恰有 1 个 1,但有某个奇数 $n_i > 1$,这样将 1 与 n_i 换为 2 和 $n_i - 1$,划分的长度不变,s 增长了 1,操作后的划分至少含有 3 个正整数,下半列全为 1,上半列超过 1 的奇数变少了,且没有 1 了.

因此,N 的任何至少 3 正整数划分可以被变化为所有下半列全为 1,上半列除了可能的 1 个 1 外全是偶数,且在操作过程中 s 不会变小,划分出的元素至少 3 个.所以下面我们可以认为所有的划分都有以上结构.

若上半列中没有 1,但又某个偶数 $n_i > 2$,我们的操作是将 n_i 分为 $n_i - 2$ 和两个 1,这样划分的长度增加了 2,s 的值不变,操作后的划分依旧含至少 3 个正整数,下半列全为 1,上半列除了恰 1 处为 1 外,全是偶数,且超过 2 的偶数变少了.

最后,若上半列恰有 1 处为 1,其余的全为偶数,我们的操作是将 $n_i > 2$ 分为 $n_i - 2$ 和 2,这样划分的长度增长了 1,若 k 为奇数则 s 至少增长 1,否则 s 不变.总之 s 不会变小,操作后的划分至少有 3 个正整数,下半列全为 1,上半列全是偶数,且超过 2 的偶数个数变少了.

综上,将任意一个 N 的至少 3 正整数划分变成另一个划分,下半区域全是 1,上半区域至多有 1 处是 1,其余全是 2,s 不会变小.我们可取一个标准的符合最终要求的 1 与 2 的划分,可以计算得 $s = \left[\dfrac{2(N+1)}{3}\right]$.

注 使得 s 最大的划分未必唯一.比如 m 是一个大于 1 的正整数,划分 $\underbrace{2, \cdots, 2}_{m+1 \text{个}}$,$\underbrace{1, 1, \cdots, 1}_{m \text{个}}$ 和 $4, \underbrace{2, \cdots, 2}_{m-1 \text{个}}, \underbrace{1, 1, \cdots, 1}_{m \text{个}}$ 都是 $N = 3m + 2$ 的 2 个至少含 3 个正整数的划分.前者是我们解答中提到的标准划分,后者却不是.类似的,划分 $\underbrace{2, \cdots, 2}_{m \text{个}} \underbrace{1, 1, \cdots, 1}_{m \text{个}}$ 和 $4, \underbrace{2, \cdots, 2}_{m-1 \text{个}}$,$\underbrace{1, 1, \cdots, 1}_{m-2 \text{个}}$ 都是 $N = 3m$ 的 2 个至少含 3 个正整数的划分.前者是标准划分,后者不是.

6. 注意到使得 $(n, k) = d, k \leq n$ 的 k 的个数恰有 $\varphi\left(\dfrac{n}{d}\right)$ 个,其中欧拉函数 $\varphi(m)$ 表示小于 m 且与 m 互质的正整数个数,所以

$$\sum_{k=1}^{n} a^{(k,n)} = \sum_{d \mid n} \varphi\left(\dfrac{n}{d}\right) a^d.$$

另一方面,若 $(n, n') = 1$,则每个 nn' 的约数,可唯一地写为 dd',其中 $d \mid n, d' \mid n'$,故

$$\sum_{k=1}^{nn'} a^{(k,nn')} = \sum_{dd' \mid nn'} \varphi\left(\dfrac{nn'}{dd'}\right) a^{dd'} = \sum_{d \mid n, d' \mid n'} \varphi\left(\dfrac{n}{d}\right) \varphi\left(\dfrac{n'}{d'}\right) a^{dd'}$$

$$= \sum_{d\mid n}\varphi\left(\frac{n}{d}\right)\cdot\left(\sum_{d'\mid n'}\varphi\left(\frac{n'}{d'}\right)(a^d)^{d'}\right),$$

其中倒数第二个等号是因为欧拉函数的可乘性. 所以我们只需对 $n = p^m$ 证明结论正确即可.

$$\sum_{k=1}^{p^m}a^{(k,p^m)} = \sum_{k=0}^{m}\varphi(p^{m-k})a^{p^k} = \sum_{k=0}^{m-1}(p^{m-k} - p^{m-k-1})a^{p^k} + a^{p^m}$$

$$= p^m a + \sum_{k=1}^{m}p^{m-k}(a^{p^k} - a^{p^{k-1}}) \equiv 0(\bmod\ p^m),$$

最后一步是由于欧拉定理, $a^{\varphi(n)}\equiv 1(\bmod\ n)$, 所以

$$a^{\varphi(p^k)} = a^{p^k-p^{k-1}} \equiv 1(\bmod\ p^m),\quad a^{p^k}\equiv a^{p^{k-1}}(\bmod\ p^k).$$

7. （法一） 下面所有的角度都是 mod π 意义下的. 我们首先说明记号：$\angle BAC$、$\angle CBA$、$\angle ACB$ 的大小分别记为 2α、2β、2γ；边 BC、CA、AB 的长度分别记为 $2a$、$2b$、$2c$；$\triangle ABC$ 的内心记为 I；边 BC、CA、AB 的中点分别记为 M_A、M_B、M_C；顶点 X 在直线 YI 上的投影记为 X_Y，其中 X、$Y\in\{A,B,C\}$；$\triangle M_A C_B C_B$、$\triangle M_B C_A A_C$、$\triangle M_C A_B B_A$ 的外接圆分别记为 ω_A、ω_B、ω_C，圆心便是题目中的 A'、B'、C'.

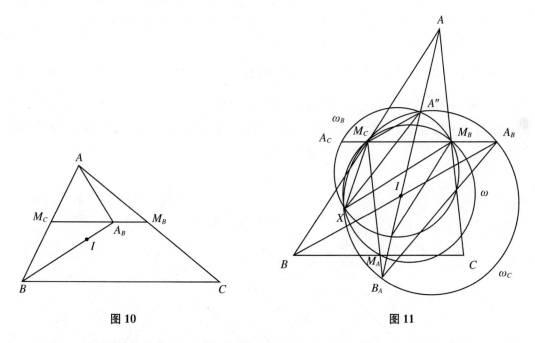

图 10　　　　　　　　图 11

如图 10 所示，因为 $\angle AA_B B$ 是直角，所以 $M_C A = M_C B = M_C A_B = c$，故

$$\angle M_C A_B B = \angle A_B B M_C = \angle CBA_B = \beta,$$

这意味着 $M_C A_B$ 与 BC 平行，即 A_B 落在直线 $M_B M_C$ 上. 所以，三个四点组 M_A、M_B、C_A、C_B；A_B、A_C、M_B、M_C；M_A、B_C、B_A、M_C 分别四点共线.

如图 11 所示，我们记 A'' 为 $\triangle AM_B M_C$ 的内心，换句话说，A'' 就是 AI 的中点，下面证明 A'' 在圆 ω_B、ω_C 上. 注意到 A、B、A_B、B_A 四点共圆，且该圆以 AB 为直径，因此

$$\angle A_B B_A A = \angle A_B B A = \beta,$$

而 A_B、A_C、M_B、M_C 所在的直线平行于 BC，所以

$$\angle A_B M_C A'' = \angle M_B M_C A'' = \beta = \angle A_B B A'',$$

这意味着 A'' 在圆 ω_C 上，类似地可证 A'' 在圆 ω_B 上。

记点 X 为 ω_B、ω_C 的第二个交点（不同于 A''），由之前的导角知 $\angle M_B X A'' = \angle M_B C_A A'' = \alpha$，类似地 $\angle M_C X A'' = \alpha$，这便可推出

$$\angle M_B X M_C = \angle M_B X A'' + \angle M_C X A'' = 2\alpha = \angle M_B M_A M_C,$$

所以 X 也在 $\triangle M_A M_B M_C$ 的外接圆 ω 上，即 $\triangle ABC$ 的九点圆上，记这个圆心为 O'。

现在直线 $A''X$、$M_B X$、$M_C X$ 分别是圆 ω_B、ω_C、ω 的根轴，$A''X$ 分别与 $M_B X$、$M_C X$ 形成的角相等（均为 α），而根轴垂直于连心线，所以 $\triangle O'B'C'$ 是等腰三角形，$O'B' = O'C'$。类似地可证明 $O'B' = O'A'$，所以 O' 也是 $\triangle A'B'C'$ 的外心。

[评注] 本题中点 X 为 $\triangle ABC$ 的 Feuerbach 点，这个点是三角形内切圆与九点圆的切点。

（法二） 记号与证法一相同。点 O 和 O' 分别代表 $\triangle ABC$ 的外接圆和九点圆圆心，三个四点组 M_A、M_B、C_A、C_B；A_B、A_C、M_B、M_C；M_A、B_C、B_A、M_C 分别四点共线，且 $M_A B_C = M_A C_B = a$，$M_B A_C = M_B C_A = b$，$M_C A_B = M_C B_A = c$。

下面我们证明 $A'O' = \dfrac{IO}{2}$，这样类似地便可得 $A'O' = \dfrac{IO}{2} = B'O' = C'O'$，这便完成了要求的结论。为此，我们首先运用平面向量的分解定理。如图 12 所示，将 $\overrightarrow{AB}$、$\overrightarrow{AC}$ 视为基向量，每个向量 v 视为在这两个基向量 $\overrightarrow{AB}$、$\overrightarrow{AC}$ 上的投影 $\mathrm{pr}_c v$、$\mathrm{pr}_b v$ 之和。由于 O' 和 A' 分别是 $\triangle M_A M_B M_C$ 与 $\triangle M_A B_C C_B$ 的外心，投影到 $M_A M_C$ 上，有

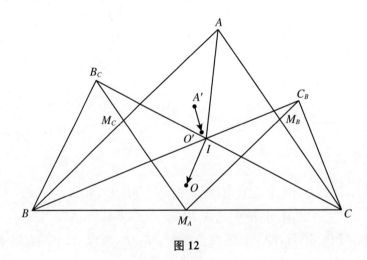

图 12

$$\mathrm{pr}_b \overrightarrow{A'O'} = \mathrm{pr}_b (\overrightarrow{M_A O'} - \overrightarrow{M_A A'}) = -\frac{b}{2} + \frac{a}{2} = \frac{1}{2}(a - b),$$

类似地 $\text{pr}_c \overrightarrow{A'O'} = \frac{1}{2}(a-c)$. 另一方面, 有

$$\text{pr}_b \overrightarrow{IO} = \text{pr}_b(\overrightarrow{AO} - \overrightarrow{AI}) = b - (b+c-a) = a-c,$$

类似地 $\text{pr}_c \overrightarrow{IO} = a-b$, 所以向量 $\overrightarrow{A'O'}$ 关于 $\angle BAC$ 平分线 AI 对称后等于 $\frac{\overrightarrow{IO}}{2}$, 这便完成了证明.

8. 要求的集合为 $\{t\}$、$\{-t,t\}$、$\{0,t\}$、$\{-t,0,t\}$. 验证的话, 只需取 $B=\{-1,0,1,2\}$ 即可.

下面假设集合 A、B 符合题意且 $|A| \geq 2$, 显然, A、B 元素个数都必须有限. 记 d 为集合 AB 中等差数列的公差, 任取 $x \neq x' \in A, y \neq y' \in B$, 由于 xy、xy' 为等差数列中的项, 所以 $xy - xy' = nd, n \in \mathbf{Z}$, 即 $x = n\frac{d}{y-y'}$, 所以说 A 中的任意元素都是 $\frac{d}{y-y'}$ 的整数倍. 我们将 A 中每个元素除以 $\frac{d}{y-y'}$, 故 A 中每个元素均可化为整数, 同理也能对集合 B 中的元素作除以 $\frac{d}{x-x'}$ 的处理使得其均化为整数. 接下来, 我们将 A 中元素除以整体的公约数, 使得整体互素, 对集合 B 也作类似处理.

记 A 中绝对值最大的元素是 a^*, 不妨设 $a^* > 0$, 否则将所有元素乘以 -1 即可, 同理记 B 中绝对值最大的元素为 $b^* > 0$. 下面证明 $A = \{-1,1\}$、$\{0,1\}$、$\{-1,0,1\}$. 因为 B 中元素整体互素, 而 $d \mid (x-x') \cdot y, x \neq x' \in A, y \in B$, 所以 $d \mid x - x'$, 同理 $d \mid y - y'$, 而 $|B| \geq 4$, 所以 $b^* > d$. 由于 $a^* b^* - d \in AB$, 我们可设 $a^* b^* - d = ab, a \in A, b \in B$, 因为

$$ab = a^* b^* - d \geq b^* - d > 0,$$

若 $|a| \neq a^*$, 则

$$a^* b^* - d = ab = |a||b| \leq (a^* - 1)b^* < a^* b^* - d,$$

矛盾. 所以

$$|a| = a^*, \quad d = a^* b^* - |a||b| \leq (b^* - |b|)a^* \geq a^*,$$

而 A 中所有元素模 d 相同, 所以 $A = \{-d, 0, d\}$、$\{a^*, a^* - d\}$, 其中 $d \geq a^* > |a^* - d|$. 对于第一种情况, $A = \{-t, 0, t\}$. 第二种情况中, 若为 $\{0, d\}$, 那么对应的 $A = \{0, t\}$. 除此以外, 因为 $|a| = a^* > |a^* - d|$, 所以

$$a = a^*, \quad d = a^*(b^* - |b|),$$

所以 $a^* \mid d$, 故 $a^* \leq \frac{d}{2}$. 若 d 为偶数, 则可取 $\left\{-\frac{d}{2}, \frac{d}{2}\right\}$, 则对应的 $A = \{t, -t\}$. 若 $a^* < \frac{d}{2}$, 则 $|a^* - d| > a^*$, 矛盾.

9. (1) 记 A 为 $\mathbf{Z}^2$ 中的一个容许的集合, 任取一点 $a_0 \in A$, 对每个正整数 k, 递推地在 A 中选一个不同于 a_{k-1} 的点 a_k, 选法是: 若 k 为奇数, 那么 a_k 与 a_{k-1} 在第一个分量上的坐标相同; 若 k 为偶数, 那么 a_k 与 a_{k-1} 在第二个分量上的坐标相同. 由于 A 为有限集, 所以最

终可能选出一个 $a_n = a_m, m < n$. 我们假设 a_n 是第一个与已取出的点重复的点,若 m、n 奇偶性相同,那么 $a_m, a_{m+1}, \cdots, a_{n-1}$ 便形成了一个无效的子集;若 m、n 奇偶性不同,那么 $a_{m+1}, \cdots, a_{n-1}$ 便形成了一个无效的子集.

(2) 我们取出 $\mathbf{Z}^3$ 中最小的容许的集合,来说明它没有无效的子集,这里的"最小"指的是没有容许的真子集,由于每个无效集合都是容许的,所以它没有无效子集.

集合 A 在平行六面体 $[0,3] \times [0,3] \times [0,4]$ 中,我们用水平截面来描述它: $A = A_0 \times 0 \cup A_1 \times 1 \cup A_2 \times 2 \cup A_3 \times 3 \cup A_4 \times 4$,其中 $A_0 = \{0,3\} \times \{0,3\}$,$A_1 = \{0,1\} \times \{2,3\} \cup \{1,2\} \times \{0,1\}$,$A_2 = \{0,1\} \times \{1,2\} \cup \{2,3\} \times \{2,3\}$,$A_3 = \{1,2\} \times \{2,3\} \cup \{2,3\} \times \{0,1\}$,$A_4 = \{0,1\} \times \{0,1\} \cup \{2,3\} \times \{1,2\}$. 注意到对于 $k = 1、2、3$,图形 A_{k+1} 是由 A_k 以 $[0,3] \times [0,3]$ 的中心为中心顺时针旋转 $\frac{\pi}{2}$ 所产生的.

由于 A 的每个水平横截面 $A_k \times k$ 在 $\mathbf{Z}^2 \times k$ 中是容许的,垂直于任何一个水平截面中 A 的任意一点的竖直直线一定至少通过另一个水平截面中 A 的点,所以 A 是容许的.

为了证明最小性,我们构造一个 A 上的连通的几何格点图 G,图 G 的边所在直线是 $\mathbf{Z}^3$ 中恰好穿过 A 中两个点的直线,这两个点称为这条边的端点. 这种图 G 的存在性便能说明 A 的最小性,这是因为从图 G 中移除 A 中的任意一点,顺便移除 G 中与它相邻的点,便可一步步地最终将 A 中所有顶点移走.

首先我们注意到当 $i、j$ 中有一个属于 $\{0,3\}$ 时,每一条穿过 A 中点的直线 $i \times j \times \mathbf{Z}$ 恰好穿过 A 中的两个水平截面,将 A 中的这两个点用所对应的竖直直线联结.

接下来,考虑一般的平面格点路径 $\alpha_1 = (1 \times 0)(2 \times 0)(2 \times 1)(1 \times 1)$ 与 $\alpha'_1 = (1 \times 2)(0 \times 2)(0 \times 3)(1 \times 3)$,对于 $k = 1、2、3$,α_{k+1} 与 α'_{k+1} 分别通过将路径 α_k 与 α'_k 以 $[0,3] \times [0,3]$ 的中心为中心顺时针旋转 $\frac{\pi}{2}$ 而产生. 格点路径 $\alpha_k \times k$ 与 $\alpha'_k \times k$ 的边联结了 $A_k \times k, k = 1、2、3、4$ 中的点,结合前一段中已联结的 A 中的竖直的边,我们完成了关于点集 A 的图 G 的构造.

最后,竖直直线 $1 \times 1 \times \mathbf{Z}$ 恰好穿过了 A 的三个水平横截面,即 $A_1 \times 1$、$A_2 \times 2$ 和 $A_4 \times 4$,事实上,直线 $i \times j \times \mathbf{Z}, i, j \in \{1,2\}$ 均恰好穿过了 A 的三个水平横截面,所以 A 本身不是一个"无效"的集合.

评注 更高维的情况可以仿造(2)中的例子构造. 该例中含有 36 个点,但其实在 $\mathbf{Z}^3$ 中有 24 个点构成的容许的集合,且不含有无效的真子集.

10. 以点 A 为反演中心,任意圆半径为反演幂作反演变换,记点 X^* 为点 $X (\neq A)$ 在这个反演变换下的像. 由于圆 $\gamma、\gamma'$ 过点 A,所以反演变换后的像分别为直线 $B^* C^*$、$B^* C'^*$. 过点 A 的切线 AC、AC' 反演后仍为过点 A 的直线,并且分别与直线 $B^* C^*$、$B^* C'^*$ 平行,直线 CC' 反演后变成了圆 $AC^* C'^*$. 题中"点 A、B 落在直线 CC' 的两侧"等价于"点 B^* 落在圆 $AC^* C'^*$ 的内部",所以四边形 $AC^* B^* C'^*$ 为平行四边形.

如图 13 所示,过点 A 作 $C^* C'^*$ 的平行线,交直线 $B^* C^*$、$B^* C'^*$ 于点 D、D',那么点

A、C^*、C'^* 分别为 $\triangle B^*DD'$ 的三条边的中点,由 $AD=AD'$ 知直线 DD' 是那条过点 A 在圆 γ、γ' 上所截得的线段等长的直线在反演变换下的像.注意到圆 $AC^*C'^*$ 是 $\triangle B^*DD'$ 的九点圆,所以由 Feuerbach 定理知它与该三角形的内切圆相切.由于圆 Γ 与圆 γ、γ' 均外切,与直线 CC' 相切,所以该内切圆便是圆 Γ 在反演变换后的像,所以原题结论成立.

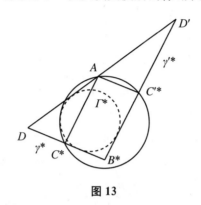

图 13

11. 注意到
$$b_{n+1} = a_n(b_n + b_{n+2})$$
$$\Leftrightarrow (b_n - b_{n+2})b_{n+1} = a_n(b_n^2 - b_{n+2}^2)$$
$$\Leftrightarrow 2b_nb_{n+1} - 2b_{n+1}b_{n+2} = 2a_n(b_n^2 - b_{n+2}^2)$$
$$\Leftrightarrow (b_n - b_{n+1})^2 - (b_{n+1} - b_{n+2})^2 = (1 - 2a_n)(b_n^2 - b_{n+2}^2)$$
$$\Leftrightarrow b_{n+2}^2 - b_n^2 = \frac{(b_{n+1}-b_n)^2 - (b_{n+2}-b_{n+1})^2}{2a_n - 1}.$$

将下标 n 换为 $0,1,2,\cdots,n-2$ 后求和,可得
$$b_n^2 + b_{n-1}^2 - b_1^2 - b_0^2$$
$$= \frac{(b_1-b_0)^2}{2a_0-1} - \sum_{k=0}^{n-3}\left(\frac{1}{2a_k-1} - \frac{1}{2a_{k+1}-1}\right)(b_{k+2}-b_{k+1})^2 - \frac{(b_n-b_{n-1})^2}{2a_{n-2}-1}$$
$$\leqslant \frac{(b_1-b_0)^2}{2a_0-1}.$$

其中最后一个不等号是因为 $a_{k+1} \geqslant a_k$ 及 $a_{n-2} \geqslant a_0 > \frac{1}{2}$.所以
$$b_n^2 \leqslant b_n^2 + b_{n-1}^2 \leqslant b_0^2 + b_1^2 + \frac{(b_1-b_0)^2}{2a_0-1}.$$

注 除了所有 b_n 全为 0 的例子,我们还可以发现 $a_n = 1, b_n = \cos\frac{n\pi}{3}$ 也是符合题目中递推式的例子,所以题目中假设不是无意义的.

12. 注意到一个事实:
$$M(n,k) = \text{lcm}\{n, n-1, \cdots, n-k+1\},$$
$$M(n,k+1) = \text{lcm}\{n, n-1, \cdots, n-k\} = \text{lcm}\{M(n,k), n-k\},$$

所以
$$M(n,k) \leq M(n,k+1)$$
且
$$M(n,k) = M(n,k+1) \Leftrightarrow n-k \mid M(n,k).$$

(1) 我们首先证明 $n = m^2$ 的情形,显然 $f(1) = 1 < 3\sqrt{1}$. 对于 $m > 1$,有
$$M(m^2, 2) = m^2(m^2 - 1) = (m^2 - m)(m^2 + m),$$
所以
$$(m^2 - m) \mid M(m^2, 2),$$
而
$$M(m^2, m) = \mathrm{lcm}\{m^2, m^2 - 1, \cdots, m^2 - m + 1\},$$
所以 $(m^2 - m) \mid M(m^2, m)$,故 $M(m^2, m) = M(m^2, m+1)$,所以
$$f(m^2) \leq m.$$
对于 $m^2 < n < (m+1)^2$,设 $n = m^2 + l, 1 \leq l \leq 2m$. 注意到若
$$M(n,k) = M(n,k+1),$$
则对任意正整数 l,有
$$M(n+l, k+l) = M(n+l, k+l+1),$$
所以 $f(n+l) \leq f(n) + l$,进一步代入知
$$f(n) = f(m^2 + l) \leq f(m^2) + l \leq m + l \leq 3m < 3\sqrt{n}.$$

(2) 我们证明,对于所有整数 $n > N! + N, f(n) > N$. 由于
$$M(n, N+1) = \mathrm{lcm}(M(n,N), n-N) = \frac{M(n,N) \cdot (n-N)}{\gcd(M(n,N), n-N)}$$
$$\geq \frac{M(n,N) \cdot (n-N)}{\prod_{k=1}^{N} \gcd(n-k+1, n-N)}$$
$$\geq \frac{M(n,N) \cdot (n-N)}{\prod_{k=1}^{N}(N-k+1)} = \frac{M(n,N) \cdot (n-N)}{N!},$$
其中第一个不等号是因为
$$\gcd(ab, c) \leq \gcd(a, c) \gcd(b, c),$$
第二个不等号是因为
$$\gcd(a,b) = \gcd(a-b, b) \leq a-b, \quad a > b.$$
所以对于 $n > N! + N, M(n,1) < M(n,2) < \cdots < M(n, N+1)$,即 $f(n) > N$.

13. 所求的最小值为 $(h-1) \cdot \min\left\{p, \dfrac{h}{2} + 1\right\} + 1$.

将这个国会看成一个有 hp 个顶点的图,如果两名议员间敌对,则将他们相对应的顶点用边联结. 以上最小值是可以取到的,因为至少以下两种图均符合要求: $h(p-1) - 1$ 个孤立

点,剩余 $h+1$ 个顶点两两间连 $\dfrac{h(h+1)}{2}$ 条边构成完全图;$p-2$ 个孤立点,剩余点中有一个点发出 $p(h-1)+1$ 条线段与其他所有点相连.

记 $N(h,p)=(h-1)\cdot\min\left\{p,\dfrac{h}{2}+1\right\}$,我们现在对 h 进行归纳说明,如果有 hp 个顶点的图的边数不超过 $N(h,p)$,那么存在一种将其顶点划分为 h 个 p 元内部无连线集合的划法. 显然 $h=1$ 时正确.

对于 $h\geq 2$,记图 $G(V,E)$ 是一个含有 hp 个顶点的不超过 $N(h,p)$ 条边的图,如果有必要,我们可以多加几条边使得边数 $|E|=N(h,p)$.

我们首先用 p 步贪心算法来构造第一个由相互无连线的顶点 $v_1,v_2,\cdots,v_p$ 构成的 p 元议会 V_0:开始时是空集,第 j 步时选取 v_j,这个顶点是与已选取出的顶点 $v_i(i<j)$ 无连线(且不相同)的顶点中度数最大的点. 这样的集合在 p 步内是非空的,因为剩余 $hp-j+1$ 个顶点中若每个均与某个已选取出的顶点 $v_i(i<j)$ 相连,那么
$$|E|\geq hp-j+1\geq hp-p+1>N(h,p),$$
矛盾.

令 $d=\sum\limits_{v\in V_0}\deg v$,这样在 $V\setminus V_0$ 中的 $p(h-1)$ 个顶点构成了一个恰有 $N(h,p)-d$ 条边的子图 G',如果 $d\geq \Delta N=N(h,p)-N(h-1,p)$,那么我们可以由归纳假设将 G' 划分为 $h-1$ 个 p 元内部无连线集合,这便完成了证明. 因此我们假设
$$d<\Delta N=\begin{cases}p,&\text{若 }h\geq 2p-1,\\ h,&\text{若 }h\leq 2p-1.\end{cases}$$

注意到无论是哪一种情况,都有 $\Delta N\leq h$,所以 $d\leq h-1$. 记 V' 为在 $V\setminus V_0$ 中与 V_0 中有顶点相连的顶点集合,那么 $|V'|\leq d\leq h-1$ 且 $\deg v\leq \deg v_p,v\notin V_0\cup V'$.

若 $\deg v_p=0$,那么所有不在 $V_0\cup V'$ 里的顶点都是孤立的. 由于 $|V'|\leq d\leq h-1$,所以 V' 中的每个点可以安排入不同的 p 元议会(不同于 V_0),每个议会的其他 $p-1$ 个元素可以是 $V_0\cup V'$ 外的任意顶点. 分配完 V' 中的顶点后,剩下的顶点(若有)因为是孤立的,所以可以按任意方式组成 p 元议会.

最后我们说明 $\deg v_p\geq 1$ 是不可能的,否则假设 $\deg v_p\geq 1$,那么 $\deg v_i\geq 1,i=1,\cdots,p$,故 $d\geq p$,这将导致
$$\Delta N=h,\quad h\leq 2p-2,\quad N(h,p)=(h-1)\left(\dfrac{h}{2}+1\right),$$
因此 $p\leq d\leq h-1\leq 2p-3$,其中不等式 $d\leq 2p-3$ 将导致 $\deg v_p=1$,因此,对所有的 $v\notin V_0\cup V',\deg v\leq 1$ 且
$$\sum_{v\in V\setminus(V_0\cup V')}\deg v\leq hp-|V_0|=p(h-1).$$

进一步,将集合 V' 无交并地划分为 $V_1\cup V_2\cup\cdots\cup V_p$,其中 V_j 代表所有与顶点 v_j 有连线的顶点,但与 $v_i(i<j)$ 均无连线. 注意到 $|V_i|\leq \deg v_i$ 及 $\deg v\leq \deg v_i,v\in V$,所以

$$\sum_{v \in V_0 \cup V'} \deg v = \sum_{i=1}^{p} \Big(\deg v_i + \sum_{v \in V_i} \deg v \Big)$$

$$\leqslant \sum_{i=1}^{p} \deg v_i (\deg v_i + 1) = \sum_{i=1}^{p} (\deg v_i - 1)^2 + 3d - p,$$

既然 $\deg v_i \geqslant 1, i = 1, 2, \cdots, p$,那么

$$\sum_{i=1}^{p} (\deg v_i - 1)^2 \leqslant \Big(\sum_{i=1}^{p} (\deg v_i - 1) \Big)^2 = (d - p)^2.$$

注意到之前的 $d \leqslant h - 1$,那么

$$\sum_{v \in V_0 \cup V'} \deg v \leqslant (d - p)^2 + 3d - p$$

$$\leqslant (h - p - 1)^2 + 3(h - 1) - p$$

$$= (h - 1)(h + 2) + p(p - 2h + 1)$$

$$= 2N(h, p) + p(p - 2h + 1).$$

因此

$$2N(h,p) = 2 \mid E \mid = \sum_{v \in V} \deg v = \sum_{v \in V_0 \cup V'} \deg v + \sum_{v \in V \setminus (V_0 \cup V')} \deg v$$

$$\leqslant 2N(h, p) + p(p - 2h + 1) + p(h - 1)$$

$$= 2N(h, p) + p(p - h) < 2N(h, p),$$

这便产生了矛盾.

14. 如图 14 所示,延长 AC 至 E,使得 $BC = CE$,故点 C 在 BE 的垂直平分线上,类似地可以取点 F 使得 $DF = DA$,并且记 BE、AF 的垂直平分线交于点 Q. 由于 $\triangle ABC$ 和 $\triangle ABD$ 是同一平面内等周长的三角形,所以 $BF = AE$,而 $QF = QA$,$QB = QE$,所以 $\triangle QAE \cong \triangle QFB$,从而 $\angle AQF = \angle BQE$,而

$$\angle AQD = \frac{1}{2} \angle AQF = \frac{1}{2} \angle BQE = \angle BQC,$$

所以 $\angle AQC = \angle BQD$.

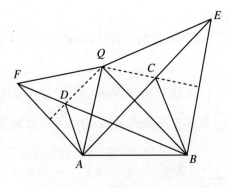

图 14

下面我们证明 P、Q 重合. 由于 $\triangle QAE \cong \triangle QFB$, 所以 $\angle QAE = \angle QFB = \angle QAD$, 即 Q 在 $\angle CAD$ 的平分线上, 同理也在 $\angle CBD$ 的平分线上, 故 P 与 Q 重合.

15. 所求的最大值为 $k-1$.

取 $n = k!$, 这样除了 n 本身外, $n-k+1, \cdots, n-1$ 均为 C_n^k 的约数, 所以 $k-1$ 是可以取到的. 下面证明 $k-1$ 是最大的, 我们只需证明 k 个数 $\dfrac{1}{n-j}C_n^k$ (其中 $j = 0, 1, \cdots, k-1$) 中至少有 1 个不是整数. 下面提供两种证法.

(法一) 我们通过考察这些数的整系数线性组合可以不是整数来说明它, 例如, 对于 $k \geqslant 2$, 有

$$\sum_{j=0}^{k-1} (-1)^{k-j-1} C_{k-1}^j \frac{1}{n-j} C_n^k = \sum_{j=0}^{k-1} (-1)^{k-j-1} \frac{(n-k+1)\cdots n}{(n-j)j!(k-j-1)\cdots 1}$$

$$= \frac{1}{k} \sum_{j=0}^{k-1} \prod_{\substack{i \neq j \\ 0 \leqslant i \leqslant k-1}} \frac{n-i}{j-i} = \frac{1}{k}$$

就不是整数, 这里第一个等号是因为对于次数不超过 $k-1$ 次的多项式 $\sum_{j=0}^{k-1} \prod_{i \neq j} \dfrac{X-i}{j-i}$ 在 $X = 0, 1, 2, \cdots, k-1$ 这 k 个不同的点处的值都为 1, 所以这个多项式恒等于 1.

(法二) 记 $S = \{n-k+1, \cdots, n-1, n\}$, 取质因子 $p | k$, $a = \max_{x \in S} v_p(x)$, 对任意 $b > a$, 由于 S 中无 p^b 的倍数, 所以

$$\left[\frac{n-k}{p^b}\right] = \left[\frac{n}{p^b}\right].$$

进一步

$$v_p(C_n^k) = \sum_{i \geqslant 1} \left(\left[\frac{n}{p^i}\right] - \left[\frac{n-k}{p^i}\right] - \left[\frac{k}{p^i}\right] \right) \leqslant \sum_{i=1}^{a} \left(\left[\frac{n}{p^i}\right] - \left[\frac{n-k}{p^i}\right] - \left[\frac{k}{p^i}\right] \right).$$

注意到

$$[x+y] - [x] - [y] = \{x\} + \{y\} - \{x+y\} = \begin{cases} 1, & \text{若} \{x\} + \{y\} \geqslant 1, \\ 0, & \text{若} \{x\} + \{y\} < 1. \end{cases}$$

而由 $\left\{\dfrac{k}{p}\right\} = 0$ 知 $\left[\dfrac{n}{p}\right] - \left[\dfrac{n-k}{p}\right] - \left[\dfrac{k}{p}\right] = 0$, 所以

$$\sum_{i=1}^{a} \left(\left[\frac{n}{p^i}\right] - \left[\frac{n-k}{p^i}\right] - \left[\frac{k}{p^i}\right] \right) \leqslant a - 1 + \left[\frac{n}{p}\right] - \left[\frac{n-k}{p}\right] - \left[\frac{k}{p}\right] = a - 1,$$

即

$$v_p(C_n^k) \leqslant a - 1 < \max_{x \in S} v_p(x),$$

所以对于 $x_0 \in S$, $v_p(x_0) = a$, 则 $x_0 \nmid v_p(C_n^k)$, 所以 C_n^k 不可能是所有元素的倍数.

16. (1) 对于前 n 个正整数, 我们定义: 对正奇数 $i \leqslant n$, $\sigma(i) = \dfrac{i+1}{2}$; 对正偶数 $i \leqslant n$, $\sigma(i) = n - \dfrac{i}{2} + 1$. 下面说明这个排列符合要求, 更精确地是对于 $k \equiv l \pmod{2}$, 和

$\sum_{i=k}^{l} \sigma(i)(1 \leqslant k \leqslant l \leqslant n)$ 两两不同,这样便有 $|S(\sigma)| \geqslant \left[\dfrac{(n+1)^2}{4}\right]$.

当 $1 \leqslant k \leqslant l \leqslant n, k \equiv l \pmod 2$ 时,注意到对每个正奇数 $i \leqslant n$,有
$$\sigma(i) + \sigma(i+1) = n+1,$$
所以
$$\sum_{i=k}^{l} \sigma(i) = \begin{cases} (l-k)\dfrac{n+1}{2} + \sigma(l), & \text{若 } k \text{ 为奇数}, \\ \sigma(k) + (l-k)\dfrac{n+1}{2}, & \text{若 } k \text{ 为偶数}. \end{cases}$$

注意到 $|\sigma(i) - \sigma(j)| < n$,所以以上将 (k,l) 映到和 $\sum_{i=k}^{l} \sigma(i)$ 的映射是单射,这便完成了证明.

(2) 对于前 n 个正整数的一种排列 σ,我们将 $S(\sigma)$ 划分成 $S_m(\sigma) = S(\sigma) \cap [mn+1, mn+n]$ 的并集,其中 m 遍历了所有的整数,当然,若 m 为负整数或 $m > \dfrac{n-1}{2}$,则 $S_m(\sigma)$ 是空集,另外,$|S_0(\sigma)| \geqslant n$.

当 $n = 1、2$ 时原命题显然成立,对于 $n \geqslant 3$,我们将证明对于每个非负整数 $m \leqslant \dfrac{n+1}{4}$,有
$$|S_m(\sigma)| + |S_{m-1}(\sigma)| > \sqrt{2n}. \qquad ①$$

若这个结论成立,那么
$$|S(\sigma)| \geqslant \dfrac{1}{2} \sum_{m=0}^{\left[\frac{n+1}{4}\right]} (|S_m(\sigma)| + |S_{m-1}(\sigma)|) > \dfrac{1}{2}\left[\dfrac{n+5}{4}\right]\sqrt{2n} > \dfrac{n\sqrt{n}}{4\sqrt{2}},$$
这便完成了原来的命题.

为了证明式①,我们固定一个非负整数 $m \leqslant \dfrac{n+1}{4}$,接下来证明集合之差① $S_m(\sigma) - (S_m(\sigma) \cup S_{m-1}(\sigma))$ 包含了每一个小于等于 n 的整数,换句话说,它包含了每个 $\sigma(k)$,这样的话,$(S_m(\sigma) \cup S_{m-1}(\sigma)) - (S_m(\sigma) \cup S_{m-1}(\sigma))$ 就更包含了集合 $\{1,2,\cdots,n\}$,注意到若 $\{1,2,\cdots,n\} \subseteq X - X$,那么 $\{-n,\cdots,-1,0,1,2,\cdots,n\} \subseteq X - X$,进一步,有
$$|X| \cdot (|X| - 1) + 1 \geqslant |X - X| \geqslant 2n + 1,$$
解这个一元二次不等式得
$$|X| \geqslant \dfrac{1 + \sqrt{8n+1}}{2} > \sqrt{2n}.$$

最后我们来说明每个 $\sigma(k)$ 一定是 $S_m(\sigma) - (S_m(\sigma) \cup S_{m-1}(\sigma))$ 中的一个元素. 固定一个整数 $k \leqslant n$,以下两个和 $\sum_{i=1}^{k}\sigma(i)$、$\sum_{i=k}^{l}\sigma(i)$ 中,至少有一个超过

---

① 对于集合 $A、B$,集合差定义为 $A - B = \{a - b | a \in A, b \in B\}$.

$$\frac{1}{2}\sum_{i=1}^{n}\sigma(i)=\frac{n(n+1)}{4}\geqslant mn.$$

不妨设 $\sum_{i=k}^{n}\sigma(i)>mn$（另一种情况考虑对偶的情形即可），那么考察最小的整数 $l\geqslant k$，使得

$$\sum_{i=k}^{l}\sigma(i)>mn,$$

由最小性，我们可知

$$\sum_{i=k}^{l}\sigma(i)\in S_m(\sigma),\quad \sum_{i=k+1}^{l}\sigma(i)\in(S_m(\sigma)\bigcup S_{m-1}(\sigma)),$$

那么 $\sigma(k)$ 确实是集合 $S_m(\sigma)-(S_m(\sigma)\bigcup S_{m-1}(\sigma))$ 的一个元素.

注 本题作者用概率的方法将命题加强到至少有 cn^2 个这样的和，其中 c 是一个正常数.

17. 我们用 $d(X,YZ)$ 表示点 X 到直线 YZ 的距离. 在图 15 中，由于四边形 Q_1Q_2RS 与四边形 P_1P_2RS 为圆内接四边形，所以 $\angle SQ_1R=\angle SQ_2R$，$\angle SP_1R=\angle SP_2R$，进而 $\triangle SP_1Q_2 \backsim \triangle SP_2Q_1$，则

$$\frac{d(S,P_1Q_2)}{d(S,P_2Q_1)}=\frac{P_1Q_2}{P_2Q_1}. \qquad ①$$

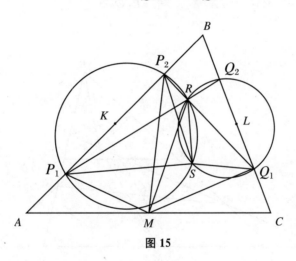

图 15

记点 K、L 分别为线段 AB、AC 的中点，那么

$$P_1K=P_2K,\quad Q_1L=Q_2L,$$

所以

$$d(Q_1,MP_1)+d(Q_2,MP_1)=2d(L,MP_1),$$

那么

$$S_{\triangle MP_1Q_2}+S_{\triangle MP_1Q_1}=2S_{\triangle MP_1L}=ML\cdot d(P_1,ML)=\frac{S_{\triangle ABC}}{2}.$$

类似地，有

$$S_{\triangle MP_2Q_1} + S_{\triangle MP_1Q_1} = \frac{S_{\triangle ABC}}{2} = S_{\triangle MP_1Q_2} + S_{\triangle MP_1Q_1},$$

所以
$$S_{\triangle MP_2Q_1} = S_{\triangle MP_1Q_2},$$

即
$$\frac{d(M, P_1Q_2)}{d(M, P_2Q_1)} = \frac{P_2Q_1}{P_1Q_2}. \qquad ②$$

在 $\triangle P_1RQ_1$ 中，$\frac{d(X, P_1Q_2)}{d(X, P_2Q_1)} = \alpha$ 的点 X 的轨迹表示一条从 R 发出的射线，更进一步，该射线关于 $\angle P_1RQ_1$ 平分线的轨迹上的点到两边距离之比是 $\frac{1}{\alpha}$，所以由式①和式②可知 RS 与 RM 关于 $\angle P_1RQ_1$ 平分线对称，这便得到了题目中的结论．

注 式②有很多种不同的获取方式．如图 16 所示，记 X、X_1、X_2 分别为线段 BR、P_1Q_1、P_2Q_2 的中点，那么它们都在四边形 $P_1P_2Q_1Q_2$ 的牛顿线 l 上，更进一步，由中位线性质可知四边形 KX_1LX_2 是平行四边形，所以 X_1X_2 与 KL 有公共中点 N．因为 XN 为 $\triangle BMR$ 的中位线，所以 RM 与直线 l 平行，进一步，有

$$\overrightarrow{RM} = \alpha \overrightarrow{X_1X_2} = \frac{\alpha}{2}(\overrightarrow{P_1Q_2} + \overrightarrow{Q_1P_2}),$$

这便得到了式②．

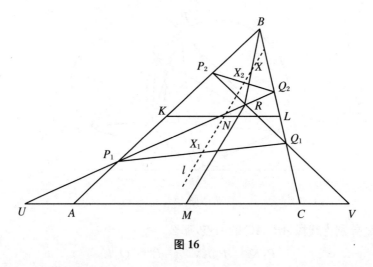

图 16

18． 所求的最大值为 n．

我们首先举例说明 N 不能超过 n．将第 i 个州（其中 $i = 1, 2, \cdots, p$）的 n 座机场分成 p 个不同的组（每组各有 $\frac{n}{p}$ 座机场）$A_{i,j}$，其中 $j = 1, 2, \cdots, p$．对于第 k 家航空公司（其中 $k = 1, 2, \cdots, p$），经营着每条从 $A_{i,j}$ 中的机场到 $A_{i',j'}$ 中的机场间的航线，其中 $i \neq i'$，$j' - j \equiv k(i' - i) \pmod{p}$，并且不经营其他的航线．

由于 p 是素数,所以对每个 $i\neq i'$ 和 j',j,均存在一个 $1\leqslant k\leqslant p$ 满足之前的同余式,故每两座不同州之间的机场均连有一个航线. 另一方面, 对每个给定的 $k=1,2,\cdots,p$, 这 np 座机场被分为了 p 个不相交的 n 元组 $\bigcup_{i=1}^{p} A_{i,j+ki}$, 其中 $j=1,2,\cdots,p$(下标在 mod p 意义下), 由于 $(j+ki)-(j'+ki')\equiv k(i-i')\pmod{p}$, 所以不同组中的机场无第 k 家航空公司的航线, 所以 $N\leqslant n$.

考虑更一般的情形, 如果有 $m\geqslant 2$ 个州, 航空公司的数目 p 未必是一个素数, 也不一定是 n 的约数, 我们证明总存在至少 $\dfrac{mn}{p}$ 座机场, 使得可由一家航空公司的航线从其中任一座到达另一座. 反证法, 记图 G_k(其中 $k=1,2,\cdots,p$), 顶点是这 np 座机场, 若这两个顶点间有第 k 家航空公司的直航, 则在图 G_k 中将这两个顶点相连. 注意到原题中每家航空公司经营的航线是州际的, 所以这 p 个 n 元顶点的图 G_k 是原图的划分, 由假设知, 每个图 G_k 的连通分支含有少于 $\dfrac{mn}{p}$ 个顶点.

考察图 G_k 的一个连通分支, 用 n_i 表示这个分支中位于第 i 个州的机场个数, 那么在这种情况下这个分支的边数不超过

$$\sum_{1\leqslant i<j\leqslant m} n_i n_j \leqslant \frac{m-1}{2m}\left(\sum_{i=1}^{m} n_i\right)^2 < \frac{m-1}{2m}\cdot\frac{mn}{p}\cdot\left(\sum_{i=1}^{m} n_i\right) = \frac{n(m-1)}{2p}\left(\sum_{i=1}^{m} n_i\right),$$

其中第一个不等式是柯西不等式

$$\left(\sum_{i=1}^{m} n_i\right)^2 \leqslant m\sum_{i=1}^{m} n_i^2,$$

第二个不等式是因为顶点总数

$$\sum_{i=1}^{m} n_i < \frac{mn}{p}.$$

将图 G_k 的所有连通分支中的边数求和, 我们能够知道图 G_k 的边数少于 $mn\dfrac{n(m-1)}{2p}=\dfrac{n^2 m(m-1)}{2p}$ 条, 所以所有航线的条数少于 $p\cdot\dfrac{n^2 m(m-1)}{2p}=n^2 C_m^2$, 而后者是所有不同州的机场间的航线总数, 矛盾.

19. 考虑所有实系数多项式构成的 $\mathbf{R}$ 上的向量空间 $\mathbf{R}[x]$, 在其上定义一个实系数的线性泛函 $L:\mathbf{R}[x]\to\mathbf{R}:Lx^n=a_n,n=0,1,2,\cdots$, 那么若 $f=\sum_{k}\alpha_k x^k$, 则

$$Lf=\sum_{k}\alpha_k a_k.$$

由于

$$(X+1)^n=\sum_{k=0}^{n} C_n^k X^k,$$

故

$$L(X+1)^n=\sum_{k=0}^{n} C_n^k LX^k=\sum_{k=0}^{n} C_n^k a_k=\sum_{k=0}^{n-1} C_n^k a_k+a_n=2a_n=2LX^n,$$

所以对每个 $\mathbf{R}[x]$ 中的多项式 f 有 $Lf(X+1) = 2Lf(X) - f(0)$. 特别地,取 $f(X) = C_X^k$,由组合恒等式 $C_{X+1}^k = C_X^k + C_X^{k-1}$,$k \geq 1$ 可得 $LC_X^k = LC_X^{k-1}$,$k \geq 1$,这可以推得 $LC_X^k = 1$,$k \geq 0$,进一步,对 $[x]$ 中的每个整数值多项式 f,Lf 也是整数,这是因为对每个整数 k,若 $f(k)$ 均为整数,那么 f 可表示为 $\sum_k \alpha_k C_X^k$,其中 α_k 为整数,那么 $Lf = \sum_k \alpha_k$ 也是整数.

最后,由于对每个整数 a,$a^{p^m} \equiv a^{p^{m-1}} \pmod{p^m}$(这点可以参看第二次选拔考第 1 题解答最后一段),所以

$$f(X) = \frac{X^{p^m q + r} - X^{p^{m-1} q + r}}{p^m}$$

是 $\mathbf{R}[x]$ 中的整数值多项式,那么 $Lf = \dfrac{a_{p^m q + r} - a_{p^{m-1} q + r}}{p^m}$ 是整数值,这便完成了证明.

注 本证明中用到的结论:有理系数多项式 $f(X)$ 是整数值多项式当且仅当它可分解成组合数 C_X^k 的整数值线性组合,一种证明可以参考波利亚(Polya G)、舍贵(Szago G)的《数学分析中的问题和定理(第二卷)》问题 85. 事实上,分解出的线性系数就是第二类 Stirling 数,该数列可递推地得到.

武炳杰　整理
复旦大学数学科学学院

测试 一

2015 年 10 月 15 日 13:30—17:30

1. 设 $\triangle ABC$ 的垂心为 H，三条边 BC、CA、AB 的中点分别为 D、E、F，$\triangle DEF$ 的内切圆为 Γ，圆心为 S，直线 $l // AB$，$m // AC$，且都与 Γ 相切（AB 与 l、AC 与 m 分别在 S 同侧），l 与 m 交于点 T. 射线 AT 上一点 N 满足 $AN = 2AT$，Q 是 $\triangle ABC$ 的外接圆中弧 $\overparen{BAC}$ 的中点，点 R 使得四边形 $AHRQ$ 为平行四边形. 证明：$HR \perp RN$.

2. 给定整数 $k > 3$. 证明：方程
$$mn + nr + rm = k(m + n + r)$$
至少有 $3k + 3\left[\dfrac{k+4}{3}\right] + 1$ 组正整数解.

3. 给定正整数 k. A、B、C 三人玩一个游戏（A 为一方，B 和 C 为另一方）：A 先从集合 $\{1, 2, \cdots, n\}$ 中取 k 个数交给 B，B 从这 k 个数中选择 $k-1$ 个有序地给 C. 若 C 能够确定 B 没有给 C 的数是什么，则 B 和 C 获胜. 求最大的正整数 n，使得 B 和 C 有必胜策略.

4. 试确定所有次数不超过 2 的整系数多项式 $f(x)$，使得存在整系数多项式 $g(x)$，满足
$$x^3 - 1 \mid f(x)g(x) - 1.$$

测 试 二

2015 年 10 月 16 日 8:00—12:00

5. 设 S、T 是两个非负整数集合，$0 \in S$，$R = \{a + b \mid a \in S, b \in T\}$. 已知存在正实数 u、v，满足：对任意正整数 n，都有
$$|S \cap \{1, 2, \cdots, n\}| \geq un, \quad |T \cap \{1, 2, \cdots, n\}| \geq vn.$$
证明：若 $u + v \geq 1$，则每个正整数都属于 R.

6. 是否存在平面上的有限个点组成的集合 A 和有限条直线组成的集合 B，满足：A 中任一点恰有 B 中的三条直线通过，B 中任一直线恰过 A 中的三个点？

7. 设 p 是奇素数，$g(x)$ 是一个整系数 m 次多项式，$k \in \mathbf{N}^*$，设
$$\binom{g(px)}{k} = c_0 + c_1 \binom{x}{1} + \cdots + c_{mk}\binom{x}{mk},$$
其中

$$\binom{x}{k} = \frac{x(x-1)\cdots(x-k+1)}{k!}.$$

证明：$c_j \in \mathbf{Z}$，且 $p^{j-\left[\frac{k}{p}\right]} \mid c_j (j=0,1,\cdots,mk)$.

8. 对于正整数 k，考虑平面 $\mathbf{R}^2$ 的两个子集

$$S = \left\{\left(m+\frac{1}{k}, n\right) \Big| m、n \in \mathbf{Z}\right\}, \quad T = \left\{\left(m+\frac{2}{k}, n\right) \Big| m、n \in \mathbf{Z}\right\}.$$

求满足下述条件的所有正整数 k：存在实数 $a、b、c、d$，使得映射 $F: \mathbf{R}^2 \to \mathbf{R}^2$，

$$F(x, y) = (ax + by, cx + dy),$$

满足 $F(S) = T$.

注 这里 $F(S) = T$ 指下面两个条件成立：
(1) 对任意 $(x, y) \in S$，有 $F(x, y) \in T$；
(2) 对任意 $(x', y') \in T$，存在 $(x, y) \in S$ 满足 $F(x, y) = (x', y')$.

参考答案

1.（法一） 如图 1 所示，设 $\triangle ABC$ 的外心为 O，内心为 I. 易知 $\triangle DEF \backsim \triangle ABC$，且其对应边平行，相似比为 $1:2$. 从而，$S、I$ 分别是相似三角形 $\triangle DEF、\triangle ABC$ 的对应点. 易知 $\overrightarrow{SD} = \frac{1}{2}\overrightarrow{AI}$. 设 l 与 DF 交于点 X，m 与 DE 交于点 Y，易知四边形 $DXTY$ 为平行四边形，而 $\triangle DEF$ 的内切圆 Γ 是其内切圆，故四边形 $DXTY$ 为菱形. 从而，S 为 DT 中点，即

$$\overrightarrow{TD} = 2\overrightarrow{SD} = \overrightarrow{AI}, \quad \overrightarrow{TS} = \frac{1}{2}\overrightarrow{AI}.$$

结合 $AN = 2AT$，知 $I、S、N$ 三点共线，且 S 是 IN 的中点.

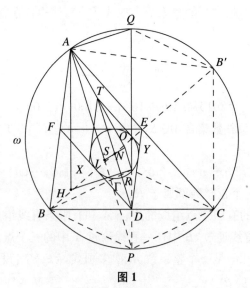

图 1

设 $\triangle ABC$ 的外接圆 ω 的弧 $\overparen{BC}$ 的中点为 P，则 P 在射线 AI 上，PQ 为 $\triangle ABC$ 外接圆的直径，且 $R、O、D$ 都在 PQ 上. 于是，$AQ \perp AI$，故 $HR \perp AI$.

联结 BO 并延长,交圆 ω 于点 B',则易知 $B'C \parallel AH$(均垂直于 BC),$CH \parallel AB'$(均垂直于 AB).从而,四边形 $AHCB'$ 是平行四边形.于是,$\overrightarrow{B'C} = \overrightarrow{AH} = \overrightarrow{QR}$,即四边形 $B'CRQ$ 是平行四边形,故 $\overrightarrow{CR} = \overrightarrow{B'Q} = \overrightarrow{PB}$,即四边形 $BRCP$ 是平行四边形(进一步可得该四边形是菱形),故 D 是 RP 的中点.

在四边形 $NRPR$ 中,点 S、D 分别是边 NI、RP 的中点,且 $SD \parallel IP$.从而易知 $RN \parallel IP$,即 $RN \parallel AI$.又 $HR \perp AI$,故 $HR \perp RN$.

(法二) 如图 2 所示,易知 $\triangle DEF \sim \triangle ABC$,且其对应边平行.设 $\triangle ABC$ 的外接圆为 ω,圆 ω 的弧 $\overset{\frown}{BC}$ 的中点为 P,则 DT、AP 分别是 $\angle EDF$、$\angle BAC$ 的平分线.从而,$AP \parallel DT$.

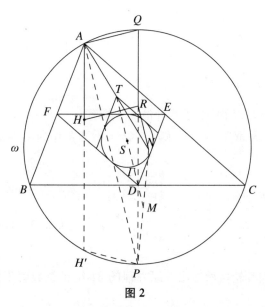

图 2

易知 PQ 是圆 ω 的直径,且 R、D 都在 PQ 上,则 $AQ \perp AP$,故 $HR \perp AP$.延长 AH 交圆 ω 于点 H',由垂心的性质,知 H、H' 关于 BC 对称.易知 $AH' \parallel PQ$(均垂直于 BC),故 $HR = AQ = H'P$,即四边形 $HH'PR$ 是等腰梯形,其对称轴为直线 BC,故 D 是 RP 的中点.

设直线 TM 与 PN 交于点 M,则在 $\triangle ANP$ 中,由 T 是 AN 的中点,$TM \parallel AP$,知 M 是 PN 的中点.而在 $\triangle PRN$ 中,由 D、M 分别是边 RP、PN 的中点,知 $DM \parallel RN$,即 $RN \parallel DT \parallel AP$.又 $HR \perp AP$,故 $HR \perp RN$.

2. 将原方程化为
$$(n-(k-m))(r-(k-m)) = k^2 - km + m^2. \qquad ①$$

取 $n = k - m + 1$,$r = k^2 - km + m^2 + k - m$ 满足方程①.此时,$m + n = k + 1$,且
$$r = \left(m - \frac{k+1}{2}\right)^2 + \frac{1}{4}(3k-1)(k+1) > k + 1.$$

故当 m 取 $1, 2, \cdots, k$ 时,$0 < m、n < r$.这 k 组正整数解连同其轮换给出了原方程的 $3k$ 组不同的正整数解.

当 $m \equiv -k \pmod{3}$ 时
$$k^2 - km + m^2 \equiv k^2 + k^2 + k^2 \equiv 0 \pmod{3}.$$

取 $n=k-m+3, r=k-m+\dfrac{k^2-km+m^2}{3}$ 满足方程①, 且 m 取 $1,2,\cdots,k+2$ 中所有满足 $m\equiv -k\pmod{3}$ 的整数时, 由此给出的 n、r 也是整数.

接下来证明, 每组对应的 (m,n,r) 满足 $0<m$、$n<r$.

注意到
$$r=k-m+\dfrac{k^2-km+m^2}{3}=\dfrac{1}{3}(m^2-(k+3)m+k^2+3k).$$

若 $k=4$, 则 $\{m,n\}=\{2,5\}$, $r=\dfrac{1}{3}(m^2-7m+28)=\dfrac{1}{3}(m-2)(m-5)+6=6$.

否则, $k>4$, 有
$$r=\dfrac{1}{3}\left(\left(m-\dfrac{k+1}{2}\right)^2+\dfrac{3}{4}(k-1)(k-3)\right)\geq \dfrac{1}{4}(k-1)(k+3),$$

故 $r-(k+3)\geq \dfrac{1}{4}(k-5)(k+3)\geq 0$.

又 $0<m$、$n<k+3$, 从而, 上述两种情形下均有 $0<m$、$n<r$.

对于固定的 k, $m+k$ 取 $1+k, 2+k, \cdots, (k+2)+k$ 中所有 3 的倍数. 故以上 m 的取法种数为

$$l=\left[\dfrac{2k+2}{3}\right]-\left[\dfrac{k}{3}\right]=\begin{cases}\left[\dfrac{k+4}{3}\right]-1, & k\equiv 0\pmod{3}; \\ \left[\dfrac{k+4}{3}\right], & k\equiv 1、2\pmod{3}.\end{cases}$$

注意到, 此时 $m+n=k+3$.

因此, 这 l 组解连同其轮换所给出的原方程的 $3l$ 组正整数解不同于前面给出的 $3k$ 组正整数解.

显然, $m=n=r=k$ 为原方程的另一组正整数解.

当 $k\equiv 1、2\pmod{3}$ 时, 已经得到原方程的 $3k+3l+1=3k+3\left[\dfrac{k+4}{3}\right]+1$ 组正整数解.

下设 $k\equiv 0\pmod{3}$.

当 $k=9$ 时, $\{m,n,r\}=\{3,13,15\}$ 给出了原方程的 6 组新的正整数解.

当 $k\equiv 0\pmod{3}$, 且 $k\neq 9$ 时, $\{m,n,r\}=\left\{k,9,\dfrac{k^2}{9}\right\}$ 也给出了原方程的 6 组新的正整数解.

两种情形下原方程均至少有 $3k+3l+1+6=3k+3\left[\dfrac{k+4}{3}\right]+4$ 组正整数解.

综上, 命题成立.

3. 所求的最大正整数 n 为 $k!+k-1$.

如果 B、C 两人必胜, 那么需要建立一个从集合
$$P=\{(x_1,x_2,\cdots,x_{k-1})\mid x_i\in\{1,2,\cdots,n\}\text{ 且互不相同}, i=1,2,\cdots,k-1\}$$
到

$$Q = \{(x_1, x_2, \cdots, x_k) \mid 1 \leq x_1 < x_2 < \cdots < x_k \leq n\}$$

的满射. 从而, $|P| \geq |Q|$, 即

$$A_n^{k-1} \geq C_n^k \Leftrightarrow \frac{n!}{(n-k+1)!} \geq \frac{n!}{k!(n-k)!} \Leftrightarrow n \leq k! + k - 1.$$

下面证明, 当 $n = k! + k - 1$ 时, B、C 有必胜策略.

此时, $|P| = |Q|$, 因此需要建立从 P 到 Q 的一个双射. 该双射还需满足一个条件: 若 P 中的一个元素 T 对应 Q 中的一个元素 T', 则 T 中的 $k-1$ 个数都在 T' 中.

构造一个二部图 $X + Y$, 每部分各 $\dfrac{(k!+k-1)!}{(k!)!}$ 个点. X 中的每个点代表 P 中的一个元素, Y 中的每个点代表 Q 中的一个元素. 将满足上述条件的 P 中的元素与 Q 中的元素连线, 易知 X 中的每个点与 Y 中的 $k!$ 个点相连, 而 Y 中的每个点也与 X 中的 $k!$ 个点相连.

下面证明: 对于 X 的任一个子集 X', 至少与 X' 中有一个点相连的 Y 中的点的个数不少于 $|X'|$.

事实上, 设 $|X'| = t$, 则 X' 中的点的度数之和为 $t \cdot k!$, 而对于 Y 中的每个点, 至多在其中被计算了 $k!$ 次. 从而, 这 $t \cdot k!$ 条边涉及的 Y 中的点不少于 t 个. 因此, 上述结论成立. 根据 Hall 定理①, 知存在满足条件的从 P 到 Q 的一个双射.

综上所述, 所求的最大正整数 n 为 $k! + k - 1$.

4. 设 ω 为三次单位根. 令 $f(x) = a(x^2 + x + 1) + bx + c$, 其中 a、b、$c \in \mathbf{Z}$, 则

$$f(\omega) = b\omega + c,$$

$$|f(\omega)| = \frac{1}{2}\sqrt{(2b-c)^2 + 3c^2}.$$

当 $|c| = 0$ 时, 我们有 $|f(\omega)| = |b| \geq 1$ (注意由 $f(\omega)g(\omega) = 1$, 知 $f(\omega)$ 不等于 0).

当 $|c| = 1$ 时, 我们有 $|2b - c| \geq 1$, 此时仍有 $|f(\omega)| \geq 1$.

当 $|c| \geq 2$ 时, 显然 $|f(\omega)| > 1$.

因此, 总有 $|f(\omega)| \geq 1$.

由 $g(x)$ 为整系数多项式, 同样可得 $|g(\omega)| \geq 1$.

综上可知, $|f(\omega)| = 1$. 由 $|f(\omega)| \geq 1$ 的证明过程可知等号成立的条件为 $c = \pm 1, b = 0$ 或 $c = 0, b = \pm 1$ 或 $b = c = \pm 1$.

又由 $f(1)g(1) = 1$, 知 $f(1) = \pm 1$, 即 $3a + b + c = \pm 1$. 注意到 a 为整数, 知 $c = \pm 1, b = 0, a = 0$ 或 $c = 0, b = \pm 1, a = 0$ 或 $b = c = \pm 1, a = -b$. 这三种情形对应的解分别为 $f(x) = \pm 1, f(x) = \pm x, f(x) = \pm x^2$. 经检验, 这些解满足题设.

因此, 所求满足条件的整系数多项式为 $f(x) = \pm 1, f(x) = \pm x, f(x) = \pm x^2$.

5. 用反证法. 假设 m 为不属于 R 的最小正整数. 由 $v > 0$, 知 $1 \in T$. 又 $0 \in S$, 故 $1 \in R$. $m \geq 2$. 由 $0 \in S, 0 \notin R$, 知 $m \notin T$, 故

$$|S \cap \{1, 2, \cdots, m-1\}| + |T \cap \{1, 2, \cdots, m-1\}|$$

---

① **Hall 定理** 给定二部图 $G = X + Y$. 如果对于任何子集 $X_1 \subseteq X$, 与 X_1 中的顶点有边相连的顶点数目都不少于 X_1 中的顶点数目, 那么在图 G 中一定存在一个匹配 (即具有不同顶点的边的集合), 其顶点集合包含集合 X.

$$= |S \cap \{1,2,\cdots,m-1\}| + |T \cap \{1,2,\cdots,m\}|$$
$$\geqslant u(m-1) + vm > (u+v)(m-1) \geqslant m-1.$$

记 $T' = \{m - b \mid b \in T \cap \{1,2,\cdots,m-1\}\}$,则 $|T'| = |T \cap \{1,2,\cdots,m-1\}|$.

由
$$|S \cap \{1,2,\cdots,m-1\}| + |T'| > m - 1,$$

知存在 $a \in S \cap \{1,2,\cdots,m-1\}$.

故
$$m - b \in T', \quad b \in T \cap \{1,2,\cdots,m-1\},$$

使得 $a = m - b$,但 $m = a + b \in R$,矛盾.

6. 存在.

(法一) 考虑 $\mathbf{R}^3$ 中的 27 个点组成的集合 $\{(x,y,z) \mid x,y,z \in \{1,2,3\}\}$ 及过这些点且与各坐标轴平行的直线得到空间中的一个图形. 这一图形向一个适当的平面投影便得到平面上的 27 个点组成的集合 A 及 27 条直线组成的集合 B 满足条件.

(法二) 如图 3 所示,设 A_1、A_3、A_5 是一条直线 l_1 上的三点,A_2、A_4、A_6 是另一条直线上的三点. 记直线 $A_i A_{i+1}$ 为 $m_i (i=1,2,\cdots,6, A_7 = A_1)$,并记直线 m_i 与 m_{i+3} 交于点 $C_i (i=1,2,3)$. 根据帕普斯(Pappus)定理,知 C_1、C_2、C_3 三点共线. 将这条直线记为 l_3,则点集 $A = \{A_1, A_2, \cdots, A_6, C_1, C_2, C_3\}$,直线集 $B = \{l_1, l_2, l_3, m_1, m_2, \cdots, m_6\}$ 符合要求.

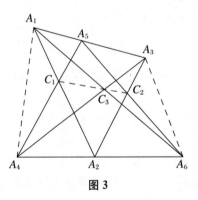

图 3

注 帕普斯定理的证明如下. 这里,我们使用有向线段和有向角进行推理,这样可以避免对点的相对位置关系的讨论.

如图 3 所示,联结 $A_1 A_4$、$A_3 A_6$、$C_1 C_3$. 对 $\triangle A_1 A_4 C_3$ 及点 C_1 应用角元塞瓦定理,得

$$\frac{\sin \angle A_4 A_1 A_2}{\sin \angle A_2 A_1 A_6} \cdot \frac{\sin \angle A_3 A_4 A_5}{\sin \angle A_5 A_4 A_1} \cdot \frac{\sin \angle A_1 C_3 C_1}{\sin \angle C_1 C_3 A_4} = 1,$$

又由分角线定理,得

$$\frac{A_1 A_4}{A_1 A_6} \cdot \frac{\sin \angle A_4 A_1 A_2}{\sin \angle A_2 A_1 A_6} = \frac{\overline{A_4 A_2}}{\overline{A_2 A_6}} = \frac{A_3 A_4}{A_3 A_6} \cdot \frac{\sin \angle A_4 A_3 A_2}{\sin \angle A_2 A_3 A_6},$$

$$\frac{A_4 A_3}{A_4 A_1} \cdot \frac{\sin \angle A_3 A_4 A_5}{\sin \angle A_5 A_4 A_1} = \frac{\overline{A_3 A_5}}{\overline{A_5 A_1}} = \frac{A_6 A_3}{A_6 A_1} \cdot \frac{\sin \angle A_3 A_6 A_5}{\sin \angle A_5 A_6 A_1}.$$

又 $\angle A_6 C_3 C_1 = \angle A_1 C_3 C_1$,$\angle C_1 C_3 A_3 = \angle C_1 C_3 A_4$,于是

$$\frac{\sin\angle A_4A_3A_2}{\sin\angle A_2A_3A_6}\cdot\frac{\sin\angle A_3A_6A_5}{\sin\angle A_5A_6A_1}\cdot\frac{\sin\angle A_6C_3C_1}{\sin\angle C_1C_3A_3}$$

$$=\frac{A_3A_6}{A_3A_4}\cdot\frac{A_1A_4}{A_1A_6}\cdot\frac{\sin\angle A_4A_1A_2}{\sin\angle A_2A_1A_6}\cdot\frac{A_6A_1}{A_6A_3}\cdot\frac{A_4A_3}{A_4A_1}\cdot\frac{\sin\angle A_3A_4A_5}{\sin\angle A_5A_4A_1}\cdot\frac{\sin\angle A_1C_3C_1}{\sin\angle C_1C_3A_4}$$

$$=\frac{\sin\angle A_4A_1A_2}{\sin\angle A_2A_1A_6}\cdot\frac{\sin\angle A_3A_4A_5}{\sin\angle A_5A_4A_1}\cdot\frac{\sin\angle A_1C_3C_1}{\sin\angle C_1C_3A_4}=1.$$

根据角元塞瓦定理的逆定理,知 A_3A_2、A_6A_5、C_1C_3 三线共点或平行. 但 A_3A_2 与 A_6A_5 相交于点 C_2,所以 A_3A_2、A_6A_5、C_1C_3 共点于 C_2. 故 C_1、C_2、C_3 三点共线.

7. 首先我们证明如下更一般的命题:设 $f(x)$ 为 n 次整值多项式(即对任意整数 x, $f(x)$ 均为整数). 令

$$f(x)=a_0+a_1\binom{x}{1}+\cdots+a_n\binom{x}{n},$$

则 $a_i\in\mathbf{Z}\ (0\leqslant i\leqslant n)$.

事实上,令 $\Delta f(x)=f(x+1)-f(x)$,$\Delta^i f(x)=\Delta(\Delta^{i-1}f(x))$. 则显然 $\Delta^i f(x)$ 为整值多项式. 由

$$\binom{x+1}{i}-\binom{x}{i}=\binom{x}{i-1}$$

及数学归纳法易知,对 $0\leqslant i\leqslant n$,有

$$\Delta^i f(x)=a_i+a_{i+1}\binom{x}{1}+a_{i+2}\binom{x}{2}+\cdots+a_n\binom{x}{n-i}.$$

因此, $a_i=\Delta^i f(0)\ (0\leqslant i\leqslant n)$. 故 $a_i\in\mathbf{Z}\ (0\leqslant i\leqslant n)$. 命题得证.

由上面命题立即可得 $c_j\in\mathbf{Z}$. 下面证明 $p^{j-\left[\frac{k}{p}\right]}\mid c_j$. 实际上只要证明对 $j=\left[\frac{k}{p}\right]+1,\cdots,mk$ 成立.

设

$$g(x)=b_m x^m+b_{m-1}x^{m-1}+\cdots+b_1 x+b_0.$$

下面比较原等式两边 x^{mk} 的系数. 原等式左边 x^{mk} 的系数为 $\frac{cp^{mk}}{k!}$,其中 $c\in\mathbf{Z}$. 原等式右边 x^{mk} 的系数为 $\frac{c_{mk}}{(mk)!}$. 故

$$c_{mk}=\frac{cp^{mk}(mk)!}{k!}.$$

因此,$p^{mk}\mid c_{mk}$.

接下来我们用数学归纳法证明 $p^{j-\left[\frac{k}{p}\right]}\mid c_j\left(j=\left[\frac{k}{p}\right]+1,\cdots,mk\right)$.

已证结论对 $j=mk$ 成立. 假设结论对 $t\leqslant j\leqslant mk$ 成立,其中 $\left[\frac{k}{p}\right]+2\leqslant t\leqslant mk$. 下证 $j=t-1$ 也成立.

考虑原等式两边 x^{t-1} 的系数. 左边 x^{t-1} 系数为 $\frac{dp^{t-1}}{k!}\ (d\in\mathbf{Z})$. 由于 $c_t,c_{t+1},\cdots,c_{mk}$ 均

为 $p^{t-\left[\frac{k}{p}\right]}$ 的倍数，则

$$c_{t-1}\binom{x}{t-1} = c_{t-1}\frac{x(x-1)\cdots(x-t+2)}{(t-1)!},$$

故右边 x^{t-1} 的系数为

$$\frac{c_{t-1}}{(t-1)!} + p^{t-\left[\frac{k}{p}\right]} \cdot s \quad (s \in \mathbf{Z}).$$

从而

$$c_{t-1} = \frac{dp^{t-1}(t-1)!}{k!} - p^{t-\left[\frac{k}{p}\right]} \cdot s \cdot (t-1)!.$$

由于 $t \geqslant \left[\frac{k}{p}\right] + 2$，令 $r = \left[\frac{k}{p}\right] + 1$，则 $t - 1 \geqslant r$. 因此

$$v_p((t-1)!) \geqslant v_p(r!) = \sum_{j=1}^{\infty}\left[\frac{r}{p^j}\right] \geqslant \sum_{j=1}^{\infty}\left[\frac{k}{p^{j+1}}\right] = \sum_{j=2}^{\infty}\left[\frac{k}{p^j}\right],$$

其中 $v_p(t)$ 指使得 $p^\alpha \mid t$ 最大的正整数 α. 又因为

$$v_p(k!) = \sum_{j=1}^{\infty}\left[\frac{k}{p^j}\right],$$

故可得 $v_p(c_{t-1}) \geqslant t - 1 - \left[\frac{k}{p}\right]$. 故结论对 $j = t - 1$ 也成立.

因此，$p^{j-\left[\frac{k}{p}\right]} \mid c_j$.

8. 所求的正整数 k 为所有的正奇数.

取 S 中的四个点 $A(x_1, y_1)$、$B(x_1 + 1, y_1)$、$C(x_1 + 1, y_1 + 1)$、$D(x_1, y_1 + 1)$. 设 F 把 A、B、C、D 分别映射到 A'、B'、C'、D'. 设 $A'(x_1', y_1')$，则 $B'(x_1' + a, y_1' + c)$、$C'(x_1' + a + b, y_1' + c + d)$、$D'(x_1' + b, y_1' + d)$. 易知四边形 $A'B'C'D'$ 为平行四边形且是 T 中面积最小的平行四边形. 由 A'、B'、C'、$D' \in T$，知 a, b, c, d 为整数. 注意到 T 中面积最小的平行四边形的面积为 1，故 $S_{\text{四边形}A'B'C'D'} = |ad - bc| = 1$. 因此，$F(S) = T$ 等价于以下三个条件成立：

(a) $a、b、c、d \in \mathbf{Z}$；

(b) $|ad - bc| = 1$；

(c) $F(x_1, y_1) = F\left(m_1 + \frac{1}{k}, n_1\right) \in T$.

易知 $F\left(m_1 + \frac{1}{k}, n_1\right) = \left(am_1 + bn_1 + \frac{a}{k}, cm_1 + dn_1 + \frac{c}{k}\right) \in T$ 当且仅当 $a \equiv 2 \pmod{k}$ 且 $c \equiv 0 \pmod{k}$.

若 k 为偶数，则 $2 \mid a, 2 \mid c$，这与 $|ad - bc| = 1$ 矛盾.

若 k 为奇数，则取 $a = 2, c = k$. 此时 $\gcd(a, c) = 1$. 由裴蜀定理，知存在 $b、d \in \mathbf{Z}$，使得 $ad - bc = 1$. 此时条件 (a)、(b)、(c) 均满足，从而 $F(S) = T$.

李　潜　杨全会　王云崧　顾冬华　等供解

第四篇　模拟训练

《学数学》高中数学竞赛训练题（1）

《学数学》高中数学竞赛训练题（2）

《学数学》高考数学模拟训练题

《学数学》高中数学竞赛训练题(1)

一 试

一、填空题(每小题8分,共64分)

1. 设函数 $f(x) = x\sin x(x \in \mathbf{R})$ 在 $x = x_0$ 处取得极值,则 $(1 + x_0^2)(1 + \cos 2x_0)$ = _____.

2. 设甲袋中有4只白球、5只红球、6只黑球;乙袋中有7只白球、6只红球、2只黑球. 若从两袋中各取一球,则两球颜色不同的概率是_____.

3. 在 $\triangle ABC$ 中,D 是边 BC 的中点. 若 $\overrightarrow{AD} \cdot \overrightarrow{AC} = 0$,则 $\tan C - \cot A$ 的最小值为_____.

4. 在数列 $\{a_n\}$ 中,$a_1 = 1$. 当 $n \geq 2$ 时,a_n、S_n、$S_n - \dfrac{1}{2}$(S_n 是数列 $\{a_n\}$ 的前 n 项和)成等比数列,则 $\lim\limits_{n \to \infty} n^2 a_n =$ _____.

5. 在棱长为1的正四面体 $ABCD$ 中,M、N 分别为 AD、BC 的中点. 则过 MN 的平面与此四面体所截得的最小面积是_____.

6. 若 $x \in \left(0, \dfrac{\pi}{2}\right)$,则函数 $f(x) = 2\cos^3 x + 3\cos^2 x - 6\cos x - 2\cos 3x$ 的最大值是_____.

7. 已知复数 z_1、z_2、z_3 满足 $|z_1| \leq 1, |z_2| \leq 1, |2z_3 - (z_1 + z_2)| \leq |z_1 - z_2|$. 则 $|z_3|$ 的最大值是_____.

8. 三条直线 $y = \sqrt{2}x, y = -\sqrt{2}x$ 和 $x = m$ 将椭圆面 $\dfrac{x^2}{4} + y^2 \leq 1$ 分成若干块. 现用6种不同的颜色给这若干块涂色,每块只涂一种颜色,且任意两块不同色,共有720种涂法. 则实数 m 的取值范围是_____.

二、解答题(共56分)

9. (16分) 实数 a 使得方程 $4^x - 4^{-x} = 2\cos ax$ 恰有2015个根. 试问:对于这个 a,方程 $4^x + 4^{-x} = 2\cos ax + 4$ 有多少个根?

10. (20分) 已知曲线 $C_1: \dfrac{x^2}{4} + y^2 = 1$,曲线 $C_2: y = x^2 - 1$,点 $M(0, -1)$. 过坐标原点 O 的直线 l 与 C_2 相交于 A、B 两点,直线 MA、MB 分别与 C_1 相交于点 D、$E(D$、$E \neq M)$.

(1) 证明:$MD \perp ME$.

(2) 记 $\triangle MAB$、$\triangle MDE$ 的面积分别为 S_1、S_2. 试问:是否存在直线 l,使得 $\dfrac{S_1}{S_2}=\dfrac{17}{32}$ 成立? 若存在,求出直线 l 的方程;若不存在,说明理由.

11. (20 分) 将正整数数列 $\{a_n\}$ 的前 n 项和记为 $\{S_n\}$,数列 $\{S_n+1\}$ 的前 n 项和记为 $\{T_n\}$. 试问:是否存在唯一的数列 $\{a_n\}$,使得数列 $\{T_n\}$ 与数列 $\{S_{n+1}-1\}$ 相同? 若存在,试求出数列 $\{a_n\}$ 的通项公式;若不存在,试求 $\displaystyle\lim_{n\to\infty}\dfrac{a_2+a_4+\cdots+a_{2n}}{a_1+a_3+\cdots+a_{2n-1}}$ 的值.

加 试

一.(40 分) 设正整数 a、b、c 满足 $a\geqslant b\geqslant c$,且 $\dfrac{a-c}{2}$ 是素数. 证明:若
$$a^2+b^2+c^2-2(ab+bc+ca)=b,$$
则 b 是素数或完全平方数.

二.(40 分) 设整数 $n\geqslant 2$,实数 $a_1,a_2,\cdots,a_n$ 满足 $a_1+a_2+\cdots+a_n=1$. 设
$$b_k=\left(1-\dfrac{1}{4^k}\right)\cdot\sqrt{a_1^2+a_2^2+\cdots+a_k^2}\quad(k=1,2,\cdots,n),$$
试求 $b_1+b_2+\cdots+b_{n-1}+2b_n$ 的最小值.

三.(50 分) 如图 1 所示,$\triangle ABC$ 内接于圆 Γ,P 是 $\triangle ABC$ 内的一点,D、E、F 分别是 P 在边 BC、CA、AB 上的射影. AP 与 EF 交于点 K,R 在圆 Γ 上,且满足 $\angle RAP=90°$,AP 与 $\triangle BPC$ 的外接圆的另一个交点为 S. 记过 R 且平行于 BC 的直线为 l_1,过点 S 且平行于 DK 的直线为 l_2.

证明:l_1 与 l_2 的交点 T 在圆 Γ 上.

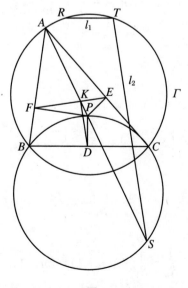

图 1

四.(50分) 村镇中有一些村民,如果两个村民是相互认识的,那么其中一个人就可以反映另一个人的意见(每个人也可以反映自己的意见).现在要从中选出一些村民组成委员会,使得对于每个村民,委员会中都恰有奇数个人可以反映他的意见.求证:委员会的选取方法数是2的整数幂.

参考答案

一 试

一.填空题

1. 2.

易知 $f'(x_0) = \sin x + x\cos x$,由函数 $f(x)$ 在 $x = x_0$ 处取得极值,知 $f'(x_0) = 0$,即 $x_0 = -\tan x_0$,故

$$(1 + x_0^2)(1 + \cos 2x_0) = (1 + \tan^2 x_0) \cdot 2\cos^2 x_0 = \sec^2 x_0 \cdot 2\cos^2 x_0 = 2.$$

2. $\dfrac{31}{45}$.

两球颜色相同的概率为 $P = \dfrac{4 \times 7 + 5 \times 6 + 6 \times 2}{15 \times 15}$,故两球颜色不同的概率为 $1 - \dfrac{14}{45} = \dfrac{31}{45}$.

3. $\sqrt{2}$.

取 AB 的中点 E,则 $DE \parallel AC$,$\angle ADE = 90°$,$\angle DAE = \angle A - 90°$.记 $AC = b$,$AD = m$,则 $\tan C = \dfrac{m}{b}$,$\tan(A - 90°) = \dfrac{b}{2m}$,即 $-\cot A = \dfrac{b}{2m}$.所以

$$\tan C - \cot A = \dfrac{m}{b} + \dfrac{b}{2m} \geqslant \sqrt{2},$$

当且仅当 $m = \dfrac{\sqrt{2}}{2}b$ 时等号成立.

4. $-\dfrac{1}{2}$.

由条件知当 $n \geqslant 2$ 时

$$S_n^2 = a_n\left(S_n - \dfrac{1}{2}\right) = (S_n - S_{n-1})\left(S_n - \dfrac{1}{2}\right),$$

从而

$$\dfrac{1}{S_n} - \dfrac{1}{S_{n-1}} = 2,$$

于是

$$\dfrac{1}{S_n} = \dfrac{1}{S_1} + 2(n-1) = 2n - 1,$$

所以,$S_n = \dfrac{1}{2n-1}$.于是

$$a_n = S_n - S_{n-1} = \frac{1}{2n-1} - \frac{1}{2n-3} = -\frac{2}{(2n-1)(2n-3)}.$$

所以

$$\lim_{n\to\infty} n^2 a_n = \lim_{n\to\infty} -\frac{2n^2}{(2n-1)(2n-3)} = \lim_{n\to\infty} -\frac{2}{\left(2-\frac{1}{n}\right)\left(2-\frac{3}{n}\right)} = -\frac{1}{2}.$$

5. $\frac{1}{4}$.

首先,过 MN 的平面必仅与某对棱分别有一个交点,不妨设交 AB 于 E,交 CD 于 F. 注意到 $S_{\triangle EMN} = \frac{1}{2} MN \cdot h_{E-MN}$ 即 $h_{E-MN} \geqslant h_{AB-MN}$.

设 E_1 为 AB 的中点,O 为 MN 的中点,易知 OE_1 为 AB 与 MN 的公垂线. 则 $h_{AB-MN} = OE_1 = \frac{\sqrt{2}}{4}$. 故 $S_{\triangle EMN} \geqslant \frac{1}{2} MN \cdot OE_1 = \frac{1}{8}$. 同理,$S_{\triangle FMN} \geqslant \frac{1}{8}$. 因此,$S_{四边形 EMFN} \geqslant \frac{1}{4}$. 当 E、F 分别为 AB、CD 的中点时,等号成立. 此时,E、M、F、N 四点共面,符合条件.

6. $\frac{1}{9}$.

因为
$$\cos 3x = \cos(2x+x) = \cos 2x \cos x - \sin 2x \sin x$$
$$= (2\cos^2 x - 1)\cos x - 2\cos x(1-\cos^2 x)$$
$$= 4\cos^3 x - 3\cos x,$$

所以
$$f(x) = 3\cos^2 x - 6\cos^3 x = 3\cos^2 x(1 - 2\cos x)$$
$$\leqslant 3\left(\frac{\cos x + \cos x + 1 - 2\cos x}{3}\right)^3 = \frac{1}{9}.$$

等号成立当且仅当 $\cos x = 1 - 2\cos x$,即 $\cos x = \frac{1}{3}$ 时取得.

所以,当 $x = \arccos \frac{1}{3}$ 时,$f(x)$ 有最大值 $\frac{1}{9}$.

7. $\sqrt{2}$.

注意到
$$|2z_3| - |z_1 + z_2| \leqslant |2z_3 - (z_1 + z_2)| \leqslant |z_1 - z_2|.$$

则
$$2|z_3| \leqslant |z_1 + z_2| + |z_1 - z_2|$$
$$\leqslant \sqrt{2(|z_1+z_2|^2 + |z_1-z_2|^2)} = \sqrt{4(|z_1|^2 + |z_2|^2)}$$
$$\leqslant 2\sqrt{2}.$$

当 $z_2 = \pm 1 \cdot z_1 (|z_1|=1)$,$z_3 = z_1 + z_2$ 时,$|z_3|$ 取最大值 $\sqrt{2}$.

8. $\left(-2, -\dfrac{2}{3}\right] \cup \{0\} \cup \left[\dfrac{2}{3}, 2\right)$.

显然,两条定直线 $y = \pm\sqrt{2}x$ 将椭圆面 $\dfrac{x^2}{4} + y^2 \leqslant 1$ 分成了 4 块. 当 $|m| \geqslant 2$ 时,用 6 种颜色给这 4 块涂色,不同的涂法种数为 $A_6^4 < 720$,不满足要求,所以 $|m| < 2$. 由

$$\begin{cases} y = \pm\sqrt{2}x, \\ \dfrac{x^2}{4} + y^2 = 1, \end{cases}$$

解得 $x = \pm\dfrac{2}{3}$.

当 $m = 0$ 时,直线 $x = 0$ 过原点,这时椭圆面被分成 6 块,用 6 种颜色给这 6 块涂色,不同的涂法共有 $A_6^6 = 720$ 种,满足要求.

当 $0 < |m| < \dfrac{2}{3}$ 时,直线 $x = m$ 将椭圆面分成 7 块,用 6 种颜色给这 7 块涂色,则必有两块同色,不满足要求.

当 $\dfrac{2}{3} \leqslant |m| < 2$ 时,直线 $x = m$ 将其中一块分成两块,共有 5 块. 用 6 种颜色给这 5 块涂色,不同的涂法共有 $A_6^5 = 720$ 种,满足要求.

综上所述,m 的取值范围是 $\left(-2, -\dfrac{2}{3}\right] \cup \{0\} \cup \left[\dfrac{2}{3}, 2\right)$.

二. 解答题

9. 方程 $4^x + 4^{-x} = 2\cos ax + 4$ 等价于

$$4^x - 2 + 4^{-x} = 2(1 + \cos ax) \Leftrightarrow (2^x - 2^{-x})^2 = 4\cos^2\dfrac{ax}{2}$$

$$\Leftrightarrow \begin{cases} 4^{\frac{x}{2}} - 4^{-\frac{x}{2}} = 2\cos\dfrac{ax}{2}, \\ 4^{\frac{x}{2}} - 4^{-\frac{x}{2}} = -2\cos\dfrac{ax}{2}, \end{cases} \Leftrightarrow \begin{cases} 4^{\frac{x}{2}} - 4^{-\frac{x}{2}} = 2\cos\dfrac{ax}{2}, \\ 4^{-\frac{x}{2}} - 4^{\frac{x}{2}} = 2\cos\dfrac{ax}{2}. \end{cases}$$

如果对最后这个方程组中的两个方程分别采用变量代换 $x = 2y$ 和 $x = -2z$,则都变为第一个方程. 所以它们中的每一个都有 2015 个根. 但这两个方程不可能有公共根. 事实上,如果存在公共根 $x = x_0$,那么会有 $4^{-\frac{x_0}{2}} - 4^{\frac{x_0}{2}} = 0$ 和 $\cos\dfrac{ax_0}{2} = 0$,然而这两者是不可能同时成立的. 所以,这两个方程不可能有公共根. 因此,它们一共有 $2 \times 2015 = 4030$ 个根.

10. (1) 由题意知,直线 l 的斜率存在,设为 k,则直线 l 的方程为 $y = kx$. 由

$$\begin{cases} y = kx, \\ y = x^2 - 1, \end{cases}$$

得

$$x^2 - kx - 1 = 0.$$

设 $A(x_1, y_1)$、$B(x_2, y_2)$，则 x_1、x_2 是上述方程的两个实根，于是 $x_1 + x_2 = k, x_1 x_2 = -1$. 又 $M(0, -1)$，所以

$$k_{MA} \cdot k_{MB} = \frac{y_1 + 1}{x_1} \cdot \frac{y_2 + 1}{x_2} = \frac{(kx_1 + 1)(kx_2 + 1)}{x_1 x_2}$$

$$= \frac{k^2 x_1 x_2 + k(x_1 + x_2) + 1}{x_1 x_2} = \frac{-k^2 + k^2 + 1}{-1} = -1.$$

故 $MD \perp ME$.

(2) 设直线 MA 的斜率为 k_1，则直线 MA 的方程为 $y = k_1 x - 1$. 由

$$\begin{cases} y = k_1 x - 1, \\ y = x^2 - 1, \end{cases}$$

解得 $(x, y) = (0, -1)$ 或 $(k_1, k_1^2 - 1)$. 故点 A 的坐标为 $(k_1, k_1^2 - 1)$. 又直线 MB 的斜率为 $-\frac{1}{k_1}$，类似可得点 B 的坐标为 $\left(-\frac{1}{k_1}, \frac{1}{k_1^2} - 1\right)$. 于是

$$S_1 = \frac{1}{2} |MA| \cdot |MB| = \frac{1}{2} \sqrt{1 + k_1^2} \cdot |k_1| \cdot \sqrt{1 + \frac{1}{k_1^2}} \cdot \left|-\frac{1}{k_1}\right| = \frac{1 + k_1^2}{2|k_1|}.$$

由

$$\begin{cases} y = k_1 x - 1, \\ x^2 + 4y^2 - 4 = 0, \end{cases}$$

得

$$(1 + 4k_1^2) x^2 - 8k_1 x = 0.$$

解得 $(x, y) = (0, -1)$ 或 $\left(\frac{8k_1}{1 + 4k_1^2}, \frac{4k_1^2 - 1}{1 + 4k_1^2}\right)$. 故点 D 的坐标为 $\left(\frac{8k_1}{1 + 4k_1^2}, \frac{4k_1^2 - 1}{1 + 4k_1^2}\right)$. 又直线 ME 的斜率为 $-\frac{1}{k_1}$，类似可得点 E 的坐标为 $\left(\frac{-8k_1}{4 + k_1^2}, \frac{4 - k_1^2}{4 + k_1^2}\right)$，于是

$$S_2 = \frac{1}{2} |MD| \cdot |ME| = \frac{32(1 + k_1^2) \cdot |k_1|}{(1 + 4k_1^2)(k_1^2 + 4)}.$$

因此

$$\frac{S_1}{S_2} = \frac{1}{64}\left(4k_1^2 + \frac{4}{k_1^2} + 17\right) = \frac{17}{32}.$$

解得，$k_1^2 = 4$ 或 $\frac{1}{4}$. 又

$$k = \frac{y_A - y_B}{x_A - x_B} = \frac{k_1^2 - \frac{1}{k_1^2}}{k_1 + \frac{1}{k_1}} = k_1 - \frac{1}{k_1} = \pm \frac{3}{2}.$$

因此，满足条件的直线 l 存在，满足条件的直线 l 的方程为 $y = \pm \frac{3}{2} x$.

11. 由条件,知

$$\begin{cases} T_1 = S_1 + 1, \\ T_2 = (S_1+1)+(S_2+1) = S_1+S_2+2, \\ \cdots\cdots \\ T_n = \sum_{i=1}^{n}(S_i+1) = S_1+S_2+\cdots+S_n+n, \end{cases} \quad \begin{cases} T_1 = S_2 - 1, \\ T_2 = S_3 - 1, \\ \cdots\cdots \\ T_n = S_{n+1} - 1, \end{cases}$$

故

$$a_1 + 1 = S_1 + 1 = T_1 = S_2 - 1 = a_1 + a_2 - 1$$
$$\Rightarrow a_2 = 2,\ 2a_1 + a_2 + 2 = S_1 + S_2 + 2 = T_2 = S_3 - 1 = a_1 + a_2 + a_3 - 1$$
$$\Rightarrow a_3 = a_1 + 3.$$

对 $k \geq 2$,有

$$S_k - 1 = T_{k-1} = S_1 + S_2 + \cdots + S_{k-1} + (k-1), \qquad ①$$
$$S_{k+1} - 1 = T_k = S_1 + S_2 + \cdots + S_k + k. \qquad ②$$

②-①,得

$$a_{k+1} = (S_{k+1} - 1) - (S_k - 1)$$
$$= (S_1 + S_2 + \cdots + S_k + k) - (S_1 + S_2 + \cdots + S_{k-1} + (k-1))$$
$$= S_k + 1 = a_1 + a_2 + \cdots + a_k + 1.$$

故

$$a_{k+2} = a_1 + a_2 + \cdots + a_k + a_{k+1} + 1 = 2a_{k+1}.$$

从而

$$a_n = 2a_{n-1} = 2^2 \cdot a_{n-2} = \cdots = 2^{n-3} a_3 = 2^{n-3}(a_1 + 3) \quad (n \geq 3).$$

经检验,对任意 $t \in \mathbf{R}^+$,数列

$$a_n = \begin{cases} t, & n = 1, \\ 2, & n = 2, \\ 2^{n-1}(t+3), & n \geq 3 \end{cases}$$

均满足题意.

因此,数列 $\{a_n\}$ 不唯一. 从而

$$\lim_{n \to \infty} \frac{a_2 + a_4 + \cdots + a_{2n}}{a_1 + a_3 + \cdots + a_{2n-1}} = \lim_{n \to \infty} \frac{2 + (t+3)(2^1 + 2^3 + \cdots + 2^{2n-3})}{t + (t+3)(2^0 + 2^2 + \cdots + 2^{2n-4})}$$

$$= \lim_{n \to \infty} \frac{(t+3)(2^0 + 2^2 + \cdots + 2^{2n-4}) + 2}{\dfrac{t}{(t+3)(2^0 + 2^2 + \cdots + 2^{2n-4})} + 1}$$

$$= \lim_{n \to \infty} \frac{\dfrac{6}{(t+3)(4^{n-1}-1)+2}}{\dfrac{3t}{(t+3)(4^{n-1}-1)}+1} = 2.$$

加 试

一. 条件可改写为
$$(a-c)^2 = b(1-b+2a+2c), \qquad ①$$
由此可知 $b \mid (a-c)^2$, 即 $b \mid 4\left(\dfrac{a-c}{2}\right)^2$.

若 $\dfrac{a-c}{2} = 2$, 则 $b \mid 16$, 故 $b \in \{1,2,4,8,16\}$. 为证明结论, 只需说明 $b \neq 8$. 假设 $b=8$, 则式①等价于 $16 = 8(1-8+2a+2c)$, 即 $2 = 2a+2c-7$, 该式左边为偶数, 右边为奇数, 矛盾.

若 $\dfrac{a-c}{2}$ 为奇素数, 易知 $a \neq c$, 则 $4\left(\dfrac{a-c}{2}\right)^2$ 的约数有
$$1, 2, 4, \dfrac{a-c}{2}, a-c, 2(a-c), \dfrac{(a-c)^2}{4}, \dfrac{(a-c)^2}{2}, (a-c)^2.$$
为证明结论, 只需说明 $b \notin \left\{a-c, 2(a-c), \dfrac{(a-c)^2}{2}\right\}$.

假设 $b = a-c$, 则式①等价于
$$(a-c)^2 = (a-c)(1-a+c+2a+2c) \Leftrightarrow a-c = 1+a+3c \Leftrightarrow 0 = 1+3c,$$
矛盾.

假设 $b = 2(a-c)$, 则式①等价于
$$(a-c)^2 = 2(a-c)(1-2a+2c+2a+2c) \Leftrightarrow a-c = 2+8c \Leftrightarrow a = 2+9c,$$
这将导致 $b = 2(a-c) = 4+16c > 2+9c = a$, 矛盾.

假设 $b = \dfrac{(a-c)^2}{2}$, 由 $a-c$ 是偶数, 知 b 也是偶数, 从而式①等价于
$$(a-c)^2 = \dfrac{(a-c)^2}{2}(1-b+2a+2c) \Leftrightarrow 1 = \dfrac{1}{2}(1-b+2a+2b) \Leftrightarrow 1 = 2a+2c-b,$$
该式左边为奇数, 右边为偶数, 矛盾.

综上可知结论成立.

二. 注意到
$$1 - \dfrac{1}{4^k} = \dfrac{3}{4}\left(\dfrac{1}{4^{k-1}} + \dfrac{1}{4^{k-2}} + \cdots + \dfrac{1}{4} + 1\right),$$
由柯西不等式, 得
$$b_k = \sqrt{\dfrac{3}{4}} \cdot \sqrt{\dfrac{1}{4^{k-1}} + \dfrac{1}{4^{k-2}} + \cdots + \dfrac{1}{4} + 1} \cdot \sqrt{a_1^2 + a_2^2 + \cdots + a_k^2}$$
$$\geqslant \sqrt{\dfrac{3}{4}}\left(\dfrac{a_1}{2^{k-1}} + \dfrac{a_2}{2^{k-2}} + \cdots + \dfrac{a_{k-1}}{2} + a_k\right).$$
从而
$$\sum_{k=1}^{n} b_k \geqslant \sqrt{\dfrac{3}{4}}\left(a_1 \cdot \sum_{k=1}^{n}\dfrac{1}{2^{k-1}} + a_2 \cdot \sum_{k=1}^{n-1}\dfrac{1}{2^{k-1}} + \cdots + a_{n-1}\left(1+\dfrac{1}{2}\right) + a_n\right)$$

$$= \sqrt{\frac{3}{4}}\left(a_1 \cdot 2\left(1-\frac{1}{2^n}\right)+a_2 \cdot 2\left(1-\frac{1}{2^{n-1}}\right)+\cdots+a_{n-1} \cdot 2\left(1-\frac{1}{2^2}\right)+a_n \cdot 2\left(1-\frac{1}{2}\right)\right)$$

$$= \sqrt{\frac{3}{4}}(2(a_1+a_2+\cdots+a_n))-\sqrt{\frac{3}{4}}\left(\frac{a_1}{2^{n-1}}+\frac{a_2}{2^{n-2}}+\cdots+\frac{a_{n-1}}{2}+a_n\right)$$

$$\geqslant \sqrt{3}-b_n.$$

由此可知,$b_1+b_2+\cdots+b_{n-1}+2b_n \geqslant \sqrt{3}$.

取 $a_1=\frac{1}{2^{n-1}}, a_2=\frac{2}{2^n-1}, a_3=\frac{2^2}{2^n-1}, \cdots, a_n=\frac{2^{n-1}}{2^n-1}$,则 $a_1+a_2+\cdots+a_n=1$. 此时,$b_k=\left(\frac{2^k-1}{2^k}\right)\frac{1}{(2^n-1)\sqrt{3}}(k=1,2,\cdots,n)$,容易验证 $b_1+b_2+\cdots+b_{n-1}+2b_n=\sqrt{3}$.

综上所述,所求 $b_1+b_2+\cdots+b_{n-1}+2b_n$ 的最小值为 $\sqrt{3}$.

三. 如图 2 所示,设直线 l_1 与圆 Γ 的交点为 $T'(T'\neq R)$,直线 AX 与圆 Γ 交于点 $X(X\neq A)$,与 BC 交于点 Y. 联结 XT' 与 BC 交于点 Z. 联结 $RB、BX、CX、RC、RX$,则 RX 是圆 Γ 的直径,$\angle RBX=\angle RCX=90°$.

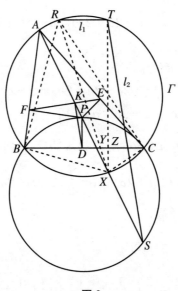

图 2

又 $\angle AFP=\angle AEP=90°$,$\angle FAE=\angle BAC=\angle BRC$,知四边形 $RBXC$ 与四边形 $AFPE$ 相似,故

$$\frac{KP}{KA}=\frac{S_{\triangle PEF}}{S_{\triangle AEF}}=\frac{S_{\triangle BXC}}{S_{\triangle RBC}}=\frac{XZ}{ZT'},$$

即 $\frac{PK}{PA}=\frac{XZ}{XT'}\Rightarrow PA \cdot XZ=XT' \cdot PK$.

下面证明 $ST'\parallel KD$,于是直线 ST' 即为 l_2,即 T' 与 T 重合,从而结论成立. 这只需证明 $\triangle KPD \cong \triangle SXT'$.

由 $PD \parallel XT'$,知 $\angle KPD = 180° - \angle DPX = 180° - \angle PXT' = \angle SXT'$. 从而只需证明 $\dfrac{PK}{XS} = \dfrac{PD}{XT'}$,即 $XT' \cdot PK = XS \cdot PD$. 结合前述结论知只需证明 $XS \cdot PD = PA \cdot XZ$.

由圆幂定理,知 $AY \cdot YX = BY \cdot YC = PY \cdot YS$,即 $\dfrac{AY}{YS} = \dfrac{PY}{YX}$,从而

$$\dfrac{PY}{YX} = \dfrac{AY - PY}{YS - YX} = \dfrac{AP}{SX}.$$

又由 $PD \parallel XT'$,得 $\dfrac{PY}{YX} = \dfrac{PD}{XZ}$,故

$$\dfrac{AP}{XS} = \dfrac{PD}{XZ} \Rightarrow XS \cdot PD = PA \cdot XZ.$$

由此可知结论成立.

四. 设有 n 个村民,记为 $S = \{A_1, A_2, \cdots, A_n\}$. 对于委员会 $M \subseteq S$,记 $f(M) = (a_1, a_2, \cdots, a_n)$,其中如果 M 中有奇数个人认识 A_i,则 $a_i = 1$,否则 $a_i = 0$. 本题就是要证明使得 $f(M) = (1, 1, \cdots, 1)$ 的子集 M 的个数是 2 的整数幂.

首先证明一个引理.

引理 若 M、$N \subseteq S$,则 $f(M \triangle N) \equiv f(M) + f(N) \pmod{2}$①.

证明 对于任意一个村民 A_i,设在 M 中有 x 个人认识他,在 N 中有 y 个人认识他,$M \cap N$ 中有 z 个人认识他,那么在 $M \triangle N$ 中认识 A_i 的人数为

$$s = x + y - 2z \equiv x + y \pmod{2},$$

由 i 的任意性知

$$f(M \triangle N) \equiv f(M) + f(N) \pmod{2}.$$

回到原题.

考察所有可能出现的 $f(M)$ 的值,设有 k 种不同的取值,将取值相同的委员会归为一类,记为 $T_1, T_2, \cdots, T_k$. 由于 $f(\varnothing) = (0, 0, \cdots, 0)$,所以不妨设 T_1 为所有使得 $f(M) = (0, 0, \cdots, 0)$ 的委员会 M 组成的集合,并记 $|T_1| = t$,其中委员会为 $B_1, B_2, \cdots, B_t$.

下面我们证明,$|T_1| = |T_2| = \cdots = |T_k| = t$.

对给定的 $1 \leqslant i \leqslant k$,取 $M \in T_i$,任取 $1 \leqslant j \leqslant t$,都有 $f(M \triangle B_j) \equiv f(M) + f(B_j) \equiv f(M) \pmod{2}$,所以 $M \triangle B_j \in T_i$. 因为 $M \triangle B_1, M \triangle B_2, \cdots, M \triangle B_t$ 两两不同,所以 $|T_i| \geqslant t$.

另一方面,取定上述 $M \in T_i$,对于 T_i 中任意一个元素 M',都有

$$f(M \triangle M') \equiv f(M) + f(M') \equiv (0, 0, \cdots, 0) \pmod{2},$$

所以 $M \triangle M' \in T_1$,于是 $|T_i| \leqslant t$.

综上,$|T_i| = t$.

由 i 的任意性,知 $|T_1| = |T_2| = \cdots = |T_k| = t$.

下面用数学归纳法证明:存在委员会 M,使得 $f(M) = (1, 1, \cdots, 1)$.

---

① $M \triangle N = \{a \mid a$ 恰好属于 M 和 N 中的一个$\}$.

显然,当 $n=1$ 时,结论成立.

假设当 $n=k$ 时,结论成立.考察当 $n=k+1$ 时的情况.由归纳假设,对于任意的 $1 \leq i \leq k+1$,除去村民 A_i 后,在余下的 k 个人中都存在一个委员会 M_i,使得 $f(M_i)$ 中除了第 i 个分量外其余的值都是 1.

若存在某个 i,使得 $f(M_i)=(1,1,\cdots,1)$,则取 $M=M_i$ 即可.

如果对任意 i,都有 $f(M_i) \neq (1,1,\cdots,1)$,则 $f(M_i)=(1,1,\cdots,1,0,1,\cdots,1)$(即只有第 i 个分量为 0,其余均为 1).

当 $k+1$ 是偶数时,取 $M=M_1 \triangle M_2 \triangle \cdots \triangle M_{k+1}$,则

$$f(M) = f(M_1 \triangle M_2 \triangle \cdots \triangle M_{k+1})$$
$$\equiv f(M_1) + f(M_2) + \cdots + f(M_{k+1})$$
$$\equiv (1,1,\cdots,1)(\bmod 2).$$

当 $k+1$ 是奇数时,由于认识是相互的,所以不可能每个人在其余人中都认识奇数个人,不妨设 A_1 认识 $2m$ 个人 $A_2, A_3, \cdots, A_{2m+1}$,那么 $f(\{A_1\})=(1,1,\cdots,1,0,\cdots,0)$,其中前 $2m+1$ 个数为 1,其余为 0.取 $M=\{A_1\} \triangle M_1 \triangle M_2 \triangle \cdots \triangle M_{2m+1}$,则有

$$f(M) = f(\{A_1\} \triangle M_1 \triangle M_2 \triangle \cdots \triangle M_{2m+1})$$
$$= f(\{A_1\}) + f(M_1) + f(M_2) + \cdots + f(M_{2m+1})$$
$$\equiv (1,1,\cdots,1).$$

综上可知,使得 $f(M)=(1,1,\cdots,1)$ 的委员会 M 的个数恰为 t 个,而 $t \mid 2^n$,故满足要求的委员会的选取方法数是 2 的整数幂.

顾冬华[1]　闫伟锋[2]　编拟

1. 南京易湃文化艺术培训有限公司
2. 南开大学滨海学院

《学数学》高中数学竞赛训练题(2)

一 试

一、填空题(每小题8分,共64分)

1. 集合 $A = \{x \mid x \leqslant 2^{\frac{1}{6}((\log_2 3)^3 - (\log_2 6)^3 - (\log_2 12)^3 + (\log_2 24)^3)}, x \in \mathbf{N}^*\}$,则集合 A 中的元素个数为_____.

2. 计算 $I = \sin\frac{\pi}{14} + 6\sin^2\frac{\pi}{14} - 8\sin^4\frac{\pi}{14} = $ _____.

3. 设数列 $a_0, a_1, a_2, \cdots, a_n$ 满足 $a_0 = 2015, a_n = -\frac{2015}{n}\sum_{k=0}^{n-1} a_k (n \geqslant 1)$. 则 $\sum_{k=0}^{2015} 2^k a_k = $ _____.

4. 设椭圆 $\frac{x^2}{a^2} + \frac{y^2}{b^2} = 1(a > b > 0)$ 的左、右焦点分别为 F_1、F_2,P 为椭圆上不与左右顶点重合的任意一点,点 I、G 分别为 $\triangle PF_1F_2$ 的内心、重心,当 IG 恒与 x 轴垂直时,椭圆的离心率为_____.

5. 在四面体 $A-BCD$ 中,有 $\angle BAC = \angle CAD = \angle DAB = 60°, AB = AC = 4, AD = 6$,设 P 是 $\triangle BCD$ 的外心. 若 $\overrightarrow{AP} = x\overrightarrow{AB} + y\overrightarrow{AC} + z\overrightarrow{AD}$,则实数组 $(x, y, z) = $ _____.

6. 设 a、b、c 是三次方程 $x^3 + 3x^2 + 5x + 7 = 0$ 的根,三次多项式 P 满足 $P(a) = b + c$,$P(b) = a + c$,$P(c) = a + b$,$P(a + b + c) = -16$,则 $P(0) = $ _____.

7. 有_____个虚部为正的复数 z,使得 $f(z) = z^2 + iz + 1$ 的虚部与实部都是绝对值不超过 10 的整数.

8. 设 a、b、c、d 是正实数,且满足 $a \geqslant b \geqslant c \geqslant d$,$3(a^2 + b^2 + c^2 + d^2) = (a + b + c + d)^2$,则 $\frac{a+c}{b+d}$ 的最大值为_____.

二、解答题(共56分)

9. (16分)设 a、b、c、d 是非零实数,函数 $f: \mathbf{R} \to \mathbf{R}$,且
$$f(x) = a + b\cos 2x + c\sin 5x + d\cos 8x.$$
已知存在实数 t,使得 $f(t) = 4a$,证明:存在实数 s,使得 $f(s) < 0$.

10. (20分)设数列 $\{a_n\}$、$\{b_n\}$、$\{c_n\}$ 满足 $a_0 = 1, b_0 = 0, c_0 = 0$,并且

$$\begin{cases} a_n = a_{n-1} + \dfrac{c_{n-1}}{n}, \\ b_n = b_{n-1} + \dfrac{a_{n-1}}{n}, \\ c_n = c_{n-1} + \dfrac{b_{n-1}}{n}. \end{cases}$$

证明：
$$\left| a_n - \dfrac{n+1}{3} \right| < \dfrac{2\sqrt{3n}}{3n}.$$

11. (20 分) 设 A、B 分别为椭圆 $\dfrac{x^2}{a^2} + \dfrac{y^2}{b^2} = 1$ 和双曲线 $\dfrac{x^2}{a^2} - \dfrac{y^2}{b^2} = 1$ 的公共左、右顶点，$a > b > 0$ 是给定的正常数，P、Q 分别为双曲线和椭圆上不同于 A、B 的动点，且满足
$$\overrightarrow{AP} + \overrightarrow{BP} = \lambda(\overrightarrow{AQ} + \overrightarrow{BQ}) \quad (\lambda \in \mathbf{R}, |\lambda| > 1).$$

设直线 AP、BP、AQ、BQ 的斜率为 k_1、k_2、k_3、k_4，F_1 和 F_2 分别为椭圆和双曲线的右焦点，若 $PF_2 \parallel QF_1$，求 $k_1^4 + k_2^4 + k_3^4 + k_4^4$ 的值。

加试

一、(40 分) 如图 1 所示，$\odot O_1$ 与 $\odot O_2$ 外切于点 T，PQ 为 $\odot O_1$ 的弦，直线 PT、QT 分别交 $\odot O_2$ 于点 R、S，分别过 P、Q 作 $\odot O_1$ 的切线依次交 $\odot O_2$ 于 A、B、D、C，直线 RD、SA 分别交 PQ 于 E、F。求证：$\angle BAC = 2\angle EAF$。

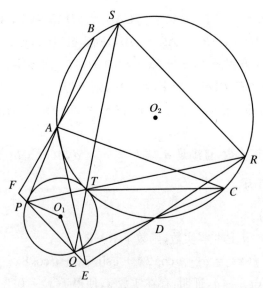

图 1

二、(40 分) 设 $k \geqslant 3$ 为正整数，$n = (2^k)!$，证明：$\sigma(n)$ 至少有一个大于 2^{k+1} 的素因子，其中 $\sigma(n)$ 为 n 的所有正约数之和。

三、(50 分) 设 $x_i \in \mathbf{R}, i = 1, 2, \cdots, n$，$p_i \geqslant 0, i = 1, 2, \cdots, n$，且 $p_1 + p_2 + \cdots + p_n = 1$. 定义

$$S_k = \sum_{i=1}^n p_i x_i^k - \Big(\sum_{i=1}^n p_i x_i\Big)^k.$$

证明：

$$S_{2m} S_{2m+2} \geqslant \Big(1 - \frac{1}{m(2m+1)}\Big) S_{2m+1}^2 \quad (m \in \mathbf{N}^*).$$

四、(50 分) 在 1×1000 的板上进行一种游戏. 起初板旁放有 n 个筹码, 游戏由两人轮流进行, 第一个游戏者在板上或板旁选择至多 17 个筹码, 放入板上没占据的空格内, 第二个游戏者从板上取下任意多个占据连续格内的筹码放至板旁. 若第一个游戏者能将所有的 n 个筹码全放在板上, 且占据连续的格子, 则他获胜. 试问, 使第一个游戏者必能获胜的 n 的最大值是多少？说明理由.

参 考 答 案

一　试

一、填空题

1. 72.

设 $x = \log_2 3$, 则有

$$\begin{aligned}
& x^3 - (x+1)^3 - (x+2)^3 + (x+3)^3 \\
&= (x^3 + (x+3)^3) - ((x+1)^3 + (x+2)^3) \\
&= (2x+3)(x^2+3x+9) - (2x+3)(x^2+3x+3) \\
&= 6(2x+3),
\end{aligned}$$

所以

$$A = \{x \mid x \leqslant 72, x \in \mathbf{N}^*\},$$

故元素个数为 72.

2. $\dfrac{1}{2}$.

注意到

$$\sin^4 x = \frac{3 - 4\cos 2x + \cos 4x}{8}, \quad \sin^2 x = \frac{1 - \cos 2x}{2}.$$

令 $x = \dfrac{\pi}{14}$, 则有

$$\begin{aligned}
& \sin x + 6 \cdot \frac{1 - \cos 2x}{2} - 8 \cdot \frac{3 - 4\cos 2x + \cos 4x}{8} \\
&= \sin x + 3 - 3\cos 2x - 3 + 4\cos 2x - \cos 4x \\
&= \sin x + \cos 2x - \cos 4x,
\end{aligned}$$

所以

$$I = \cos\frac{\pi}{7} - \cos\frac{2\pi}{7} + \cos\left(\frac{\pi}{2} - \frac{\pi}{14}\right) = \cos\frac{\pi}{7} - \cos\frac{2\pi}{7} + \cos\frac{3\pi}{7} = \frac{1}{2}.$$

最后一步就是1963年的IMO试题.事实上,不难证明

$$\cos x + \cos 3x + \cos 5x = \frac{\sin 6x}{2\sin x}.$$

3. -2015.

（法一） 设 $b_n = \sum_{k=0}^{n} a_k, b_0 = 2015$，则有

$$n(b_n - b_{n-1}) = -2015 b_{n-1} \Rightarrow b_n = -\frac{2015 - n}{n} b_{n-1}.$$

所以

$$b_n = (-1)^n \frac{\prod_{k=1}^{n}(2015 - k)}{n!} b_0 = (-1)^n \frac{2015!}{n!(2015 - n - 1)!}$$
$$= (-1)^n (2015 - n) C_{2015}^n,$$

所以

$$b_{n-1} = (-1)^{n-1} \frac{2015!}{(n-1)!(2015 - n)!} = (-1)^{n-1} n C_{2015}^n,$$

所以

$$a_n = b_n - b_{n-1} = (-1)^n 2015 C_{2015}^n,$$

所以

$$\sum_{k=0}^{2015} a_k 2^k = 2015 \sum_{k=0}^{2015} C_{2015}^k (-2)^k = 2015(1-2)^{2015} = -2015.$$

（法二）（母函数法）显然有

$$(n+1)a_{n+1} - na_n = -2015\left(\sum_{k=0}^{n} a_k - \sum_{k=0}^{n-1} a_k\right) = -2015 a_n$$
$$\Rightarrow (n+1)a_{n+1} - na_n = -2015 a_n,$$

等式两边乘以 x^n，得

$$(n+1)a_{n+1}x^n - na_n x^n = -2015 a_n x^n,$$

求和得

$$\sum_{n=0}^{\infty}(n+1)a_{n+1}x^n - \sum_{n=0}^{\infty} na_n x^n = -2015 \sum_{n=0}^{\infty} a_n x^n.$$

令

$$f(x) = \sum_{n=0}^{\infty} a_n x^n \Rightarrow f'(x) = \sum_{n=0}^{\infty} na_n x^{n-1} = \sum_{n=1}^{\infty} na_n x^{n-1} = \sum_{n=0}^{\infty}(n+1)a_{n+1}x^n,$$

即有

$$f'(x) - xf'(x) = 2015 f(x)$$

$$\Rightarrow \frac{f'(x)}{f(x)} = \frac{2015}{1-x}$$

$$\Rightarrow (\ln f(x))' = \frac{2015}{1-x}$$

$$\Rightarrow \ln(f(x)) = 2015\ln(1-x) + C,$$

所以
$$f(x) = C'(1-x)^{2015}.$$

由 $f(0) = a_0 = 2015$，得 $C' = 2015$，所以
$$\sum_{n=0}^{\infty} a_n x^n = 2015(1-x)^{2015} = 2015\sum_{n=0}^{2015} C_{2015}^n (-1)^n x^n,$$

令 $x = 2$，即有
$$\sum_{k=0}^{2015} 2^k a_k = 2015(1-2)^{2015} = -2015.$$

4. $\frac{1}{3}$.

设 $P(x,y)$、$F_1(-c,0)$、$F_2(c,0)$，则根据内心坐标有
$$I_x = \frac{2cx + (a+ex)c + (a-ex)(-c)}{2a+2c} = \frac{x}{3},$$

即有
$$e = \frac{1}{3}.$$

5. $\left(\frac{7}{24}, \frac{7}{24}, \frac{5}{12}\right)$.

因为 A 不在平面 BCD 上，而
$$\overrightarrow{AB} - \overrightarrow{AP} = \overrightarrow{PB} \Rightarrow (1-x-y-z)\overrightarrow{AP} = x\overrightarrow{PB} + y\overrightarrow{PC} + z\overrightarrow{PD},$$

所以
$$1 - x - y - z = 0, \quad 2x\overrightarrow{PM} = -z\overrightarrow{PD}.$$

其中 M 是 BC 的中点，故显然有 $x = y$. 易得 $BD = CD = \sqrt{28}, BC = 4, MD = \sqrt{24}$. 设 $MP = h$，则
$$h^2 + 4 = CP^2 = (MD-h)^2 = (\sqrt{24}-h)^2,$$

所以
$$h = \frac{5}{\sqrt{6}} \Rightarrow \frac{10}{\sqrt{6}}x = z\left(\sqrt{24} - \frac{5}{\sqrt{6}}\right) \Rightarrow z = \frac{10}{7}x,$$

即
$$x = y = \frac{7}{24}, \quad z = \frac{5}{12}.$$

6. 11.

由韦达定理，得

$$a + b + c = -3.$$

令 $Q(x) = P(x) + x + 3$，则有
$$Q(a) = P(a) + a + 3 = P(a) - b - c = 0,$$
$$Q(b) = P(b) + b + 3 = P(b) - a - c = 0,$$
$$Q(c) = P(c) + c + 3 = P(c) - a - b = 0.$$

故
$$Q(x) = p(x-a)(x-b)(x-c) = p(x^3 + 3x^2 + 5x + 7).$$

注意到
$$P(-3) = -16$$
$$\Rightarrow Q(-3) = p(-27 + 27 - 15 + 7) = P(-3) - 3 + 3 = P(-3) = -16,$$

所以 $p = 2$，则
$$Q(x) = 2(x^3 + 3x^2 + 5x + 7) = P(x) + x + 3 \Rightarrow P(0) = 11.$$

7.399.

设 $f(z) = z^2 + iz + 1 = c = a + bi$，即有 $z^2 + iz + 1 - c = 0$，则有
$$z = \frac{-i \pm \sqrt{-1 - 4(1-c)}}{2} = -\frac{i}{2} \pm \sqrt{-\frac{5}{4} + c}.$$

考虑复数 $u = v + wi = re^{i\theta}$，求它的平方根的虚部，可得
$$\text{Im}(\sqrt{u}) = \text{Im}(\pm\sqrt{r}e^{\frac{i\theta}{2}}) = \pm\sqrt{r}\sqrt{\frac{1-\cos\theta}{2}} = \pm\sqrt{\frac{r - r\cos\theta}{2}} = \pm\sqrt{\frac{r-v}{2}}.$$

令
$$u = -\frac{5}{4} + c = -\frac{5}{4} + a + bi = v + wi = re^{i\theta},$$

其中
$$v = -\frac{5}{4} + a, \quad w = b, \quad r = \sqrt{w^2 + v^2}.$$

因为
$$\text{Im}(z) = \text{Im}\left(-\frac{i}{2} \pm \sqrt{-\frac{5}{4} + c}\right) = -\frac{1}{2} + \text{Im}(\sqrt{u}) = -\frac{1}{2} \pm \sqrt{\frac{r-v}{2}} > 0,$$

所以必有
$$\pm\sqrt{\frac{r-v}{2}} > \frac{1}{2}.$$

上面成立时，左边根号外，必须取正号，平方后得
$$\frac{r-v}{2} > \frac{1}{4} \Rightarrow r - v > \frac{1}{2}.$$

因为
$$r = \sqrt{v^2 + w^2} \Rightarrow \sqrt{w^2 + v^2} - v > \frac{1}{2} \Rightarrow v^2 + w^2 > \left(\frac{1}{2} + v\right)^2 = v^2 + \frac{1}{4} + v,$$

即
$$w^2 > \frac{1}{4} + v \Rightarrow b^2 > \frac{1}{4} - \frac{5}{4} + a = a - 1.$$

可见条件 $\text{Im}(z) > 0$ 等价 $b^2 > a - 1$,当 a、b 为整数时,又等价于 $b^2 \geq a$,下面计算有多少对整数 (a, b),满足
$$|a| \leq 10, \quad |b| \leq 10, \quad b^2 \geq a.$$

当 $a \leq 0$ 时,总是有 $b^2 \geq a$,这时可以取 $0, 1, 2, \cdots, 10$,有 11 个,b 可以取 $-10, -9, \cdots, 9, 10$,有 21 个,所以共有 $11 \times 21 = 231$ 对 (a, b).

当 $a > 0$ 时,只要逐一计算,即可算出这时满足 $|a| \leq 10, |b| \leq 10, b^2 \geq a$ 的 (a, b) 有 168 对.

所以,总共有 $231 + 168 = 399$ 对满足条件的 (a, b),由于在解方程时"±"必须取正号,z 与 $f(z) = a + b\mathrm{i}$ 是一一对应的,所以,满足条件的 z 共有 399 个.

8. $\dfrac{7 + 2\sqrt{6}}{5}$.

由于 $a \geq d, b \geq c$,则有
$$2(ac + bd) \leq (a+d)(c+b) \leq \frac{((a+d)+(b+c))^2}{4},$$
则
$$a^2 + b^2 + c^2 + d^2 = (a+c)^2 + (b+d)^2 - 2(ac+bd)$$
$$\geq (a+c)^2 + (b+d)^2 - \frac{(a+b+c+d)^2}{4}$$
$$\Rightarrow 3(a+c)^2 + 3(b+d)^2 \leq \frac{7}{4}(a+b+c+d)^2,$$

即
$$3x^2 + 3y^2 \leq \frac{7}{4}(x+y)^2,$$

其中 $a + c = x, b + d = y$,则
$$a + c \leq \frac{7 + 2\sqrt{6}}{5}(b+d).$$

二、解答题

9. 令 $g(x) = b\mathrm{e}^{2\mathrm{i}x} - \mathrm{i}c\mathrm{e}^{5\mathrm{i}x} + d\mathrm{e}^{8\mathrm{i}x}$,则 $f(x) = a + \text{Re}\, g(x)$. 注意到
$$g(x) + g\left(x + \frac{2\pi}{3}\right) + g\left(x + \frac{4\pi}{3}\right) = g(x)\left(1 + \mathrm{e}^{\mathrm{i}\frac{2\pi}{3}} + \mathrm{e}^{\mathrm{i}\frac{4\pi}{3}}\right) = 0,$$

则有
$$f(x) + f\left(x + \frac{2\pi}{3}\right) + f\left(x + \frac{4\pi}{3}\right) = 3a.$$

(1) 假设 $a < 0$,则令 $s = t$ 即可.

(2) 假设 $a = 0$,由于 $f(x)$ 不可能总是 0(因为它是傅里叶级数),故此时显然存在 $s < 0$

使得 $f(s) < 0$.

(3) 假设 $a > 0$, 则令 $x = t$, 则有
$$f\left(t + \frac{2\pi}{3}\right) + f\left(t + \frac{4\pi}{3}\right) = -a < 0,$$

显然存在 s 使得 $f(s) < 0$.

10. 设
$$a_n' = 3a_n - (n+1), \quad b_n' = 3b_n - (n+1), \quad c_n' = 3c_n - (n+1),$$

则有
$$\frac{a_n' + n + 1}{3} = a_n = a_{n-1} + \frac{c_{n-1}}{n} = \frac{a_{n-1}' + n}{3} + \frac{c_{n-1}' + n}{3n},$$

即有
$$a_n' = a_{n-1}' + \frac{c_{n-1}'}{n}.$$

由于 $a_0' = 2, b_0' = c_0' = -1$, 则有
$$a_0' + b_0' + c_0' = 0.$$

于是
$$a_n' + b_n' + c_n' = \frac{n+1}{n}(a_{n-1}' + b_{n-1}' + c_{n-1}') \Rightarrow a_n' + b_n' + c_n' = 0.$$

取
$$q_n = (a_n')^2 + (b_n')^2 + (c_n')^2,$$

注意到
$$(a_n')^2 = (a_{n-1}')^2 + \frac{2a_{n-1}'c_{n-1}'}{n} + \frac{(c_{n-1}')^2}{n^2},$$

相加有
$$q_n = \left(1 + \frac{1}{n^2}\right)q_{n-1} + \frac{2}{n}\sum_{\text{cyc}} a_{n-1}'b_{n-1}' = \frac{n^2 - n + 1}{n^2} q_{n-1},$$

故有
$$q_n = \left(\prod_{k=1}^{n} \frac{k^2 - k + 1}{k^2}\right) q_0 = \frac{6}{n^2} \prod_{k=1}^{n-1} \frac{k^2 + k + 1}{k^2}.$$

由于
$$\frac{k^2 + k + 1}{k^2} < \frac{k}{k - 1},$$

所以
$$q_n < \frac{18}{n^2} \prod_{k=2}^{n-1} \frac{k}{k-1} = \frac{18(n-1)}{n^2} < \frac{18}{n}.$$

那么有
$$\left|a_n - \frac{n+1}{3}\right| = \left|\frac{a_n'}{3}\right| \leq \frac{\sqrt{\frac{2}{3}q_n}}{3} < \frac{\sqrt{\frac{12}{n}}}{3} = \frac{2}{\sqrt{3n}}.$$

这里用到了结论:设 x、y、z、ε 是实数,且满足 $x+y+z=0$,$(x-y)^2+(y-z)^2+(x-z)^2<\varepsilon$,则必有

$$\max\{|x|,|y|,|z|\}<\frac{\sqrt{2\varepsilon}}{3}.$$

事实上,显然有

$$(x-y)^2+(y-z)^2+(x-z)^2=\frac{9x^2+3(y-z)^2}{2},$$

故有 $9x^2<2\varepsilon$,结论成立.

11. 设 $P(x_1,y_1)$、$Q(x_2,y_2)$、$A(-a,0)$、$B(a,0)$,则

$$k_1+k_2=\frac{y_1}{x_1+a}+\frac{y_1}{x_1-a}=\frac{2x_1y_1}{x_1^2-a^2}=\frac{2b^2}{a^2}\cdot\frac{x_1}{y_1},$$

$$k_3+k_4=\frac{y_2}{x_2+a}+\frac{y_2}{x_2-a}=\frac{2x_2y_2}{x_2^2-a^2}=\frac{-2b^2}{a^2}\cdot\frac{x_2}{y_2}.$$

由于

$$2\overrightarrow{OP}=\overrightarrow{AP}+\overrightarrow{BP}=\lambda(\overrightarrow{AQ}+\overrightarrow{BQ})=2\lambda\cdot\overrightarrow{OQ}\Rightarrow\overrightarrow{OP}=\lambda\overrightarrow{OQ},$$

所以

$$\frac{x_1}{y_1}=\frac{x_2}{y_2}\Rightarrow k_1+k_2+k_3+k_4=0.$$

由于 $\overrightarrow{OP}=\lambda\overrightarrow{OQ}$,即

$$(x_1,y_1)=\lambda(x_2,y_2)\Rightarrow x_2=\frac{x_1}{\lambda},\quad y_2=\frac{y_1}{\lambda}.$$

从而

$$\frac{x_1^2}{a^2}+\frac{y_1^2}{b^2}=\lambda^2,\quad \frac{x_1^2}{a^2}-\frac{y_1^2}{b^2}=1,$$

所以

$$x_1^2=\frac{\lambda^2+1}{2}a^2,\quad y_1^2=\frac{\lambda^2-1}{2}b^2.$$

由于 $PF_2/\!/QF_1$,所以

$$\frac{|OF_2|}{|OF_1|}=\frac{|OP|}{|OQ|}=\lambda\Rightarrow\lambda^2=\frac{|OF_2|^2}{|OF_1|^2}=\frac{a^2+b^2}{a^2-b^2}.$$

从而有

$$\frac{x_1^2}{y_1^2}=\frac{\lambda^2+1}{\lambda^2-1}\cdot\frac{a^2}{b^2}=\frac{a^4}{b^4},$$

所以

$$(k_1+k_2)^2=\frac{4b^4}{a^4}\cdot\frac{x_1^2}{y_1^2}=4,\quad (k_3+k_4)^2=4,$$

且

$$k_1 k_2 = \frac{y_1}{x_1 + a} \cdot \frac{y_1}{x_1 - a} = \frac{y_1^2}{x_1^2 - a^2} = \frac{b^2}{a^2},$$

$$k_3 k_4 = \frac{y_2}{x_2 + a} \cdot \frac{y_2}{x_2 - a} = \frac{y_2^2}{x_2^2 - a^2} = \frac{-b^2}{a^2},$$

所以

$$k_1^2 + k_2^2 = (k_1 + k_2)^2 - 2k_1 k_2 = 4 - \frac{2b^2}{a^2}$$

$$\Rightarrow k_1^4 + k_2^4 = (k_1^2 + k_2^2)^2 - 2(k_1 k_2)^2 = \left(4 - \frac{2b^2}{a^2}\right)^2 - 2 \cdot \frac{b^4}{a^4},$$

即

$$k_1^4 + k_2^4 = 16 - 16\frac{b^2}{a^2} + 2\frac{b^4}{a^4},$$

又

$$k_3^4 + k_4^4 = (k_3^2 + k_4^2)^2 - 2(k_3 k_4)^2$$
$$= \left(4 + 2\frac{b^2}{a^2}\right)^2 - 2\frac{b^4}{a^4} = 16 + 16\frac{b^2}{a^2} + 2\frac{b^4}{a^4}.$$

所以

$$k_1^4 + k_2^4 + k_3^4 + k_4^4 = 32 + \frac{4b^4}{a^4}.$$

加 试

一、如图 2 所示，由泽山引理，知 E、F 分别是 $\triangle ABD$、$\triangle ACD$ 的旁心，则有

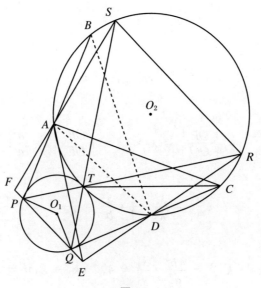

图 2

$$\angle EAF = \angle FAD - \angle EAD = \frac{1}{2}(\angle ACD + \angle ADC) - \frac{1}{2}(\angle ABD + \angle ADB)$$
$$= \frac{1}{2}(\angle ADC - \angle ADB) = \frac{1}{2}\angle BDC = \frac{1}{2}\angle BAC.$$

注 沢山引理 如图3所示,圆 O 与圆 J 内切于点 T,AC、BD 为圆 O 的两条弦,且分别与圆 J 切于 F、E,则直线 EF 经过 $\triangle ABC$ 和 $\triangle DBC$ 的内心.

证明 首先证明 $\triangle DBC$ 的内心在 EF 上.

设 TE、TF 分别交圆 O 于 M、N,则 M、N 分别是 $\overset{\frown}{BD}$、$\overset{\frown}{AC}$ 的中点,进而知 CM 平分 $\angle DCB$. 设 CM 交 EF 于 K,只需证 K 是 $\triangle DBC$ 的内心,于是只需证 $MK = MB = MD$.

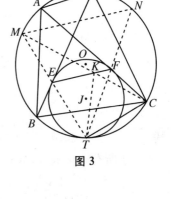

图3

由两圆位似知 $EF // MN$,则 $\angle KFT = \angle MNT = \angle MCT = \angle KCT$,故 T、C、F、K 四点共圆. 从而,$\angle TEK = \angle TEF = \angle TFC = \angle TKC \Rightarrow \triangle MEK \sim \triangle MKT \Rightarrow MK^2 = ME \cdot MT = MB^2 \Rightarrow MK = MB$.

因此,$\triangle DBC$ 的内心在 EF 上. 类似地,$\triangle ABC$ 的内心也在 EF 上. 证毕.

二、由指数计算公式

$$v_p(n!) = \frac{n - S(n)}{p - 1},$$

其中 $S(n)$ 表示 n 在 p 进制下的数码之和,则有

$$v_2((2^k)!) = \frac{2^k - 1}{2 - 1} = 2^k - 1.$$

设 $(2^k)! = 2^{2^k - 1} p_1^{a_1} p_2^{a_2} \cdots p_t^{a_t}$,其中 $p_1, p_2, \cdots, p_t$ 为互不相同的奇素数,$a_1, a_2, \cdots, a_t$ 为正整数. 则

$$\sigma((2^k)!) = \sigma(2^{2^k - 1}) \sigma(p_1^{a_1}) \cdots \sigma(p_t^{a_t}) = (2^{2^k} - 1)M$$
$$= (2^{2^{k-1}} + 1)(2^{2^{k-1}} - 1)M.$$

于是

$$2^{2^{k-1}} + 1 \mid \sigma((2^k)!).$$

引理 设 a 为大于1的正整数,q 为数 $a^{2^n} + 1$ 的奇素因子,则有
$$q \equiv 1 \pmod{2^{n+1}}.$$

引理的证明 由 $a^{2^n} \equiv -1 \pmod{q}$,知
$$a^{2^{n+1}} \equiv 1 \pmod{q},$$

故 $\delta_q(a) = 2^{n+1}$,故由费马小定理有 $a^{q-1} \equiv 1 \pmod{q}$,则有
$$q \equiv 1 \pmod{2^{n+1}}.$$

回到原问题,设 $F_{k-1} = 2^{2^{k-1}} + 1$,则有
$$(F_{k-2})^{2^k} = (2^{2^{k-2}} + 1)^{2^k} = (2^{2^{k-1}} + 2^{1 + 2^{k-2}} + 1)^{2^{k-1}}$$

$$\equiv (2^{1+2^{k-2}})^{2^{k-1}} = (2^{2^{k-1}})^{1+2^{k-2}} \equiv -1 \pmod{F_{k-1}}.$$

那么利用引理知,若 q 是 F_{k-1} 的一个素因子,则必有 $2^{k+1} \mid q-1$.

注 此题是 2015 年西部数学邀请赛最后一题的推广.

三、 设

$$f(x,t) = \frac{t^2 x^{2m+2}}{(2m+1)(2m+2)} + \frac{2tx^{2m+1}}{2m(2m+1)} + \frac{x^{2m}}{2m(2m-1)}.$$

显然有

$$f''(x,t)_x = (tx^m + x^{m-1})^2 \geq 0,$$

故由琴生不等式有

$$\sum_{i=1}^n p_i f(x_i, t) - f\left(\sum_{i=1}^n p_i x_i, t\right) \geq 0.$$

即

$$\frac{t^2 S_{2m+2}}{(2m+2)(2m+1)} + \frac{2t S_{2m+1}}{2m(2m+1)} + \frac{S_{2m}}{2m(2m-1)} \geq 0,$$

上式对于所有 t 恒成立. 故有

$$\left(\frac{2S_{2m+1}}{2m(2m+1)}\right)^2 - 4\frac{S_{2m+2}}{(2m+2)(2m+1)} \cdot \frac{S_{2m}}{2m(2m-1)} \leq 0,$$

即

$$S_{2m} S_{2m+2} \geq \left(1 - \frac{1}{m(2m+1)}\right) S_{2m+1}^2 \quad (m \in \mathbf{N}^*).$$

四、 记两个游戏者为甲、乙,设甲获胜,若甲倒数第二次摆放后,有 m 个筹码不在板上,其余的筹码分成 $k+2$ 组,同一组的筹码占据连续的格子,不同组之间至少空一格,显然两端的每一组筹码数 $\leq 17-m$(否则,乙取走这组,下一步甲不能获胜).设中间的组,筹码最多的有 x 个筹码,则 $x+k+1 \leq 17$(否则,乙取走这组,下一步甲不能获胜).从而 $x \leq 16-k$,那么筹码总数

$$n \leq m + 2(17-m) + k(16-k) \leq 34 + k(16-k) \leq 98.$$

接下来我们来说明可以取到 98,操作如下:

甲可在板上将 96 个筹码摆成 8 个筹码,1 个空格,8 个筹码,1 个空格,…的形状(例如,甲先取 16 个筹码,按上述要求摆放,然后不论乙如何拿走连续的若干个筹码,甲总可将它们拿回原处,并可按要求再摆放 8 个筹码).不论乙如何拿走连续的若干个筹码,甲将它们拿回原处,再将剩下的两个筹码放入两侧的两个空格处,形成这样的情形:两侧每组有 17 个筹码,中间有 8 组,每组 8 个筹码.如乙取下的是 8 个筹码的组,则甲将它们放回原处,再从一侧取 9 个筹码填入中间的 9 个空格处,甲获胜;如乙取下的是 17 个筹码的组,则甲将已取下的那组的 17 个筹码填入中间的空格后再连续摆放,因此甲必获胜.

王永喜 编拟
山西大学附属中学

《学数学》高考数学模拟训练题

一、选择题(每小题5分,共60分)

1. 已知全集 $U=\mathbf{R}$,集合 $A=\{x\mid x\leqslant -2$ 或 $x\geqslant 3\}$,$B=\{x\mid x<-1$ 或 $x>4\}$,那么集合 $(\complement_U A)\cap B$ 等于( ).

   A. $\{x\mid -2\leqslant x<4\}$ B. $\{x\mid -2<x<3\}$
   C. $\{x\mid -2<x<-1\}$ D. $\{x\mid -2<x<-1$ 或 $3<x<4\}$

2. 在下列函数中,是偶函数且在 $(0,+\infty)$ 内单调递增的是( ).

   A. $y=2^{|x|}$ B. $y=\dfrac{1}{x^2}$ C. $y=|\lg x|$ D. $y=\cos x$

3. 对某段高速公路上汽车行驶的速度进行抽样调查,画出如图1所示的频率分布直方图. 根据直方图估计在此路段上汽车行驶速度的众数和行驶速度超过 $80\ \mathrm{km/h}$ 的概率为( ).

   A. 75,0.25
   B. 80,0.35
   C. 77.5,0.25
   D. 77.5,0.35

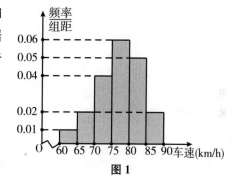

图1

4. 若数列 $\{a_n\}$ 满足 $a_{n+1}=2a_n(a_n\neq 0, n\in\mathbf{N}^*)$,且 a_2 与 a_4 的等差中项是5,则 $a_1+a_2+\cdots+a_n$ 等于( ).

   A. 2^n B. 2^n-1 C. 2^{n-1} D. $2^{n-1}-1$

5. 已知直线 m、n 和平面 α,若 $n\perp\alpha$,则"$m\subset\alpha$"是"$n\perp m$"的( ).

   A. 充分而不必要条件   B. 必要而不充分条件
   C. 充分必要条件   D. 既不充分也不必要条件

6. 有三对师徒共6个人,站成一排照相,每对师徒相邻的站法共有( ).

   A. 72   B. 54   C. 48   D. 8

7. 如图2所示,已知三棱锥 $P-ABC$ 的底面是等腰直角三角形,且 $\angle ACB=90°$,侧面 $PAB\perp$ 底面 ABC,$AB=PA=PB=4$. 则这个三棱锥的三视图中标注的尺寸 x、y、z 分别是( ).

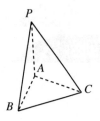
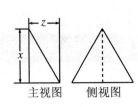

图2

A. $2\sqrt{3}$、2、2
B. 4、2、$2\sqrt{2}$
C. $2\sqrt{3}$、$2\sqrt{2}$、2
D. $2\sqrt{3}$、2、$2\sqrt{2}$

8. 若函数 $f(x)$ 的定义域为 **R**,$f(x+1)$、$f(x-1)$ 都是奇函数,则( ).

A. $f(x)$ 是偶函数
B. $f(x)$ 是奇函数
C. $f(x) = f(x+2)$
D. $f(x+3)$ 是奇函数

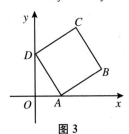

图3

9. 如图3所示,若边长为1的正方体 $ABCD$ 的顶点 A、D 分别在 x 轴、y 轴的正半轴上移动,则 $\overrightarrow{OB} \cdot \overrightarrow{OC}$ 的最大值是( ).

A. 2
B. $1+\sqrt{2}$
C. π
D. 4

10. 若实数 a、x、y 满足 $x+y=2a-1$,$x^2+y^2=a^2+2a-3$,则 xy 的取值范围是( ).

A. $\left[2-\dfrac{\sqrt{2}}{2}, 2+\dfrac{\sqrt{2}}{2}\right]$
B. $\left[\dfrac{11-6\sqrt{2}}{4}, \dfrac{11+6\sqrt{2}}{4}\right]$
C. $(-\infty, -3] \cup [1, +\infty)$
D. $\left[\dfrac{1}{2}, +\infty\right)$

11. 若 $1 \leqslant x \leqslant y \leqslant z \leqslant t \leqslant 100$,则 $\dfrac{x}{y}+\dfrac{z}{t}$ 的最小值是( ).

A. 2
B. $\dfrac{1}{2}$
C. $\dfrac{1}{5}$
D. $\dfrac{1}{10}$

12. 已知正项等比数列 $\{a_n\}$ 满足 $a_7 = a_6 + 2a_5$.若存在两项 a_m、a_n 使得 $\sqrt{a_m a_n} = 4a_1$,则 $\dfrac{1}{m} + \dfrac{9}{n}$ 的最小值为( ).

A. $\dfrac{8}{3}$
B. $\dfrac{11}{4}$
C. $\dfrac{14}{5}$
D. $\dfrac{17}{6}$

二、填空题(每小题5分,共20分)

13. 已知双曲线 $\dfrac{x^2}{a^2} - \dfrac{y^2}{b^2} = 1 (a>0, b>0)$ 的一条渐近线为 $y = \sqrt{3}x$,那么双曲线的离心率为_____.

14. 在 $\triangle ABC$ 中 $\angle A$、$\angle B$、$\angle C$ 的对边分别是 a、b、c,若 $3b\sin A = c\cos A + a\cos C$,则 $\sin A = $ _____.

15. 已知 x、y 满足 $\begin{cases} x \geq 0, \\ y \leq x, \\ x + y \leq k \end{cases}$ （k 为常数），若 $z = x + 2y$ 的最大值为 8，则 $k = \underline{\qquad}$.

16. 若一个四面体各棱的长是 1 或 2（但不全是 1，也不全是 2），则其体积是 $\underline{\qquad}$ （写出所有可能的答案）.

三、解答题（第 17～21 题每小题 12 分，第 22～24 题选做 1 题 10 分，共 70 分）

17. 已知函数 $f(x) = \cos x(\cos x + \sqrt{3}\sin x)$.

(1) 求 $f(x)$ 的最小正周期；

(2) 当 $x \in \left[0, \dfrac{\pi}{2}\right]$ 时，求函数 $f(x)$ 的单调递减区间.

18. 从某病毒爆发的疫区返回本市若干人，为了迅速甄别是否有人感染病毒，对这些人进行抽血，并将血样分成 4 组，每组血样混合在一起化验.

(1) 若这些人中有 1 人感染了病毒.

（i）求恰好化验 2 次时，能够查出含有病毒血样组的概率；

（ii）设确定出含有病毒血样组的化验次数为 X，求 $E(X)$.

(2) 如果这些人中有 2 人携带病毒，设确定出全部含有病毒血样组的次数 Y 的均值 $E(Y)$，请指出 (1)(ii) 中 $E(X)$ 与 $E(Y)$ 的大小关系（只写结论，不需说明理由）.

19. 如图 4 所示，在五面体 $ABCDEF$ 中，四边形 $ABCD$ 为菱形，且 $\angle BAD = 60°$，对角线 AC 与 BD 相交于 O，$OF \perp$ 平面 $ABCD$，$BC = CE = DE = 2EF = 2$.

(1) 求证：$EF // BC$；

(2) 求直线 DE 与平面 $BCFE$ 所成角的正弦值.

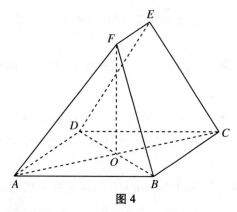

图 4

20. 已知函数 $f(x) = x\ln x$.

(1) 求曲线 $y = f(x)$ 在点 $(1, f(1))$ 处的切线方程；

(2) 求证：$f(x) \geq x - 1$；

(3) 若 $f(x) \geqslant ax^2 + \dfrac{2}{a}(a \neq 0)$ 在区间 $(0, +\infty)$ 上恒成立，求 a 的最小值.

21． 已知椭圆 $G: \dfrac{x^2}{a^2} + \dfrac{y^2}{b^2} = 1(a > b > 0)$ 的离心率为 $\dfrac{\sqrt{3}}{2}$，短半轴长为 1.

（1）求椭圆 G 的方程；

（2）设椭圆 G 的短轴端点分别为 A、B，点 P 是椭圆 G 上异于点 A、B 的一动点，直线 PA、PB 分别与直线 $x = 4$ 交于 M、N 两点，以线段 MN 为直径作圆 C.

（ⅰ）当点 P 在 y 轴左侧时，求圆 C 半径的最小值；

（ⅱ）是否存在一个圆心在 x 轴上的定圆与圆 C 相切？若存在，求出该定圆的方程；若不存在，说明理由．

22．（选修 4-1：几何证明选讲）

有一张直角三角形的纸如图 5 所示，其三边长分别为 $2, 2\sqrt{3}, 4$.

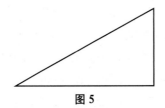

图 5

（1）求这个三角形外接圆的面积；

（2）把这张纸剪成 4 个小直角三角形，它们的三边长分别为 $1, \sqrt{3}, 2$，请问有多少种不同的剪法（要求在答题卡上至少画图表示出三种剪法）？

23．（选修 4-4：坐标系与参数方程）

在平面直角坐标系 xOy 中，以点 O 为极点，x 轴的非负半轴为极轴，取与平面直角坐标系相同的长度单位为长度单位建立极坐标系．已知曲线 C_1 的参数方程为 $\begin{cases} x = a\cos\varphi \\ y = \sin\varphi \end{cases}$（$\varphi$ 为参数）；射线 C_2 的参数方程为 $\theta = \dfrac{\pi}{4}$，射线 C_2 与曲线 C_1 的交点的横坐标为 $\dfrac{\sqrt{6}}{3}$.

（1）求曲线 C_1 的普通方程；

（2）设曲线 C_1 与 y 轴的两个交点分别为 A、B，M 为曲线 C_1 上不同于点 A、B 的任意一点．若直线 AM、MB 分别与 x 轴交于点 P、Q，求证：$|OP| \cdot |OQ|$ 为定值．

24．（选修 4-5：不等式选讲）

（1）若存在 $x \in \mathbf{R}$，满足 $|x-1| + |x-a| \leqslant 3$，求实数 a 的取值范围．

（2）已知 $m, n \in (0,1)$，求 $\dfrac{mn(1-m-n)}{(m+n)(1-m)(1-n)}$ 的最大值．

参 考 答 案

一、选择题

1. C. **2**. A. **3**. D. **4**. B. **5**. A.

6. C.

$A_2^2 A_2^2 A_2^2 \cdot A_3^3 = 48$.

7. A.

在题目所给图的左图中,设 AB 的中点为点 O,联结 AO,通过计算可得答案.

8. D.

可得
$$f(-x+1) + f(x+1) = 0, \quad f(-x-1) + f(x-1) = 0,$$
即
$$f(x) + f(2-x) = 0, \quad f(x) + f(-2-x) = 0,$$
所以
$$f(2-x) = f(-2-x),$$
$$f(x+4) = f(x).$$

再由 $f(-x-1) + f(x-1) = 0$,得
$$f(-x-1+4) + f(x-1+4) = 0,$$
$$f(-x+3) + f(x+3) = 0.$$

即 $f(x+3)$ 是奇函数.

9. A.

如图 6 所示,过点 C 作 x 轴的垂线,再过点 D 作 y 轴的垂线, 两垂线交于点 E.

设 $\angle BAx = \theta \left(0 < \theta < \dfrac{\pi}{2}\right)$,得 $\angle ADO = \angle CDE = \theta$,所以 $B(\sin\theta + \cos\theta, \sin\theta)$、$C(\cos\theta, \sin\theta + \cos\theta)$,进而可得

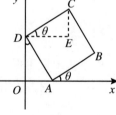

图 6

$$\overrightarrow{OB} \cdot \overrightarrow{OC} = (\sin\theta + \cos\theta)\cos\theta + \sin\theta(\sin\theta + \cos\theta)$$
$$= 1 + \sin 2\theta.$$

当且仅当 $\theta = \dfrac{\pi}{4}$ 时, $\overrightarrow{OB} \cdot \overrightarrow{OC}$ 取到最大值,且最大值为 2.

10. B.

可得 $x^2 + y^2 = a^2 + 2a - 3 \geqslant 0$,所以 $a \leqslant -3$ 或 $a \geqslant 1$.

若 $a = -3$ 或 $a = 1$,得 $x^2 + y^2 = 0$,即 $x = y = 0$,所以 $x + y = 2a - 1 = 0, a = \dfrac{1}{2}$.前后矛盾.所以 $a < -3$ 或 $a > 1$.

在平面直角坐标系 xOy 中,可得直线 $x+y=2a-1$ 与圆 $x^2+y^2=a^2+2a-3$ 有公共点,所以

$$\frac{|2a-1|}{\sqrt{2}} \leqslant \sqrt{a^2+2a-3},$$

平方后,可得

$$2-\frac{\sqrt{2}}{2} \leqslant a \leqslant 2+\frac{\sqrt{2}}{2}.$$

又 $a<-3$ 或 $a>1$,所以所求 a 的取值范围是 $\left[2-\frac{\sqrt{2}}{2}, 2+\frac{\sqrt{2}}{2}\right]$.

再由 $2xy=(x+y)^2-(x^2+y^2)=3(a-1)^2+1$,可求得 xy 的取值范围是 $\left[\frac{11-6\sqrt{2}}{4}, \frac{11+6\sqrt{2}}{4}\right]$.

11．C．

$$\frac{x}{y}+\frac{z}{t} \geqslant \frac{1}{y}+\frac{y}{100} \geqslant 2\sqrt{\frac{1}{y} \cdot \frac{y}{100}} = \frac{1}{5}.$$

12．B．

可得正项等比数列 a_1 的公比为 2,再由 $\sqrt{a_m a_n}=4a_1$,得 $m+n=6$. 所以 $(m,n)=(1,5)、(2,4)、(3,3)、(4,2)$ 或 $(5,1)$,分别得 $\frac{1}{m}+\frac{9}{n}=2\frac{4}{5}, 2\frac{3}{4}, 3\frac{1}{3}, 4\frac{3}{4}$ 或 $9\frac{1}{5}$,所以 $\frac{1}{m}+\frac{9}{n}$ 的最小值是 $\frac{11}{4}$.

二、填空题

13． 2.

14． $\frac{1}{3}$.

由正弦定理可得

$$3\sin B\sin A = \sin C\cos A + \sin A\cos C = \sin(A+C) = \sin B,$$

$$\sin A = \frac{1}{3}.$$

15． $\frac{16}{3}$.

在平面直角坐标系 xOy 中作图,可得当且仅当直线 $x+2y=z$ 经过直线 $y=x$ 与 $x+y=k$ 的交点 $\left(\frac{k}{2}, \frac{k}{2}\right)$ 时,$z=x+2y$ 取到最大值 8,所以 $\frac{k}{2}+2 \cdot \frac{k}{2}=8$,$k=\frac{16}{3}$.

16． $\frac{\sqrt{11}}{12}$、$\frac{\sqrt{14}}{12}$ 或 $\frac{\sqrt{11}}{6}$.

由三角形的两边之和大于第三边,可得在组成四面体各面的三角形中,或者只有一边长

为1或三边长全为1.

若这些三角形中,有边长为1的正三角形,则将此正三角形作为底面,考虑其侧棱长,再由三角形的两边之和大于第三边,可得其三条侧棱长全为2(如图7所示),由图8(其中点H是正$\triangle BCD$的外心)可求得其体积为$\frac{1}{3} \cdot \frac{\sqrt{3}}{4} \cdot \sqrt{2^2 - \left(\frac{1}{\sqrt{3}}\right)^2} = \frac{\sqrt{11}}{12}$.

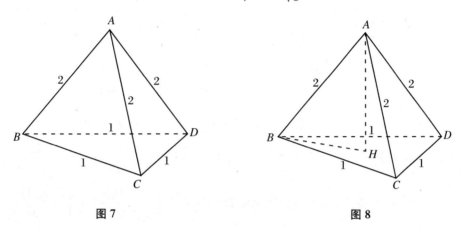

图7　　　　　　　　图8

若在这些三角形中,没有边长为1的正三角形,则由三角形的两边之和大于第三边,可得只有图9、图10的两种情形:

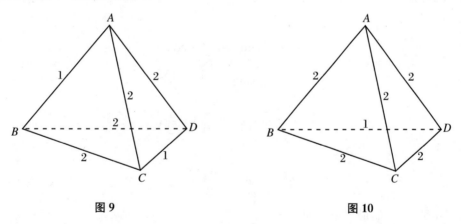

图9　　　　　　　　图10

下面先求图9中的四面体$ABCD$的体积.

如图11所示,设O是棱CD的中点,联结OA、OB,得$CD \perp$平面OAB.

作$AH \perp OB$于H,可得$AH \perp$平面BCD.

可得$OA = OB = \frac{\sqrt{15}}{2}$,由等面积法可求得$AH = \sqrt{\frac{14}{15}}$.

还可求得$S_{\triangle BCD} = \frac{\sqrt{15}}{4}$,所以四面体$ABCD$的体积为$\frac{1}{3} \cdot \frac{\sqrt{15}}{4} \cdot \sqrt{\frac{14}{15}} = \frac{\sqrt{14}}{12}$.

再来求图10中的四面体$ABCD$的体积:

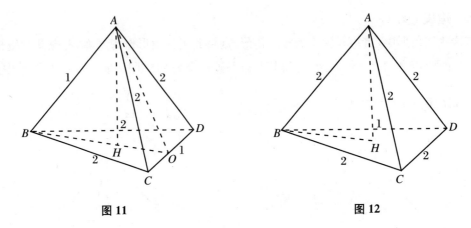

图 11　　　　　　　　图 12

如图 12 所示,作 $AH\perp$ 平面 BCD 于点 H,可得点 H 是 $\triangle BCD$ 的外心.

可求得 $\sin\angle CBD=\dfrac{\sqrt{15}}{4}$,又 $\dfrac{CD}{\sin\angle CBD}=2BH$,所以 $BH=\dfrac{4}{\sqrt{15}}$,$AH=2\sqrt{\dfrac{11}{15}}$.

还可求得 $S_{\triangle BCD}=\dfrac{\sqrt{15}}{4}$,所以四面体 $ABCD$ 的体积为 $\dfrac{1}{3}\cdot\dfrac{\sqrt{15}}{4}\cdot 2\sqrt{\dfrac{11}{15}}=\dfrac{\sqrt{11}}{6}$.

所以,所求答案是 $\dfrac{\sqrt{11}}{12}$、$\dfrac{\sqrt{14}}{12}$ 或 $\dfrac{\sqrt{11}}{6}$.

三、解答题

17. (1) 由
$$f(x)=\sqrt{3}\sin x\cos x+\cos^2 x$$
$$=\dfrac{\sqrt{3}}{2}\sin 2x+\dfrac{1+\cos 2x}{2}$$
$$=\sin\left(2x+\dfrac{\pi}{6}\right)+\dfrac{1}{2},$$

得
$$T=\dfrac{2\pi}{|\omega|}=\dfrac{2\pi}{2}=\pi.$$

所以函数 $f(x)$ 的最小正周期为 π.

(2) 当 $2k\pi+\dfrac{\pi}{2}\leqslant 2x+\dfrac{\pi}{6}\leqslant 2k\pi+\dfrac{3\pi}{2}$,$k\in\mathbf{Z}$ 时,函数 $f(x)$ 单调递减.即 $f(x)$ 的递减区间为 $\left[k\pi+\dfrac{\pi}{6},k\pi+\dfrac{2\pi}{3}\right]$,$k\in\mathbf{Z}$.

由 $\left[0,\dfrac{\pi}{2}\right]\cap\left[k\pi+\dfrac{\pi}{6},k\pi+\dfrac{2\pi}{3}\right]=\left[\dfrac{\pi}{6},\dfrac{\pi}{2}\right]$,$k\in\mathbf{Z}$,所以 $f(x)$ 的递减区间为 $\left[\dfrac{\pi}{6},\dfrac{\pi}{2}\right]$.

18. (1)(ⅰ) 设恰好化验 2 次时,就能够查出含有病毒血样的组为事件 A,得 $P(A)=\dfrac{1}{4}$.

(ⅱ) 确定出含有病毒血样组的次数为 X,则 X 的可能取值为 1、2、3.

$$P(X=1) = \frac{1}{4}, \quad P(X=2) = \frac{1}{4}, \quad P(X=3) = \frac{1}{2}.$$

得 X 的分布列如下:

X	1	2	3
P	$\frac{1}{4}$	$\frac{1}{4}$	$\frac{1}{2}$

所以
$$E(X) = 1 \times \frac{1}{4} + 2 \times \frac{1}{4} + 3 \times \frac{1}{2} = \frac{9}{4}.$$

(2) $E(X) < E(Y)$.

19. (1) 如图 4 所示,因为四边形 $ABCD$ 为菱形,所以 $AD /\!/ BC$,且 $BC \not\subset$ 平面 $ADEF$, $AD \subset$ 平面 $ADEF$. 所以 $BC /\!/$ 平面 $ADEF$.

又平面 $ADEF \cap$ 平面 $BCEF = EF$,所以 $EF /\!/ BC$.

(2) 因为 $FO \perp$ 面 $ABCD$,所以 $FO \perp AO, FO \perp OB$.

又因为 $OB \perp AO$,所以可以 O 为坐标原点,OA、OB、OF 分别为 x 轴、y 轴、z 轴,建立空间直角坐标系 $Oxyz$.

取 CD 的中点 M,联结 OM、EM. 易证 $EM \perp$ 平面 $ABCD$.

又因为 $BC = CE = DE = 2EF = 2$,得出以下各点坐标:

$B(0,1,0)$, $C(-\sqrt{3},0,0)$, $D(0,-1,0)$, $F(0,0,\sqrt{3})$, $E\left(-\frac{\sqrt{3}}{2}, -\frac{1}{2}, \sqrt{3}\right)$.

得出各向量坐标:

$$\overrightarrow{DE} = \left(-\frac{\sqrt{3}}{2}, \frac{1}{2}, \sqrt{3}\right), \quad \overrightarrow{BC} = (-\sqrt{3}, -1, 0), \quad \overrightarrow{BF} = (0, -1, \sqrt{3}).$$

设平面 $BCFE$ 的法向量为 $\boldsymbol{n}_0 = (x_0, y_0, z_0)$.

由 $\begin{cases} \boldsymbol{n}_0 \cdot \overrightarrow{BC} = 0, \\ \boldsymbol{n}_0 \cdot \overrightarrow{BF} = 0, \end{cases}$ 得 $\begin{cases} -\sqrt{3}x_0 - y_0 = 0, \\ -y_0 + \sqrt{3}z_0 = 0. \end{cases}$

令 $y_0 = \sqrt{3}$,得 $\boldsymbol{n}_0 = (-1, \sqrt{3}, 1)$.

设 $\overrightarrow{DF}$ 与 $\boldsymbol{n}_0$ 所成角为 φ,直线 DE 与面 $BCEF$ 所成角为 θ,得

$$\sin\theta = |\cos\varphi| = \frac{|\boldsymbol{n}_0 \cdot \overrightarrow{DE}|}{|\boldsymbol{n}_0| \cdot |\overrightarrow{DE}|}$$

$$= \frac{\left|\left(-\frac{\sqrt{3}}{2}\right) \times (-1) + \frac{1}{2} \times \sqrt{3} + \sqrt{3} \times 1\right|}{\sqrt{(-1)^2 + (\sqrt{3})^2 + (1)^2} \cdot \sqrt{\left(\frac{-\sqrt{3}}{2}\right)^2 + \left(\frac{1}{2}\right)^2 + (\sqrt{3})^2}}$$

$$= \frac{\sqrt{15}}{5}.$$

20. (1) 设切线的斜率为 k.

由 $f'(x) = \ln x + 1$, 得 $k = f'(1) = \ln 1 + 1 = 1$.

又 $f(1) = 1 \cdot \ln 1 = 0$, 切点为 $(1, 0)$.

所以切线方程为 $y - 0 = 1 \cdot (x - 1)$, 即 $y = x - 1$.

(2) 要证 $f(x) \geq x - 1$, 只需证明 $g(x) = x \ln x - x + 1 \geq 0$ 在 $(0, +\infty)$ 在恒成立.

求导得 $g'(x) = \ln x + 1 - 1 = \ln x$, 所以当 $x \in (0, 1)$ 时, $f'(x) < 0$, $f(x)$ 在 $(0, 1)$ 上单调递减; 当 $x \in (1, +\infty)$ 时, $f'(x) > 0$, $f(x)$ 在 $(1, +\infty)$ 上单调递增.

所以当且仅当 $x = 1$ 时, $g(x)_{\min} = g(1) = 1 \cdot \ln 1 - 1 + 1 = 0$.

所以, $g(x) = x \ln x - x + 1 \geq 0$ 在 $(0, +\infty)$ 上恒成立, 所以 $f(x) \geq x - 1$.

(3) 题设即 $h(x) = \ln x - ax - \dfrac{2}{ax} \geq 0$ 在 $(0, +\infty)$ 上恒成立.

由 $h'(x) = \dfrac{1}{x} - a + \dfrac{2}{ax^2} = \dfrac{-a^2 x^2 + ax + 2}{ax^2} = \dfrac{-a^2 \left(x + \dfrac{1}{a}\right)\left(x - \dfrac{2}{a}\right)}{ax^2}$, 可得:

(ⅰ) 当 $a > 0$ 时, 因为 $h(1) = \ln 1 - a - \dfrac{2}{a} < 0$, 所以 $a > 0$ 不满足题意.

(ⅱ) 当 $a < 0$ 时, 令 $h'(x) = 0$, 则 $x = -\dfrac{1}{a}$.

所以当 $x \in \left(0, -\dfrac{1}{a}\right)$ 时, $h'(x) < 0$, $h(x)$ 在 $\left(0, -\dfrac{1}{a}\right)$ 上单调递减; 当 $x \in \left(-\dfrac{1}{a}, +\infty\right)$ 时, $h'(x) > 0$, $h(x)$ 在 $\left(-\dfrac{1}{a}, +\infty\right)$ 上单调递增.

故 $h(x)_{\min} = h\left(-\dfrac{1}{a}\right) = \ln\left(-\dfrac{1}{a}\right) + 1 + 2$. 当且仅当 $\ln\left(-\dfrac{1}{a}\right) + 3 \geq 0$, 即 $-e^3 \leq a < 0$ 时, 满足题意, 得所求 a 的最小值为 $-e^3$.

21. (1) 椭圆 G 的方程为 $\dfrac{x^2}{4} + y^2 = 1$.

(2) (ⅰ) 设 $P(x_0, y_0)(x_0 \in [-2, 0) \cup (0, 2])$, 得 $A(0, 1)$、$B(0, -1)$. 所以直线 PA 的方程为 $y - 1 = \dfrac{y_0 - 1}{x_0} x$.

令 $x = 4$, 得 $y_M = \dfrac{4(y_0 - 1)}{x_0} + 1$. 同理可得 $y_N = \dfrac{4(y_0 + 1)}{x_0} - 1$. 得 $|MN| = \left|2 - \dfrac{8}{x_0}\right|$.

所以圆 C 半径 $r = \left|1 - \dfrac{4}{x_0}\right|$ $(-2 \leq x_0 < 0)$.

故当且仅当 $x_0 = -2$ 时, 圆 C 的半径最小且最小值为 3.

(ⅱ) 当点 P 在左端点时, 可得 $M(4, 3)$、$N(4, -3)$, 所以此时圆 C 的方程为 $(x - 4)^2 + y^2 = 9$.

当点 P 在右端点时, 可得 $M(4, -1)$、$N(4, 1)$, 所以此时圆 C 的方程为 $(x - 4)^2 + y^2 = 1$.

所以所求的定圆若存在,则只可能是 $(x-2)^2+y^2=1$ 或 $(x-6)^2+y^2=1$.
可证这两个圆均满足题意. 下面只对前者给予证明.

由(i)知圆 C 的半径 $r = \left|1 - \dfrac{4}{x_0}\right| = \begin{cases} 1 - \dfrac{4}{x_0}, & -2 \leqslant x_0 < 0, \\ \dfrac{4}{x_0} - 1, & 0 < x_0 \leqslant 2. \end{cases}$

因为 $y_M = \dfrac{4(y_0-1)}{x_0} + 1$,$y_N = \dfrac{4(y_0+1)}{x_0} - 1$,圆 C 的圆心坐标为 $\left(4, \dfrac{4y_0}{x_0}\right)$,所以圆心距

$$d = \sqrt{(4-2)^2 + \left(\dfrac{4y_0}{x_0}\right)^2} = \sqrt{4 + \dfrac{16\left(1 - \dfrac{x_0^2}{4}\right)}{x_0^2}} = \dfrac{4}{|x_0|}$$

$$= \begin{cases} -\dfrac{4}{x_0}, & -2 \leqslant x_0 < 0, \\ \dfrac{4}{x_0}, & 0 < x_0 \leqslant 2. \end{cases}$$

当 $-2 \leqslant x_0 < 0$ 时,$d = r - R = \left(1 - \dfrac{4}{x_0}\right) - 1 = -\dfrac{4}{x_0}$,此时定圆与圆 C 内切. 当 $0 < x_0 \leqslant 2$ 时,$d = r + R = \left(\dfrac{4}{x_0} - 1\right) + 1 = \dfrac{4}{x_0}$,此时定圆与圆 C 外切.

所以欲证结论成立.

故定圆的方程是 $(x-2)^2 + y^2 = 1$ 或 $(x-6)^2 + y^2 = 1$.

22. (1) 由直角三角形的外心是斜边的中点可知答案是 $\pi \cdot 2^2 = 4\pi$.

(2) 只有如图 13 所示的 4 种剪法.

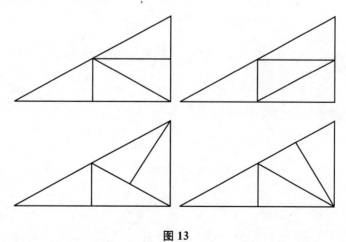

图 13

23. (1) 先得曲线 C_1 的普通方程为 $\dfrac{x^2}{a^2} + y^2 = 1$,射线 C_2 的直角坐标方程为 $y = x$ ($x \geqslant 0$),可得两者的交点坐标为 $\left(\dfrac{\sqrt{6}}{3}, \dfrac{\sqrt{6}}{3}\right)$,进而可求得曲线 C_1 的普通方程为 $\dfrac{x^2}{2} + y^2 = 1$.

(2) 不妨设 $A(0,1)$、$B(0,-1)$.

设 $M(\sqrt{2}\cos\varphi,\sin\varphi)$,由直线 AM、MB 分别与 x 轴交于点 P、Q,可求得
$$P\left(\frac{\sqrt{2}\cos\varphi}{1-\sin\varphi},0\right), \quad Q\left(\frac{\sqrt{2}\cos\varphi}{1+\sin\varphi},0\right),$$

所以
$$|OP|\cdot|OQ|=\left|\frac{\sqrt{2}\cos\varphi}{1-\sin\varphi}\right|\cdot\left|\frac{\sqrt{2}\cos\varphi}{1+\sin\varphi}\right|=2,$$

得 $|OP|\cdot|OQ|$ 为定值.

24. (1) 由绝对值不等式可得 $f(x)_{\min}=|a-1|$,所以题设即 $|a-1|\leqslant 3$,进而可得所求实数 a 的取值范围是 $[-2,4]$.

(2) 可设 $1-m-n=p(0<p<1)$. 由均值不等式,得
$$\frac{mn(1-m-n)}{(m+n)(1-m)(1-n)}=\frac{mnp}{(m+n)(n+p)(p+m)}$$
$$\leqslant\frac{mnp}{2\sqrt{mn}\cdot 2\sqrt{np}\cdot 2\sqrt{pm}}=\frac{1}{8}.$$

进而可得,当且仅当 $m=n=\frac{1}{3}$ 时
$$\left(\frac{mn(1-m-n)}{(m+n)(1-m)(1-n)}\right)_{\max}=\frac{1}{8}.$$

甘志国 编拟
北京市丰台二中

第五篇 探究问题与解答

《学数学》数学贴吧探究问题2016年第一季

《学数学》数学贴吧探究问题 2016 年第一季

1. 已知三棱锥 $D-ABC$ 的三条侧棱 DA、DB、DC 两两互相垂直,其棱长分别为 a、b、c,该三棱锥的外接球为 Γ_1,在三面角 $D-ABC$ 内作与三个侧面均相切的球面 Γ_2(分别与 $\angle ADB$、$\angle BDC$、$\angle CDA$ 所在平面相切). 证明:球面 Γ_1 与 Γ_2 相切(内切或外切)的充分必要条件是球面 Γ_2 的半径为 $\frac{1}{2}(a+b+c \pm \sqrt{a^2+b^2+c^2})$.

(浙江省台州市椒江区百姓家园 49-1003 室 邬天泉 供题)

2. 设 a、b、c 为正实数,记

$$S = \frac{(a+1)^3}{b^2} + \frac{(b+2)^3}{c^2} + \frac{(c+3)^3}{a^2}.$$

试问:当 a、b、c 分别取何值时,S 取得最小值?

(陕西咸阳师范学院教育科学学院 安振平 供题)

3. 如图 1 所示,在锐角三角形 ABC 中,AD 是高,H 是垂心,M 是边 BC 的中点. 以 BC 为直径作半圆交 AD 于 E. 点 K 在线段 MB 上,并且 $\frac{MK}{MB} = \frac{AE}{AH}$. 请不用三角函数证明:

$$\frac{MK}{KB} = \frac{AD}{ED}.$$

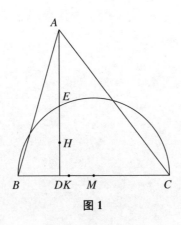

图 1

(单墫 供题)

4. 平面上有限多个点组成的点集 M 满足:

(a) 任三点不共线;

(b) 可以将 M 中的每个点染为红蓝二色之一,使得每个三个顶点都是同色点的三角形的内部至少有一个另一种颜色的点.

试求 M 中的元素个数的最大可能值.

(福建教育学院　林　常　供题)

5. 如图 2 所示,设圆 Γ_1 与圆 Γ_2 相交于 P、A 两点,圆 Γ_2 在点 P 处的切线与 Γ_1 的另一交点为 B,圆 Γ_1 在点 P 处的切线与 Γ_2 的另一交点为 C,I,J 分别是 $\triangle PAB$ 和 $\triangle PAC$ 的内心,R 是 $\triangle PIJ$ 的外接圆半径. 记 $a = PA, b = PB, c = PC$. 求证:

$$\frac{1}{R} = \frac{1}{a} + \frac{1}{b} + \frac{1}{c}.$$

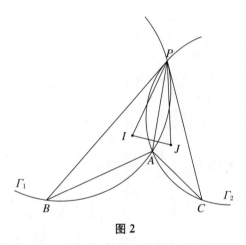

图 2

(湖南理工学院期刊社　萧振纲　供题)

6. 给定正整数 $k, N = 3 \cdot k!$. 给定整数数列 $a_0 < a_1 < a_2 < \cdots < a_N$,设集合 $S = \{a_j - a_i | 0 \leqslant i < j \leqslant N\}$. 证明:如果将 S 任意地表示成 k 个互不相交的非空子集 $S_1, S_2, \cdots, S_k$ 的并,那么其中一定存在某个子集 $S_i (1 \leqslant i \leqslant k)$,满足条件:存在整数 $0 \leqslant l < m < n \leqslant N$,使得 $a_m - a_l$、$a_n - a_l$、$a_n - a_m$ 均在 S_i 中.

(南京师范大学数学科学学院　纪春岗　供题)

参考答案

1. 以下解答由供题者提供.

解答　考虑直角三棱锥 $D - ABC$ 分别以 DA、DB、DC 为 x、y、z 轴建立直角坐标系,设 $A(a, 0, 0)$、$B(0, b, 0)$、$C(0, 0, c) (a > 0, b > 0, c > 0)$. 则其外接球心为 $J\left(\frac{a}{2}, \frac{b}{2}, \frac{c}{2}\right)$,半径 $R = \frac{1}{2}\sqrt{a^2 + b^2 + c^2}$. 设与面 DAB($\angle ADB$ 所在面,下同)、面 DBC、面 DCA 均相切的球面的球心为 $I(\lambda, \lambda, \lambda)(\lambda > 0)$,其半径为 λ. 则两球相切的充要条件为

$$|JI| = |R \pm \lambda|$$
$$\Leftrightarrow \left(\frac{a}{2} - \lambda\right)^2 + \left(\frac{b}{2} - \lambda\right)^2 + \left(\frac{c}{2} - \lambda\right)^2 = \left|\frac{1}{2}\sqrt{a^2 + b^2 + c^2} \pm \lambda\right|^2$$
$$\Leftrightarrow 2\lambda = a + b + c \pm \sqrt{a^2 + b^2 + c^2}.$$

2. 以下解答由供题者提供.

解答 利用赫尔德不等式,得
$$(b + c + a)(b + c + a)\left(\frac{(a+1)^3}{b^2} + \frac{(b+2)^3}{c^2} + \frac{(c+3)^3}{a^2}\right)$$
$$\geqslant (a + 1 + b + 2 + c + 3)^3,$$

所以,令 $x = a + b + c \, (x > 0)$,有
$$S = \frac{(a+1)^3}{b^2} + \frac{(b+2)^3}{c^2} + \frac{(c+3)^3}{a^2}$$
$$\geqslant \frac{(a+b+c+6)^3}{(a+b+c)^2}$$
$$= \frac{(x+6)^3}{x^2}$$
$$= 18 + x + \frac{108}{x} + \frac{216}{x^2}$$
$$= 18 + \left(\frac{3x}{4} + \frac{108}{x}\right) + \left(\frac{x}{8} + \frac{x}{8} + \frac{216}{x^2}\right)$$
$$\geqslant 18 + 2\sqrt{\frac{3x}{4} \cdot \frac{108}{x}} + 3\sqrt[3]{\frac{x}{8} \cdot \frac{x}{8} \cdot \frac{216}{x^2}}$$
$$= 18 + 18 + \frac{9}{2} = \frac{81}{2}.$$

等号成立的条件为
$$\frac{a+1}{b} = \frac{b+2}{c} = \frac{c+3}{a}, \quad \frac{3x}{4} = \frac{108}{x}, \quad \frac{x}{8} = \frac{216}{x^2}, \quad x = a + b + c.$$

于是,当 $a = \frac{86}{19}, b = \frac{70}{19}, c = \frac{72}{19}$ 时, S 取得最小值 $\frac{81}{2}$.

3. 以下解答由上海市延安中学周海宁提供,复旦大学附属中学李哲铭也给出了类似解答.

解答 如图 3 所示,设 AC 与半圆交点为 F,则 $BF \perp AC$,所以 B、H、F 三点共线.

可得 $\triangle AHF \backsim \triangle ACD$,所以 $\frac{AF}{AD} = \frac{AH}{AC}$,即
$$AF \cdot AC = AD \cdot AH.$$

设 AD 与圆 M 的另一个交点为 E',则 $AF \cdot AC = AE \cdot AE'$,所以
$$AD \cdot AH = AE \cdot AE' = AE \cdot (AD + DE')$$

$$= AE \cdot (AD + DE) = AE \cdot AD + AE \cdot DE,$$

则

$$AE \cdot DE = AD \cdot AH - AE \cdot AD$$
$$= AD \cdot (AH - AE) = AD \cdot EH,$$

即

$$\frac{EH}{AE} = \frac{ED}{AD},$$

所以

$$\frac{ED}{AD} + 1 = \frac{EH}{AE} + 1 = \frac{AH}{AE} = \frac{MB}{MK},$$

则

$$\frac{ED}{AD} = \frac{MB}{MK} - 1 = \frac{MB - MK}{MK} = \frac{KB}{MK},$$

结论成立.

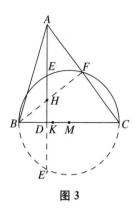

图3

以下解答由山东省泰安市宁阳县第一中学刘才华提供.

解答 设 AC 交圆于点 N,联结 BN,由 BC 为直径得 $BN \perp AC$,点 H 在线段 BN 上.又 $AD \perp BC$,所以 $\triangle BDH \sim \triangle ADC$,则

$$\frac{BD}{AD} = \frac{DH}{DC} \Rightarrow BD \cdot DC = AD \cdot DH.$$

联结 BE、CE,则 $BE \perp CE$.

由射影定理得 $DE^2 = BD \cdot DC$,从而

$DE^2 = AD \cdot DH$

$\Rightarrow (AD - AE) \cdot DE = AD \cdot DH \Rightarrow AD \cdot DE - AD \cdot HD = AE \cdot DE$

$\Rightarrow AD \cdot (DE - HD) = AE \cdot DE \Rightarrow AD \cdot HE = AE \cdot ED \Rightarrow AD \cdot (AH - AE) = AE \cdot ED$

$\Rightarrow AD \cdot AH = AD \cdot AE + AE \cdot ED \Rightarrow \dfrac{AE}{AH} = \dfrac{AD}{AD + ED}.$

由 $\dfrac{MK}{MB} = \dfrac{AE}{AH}$ 得 $\dfrac{MK}{MK + KB} = \dfrac{AD}{AD + ED}$,故 $\dfrac{MK}{KB} = \dfrac{AD}{ED}$.

注 本题是第56届国际数学奥林匹克中国国家队选拔考试二第3题的主要部分.

4. 以下解答由供题者提供.

解答 设 n ($n \geq 3$) 个红色点构成凸包 F,其中 k 个红色点在 F 内.凸 $n-k$ 边形 F 由对角线剖分为 $n-k-2$ 个红色三角形,每个内部的红色点又将它所在的三角形剖分为3个,总共将 F 剖分为 $n-k-2+2k = n+k-2$ 个红色三角形.由题给条件,每个三角形内至少有一个蓝色点,故在 F 内至少有 $n+k-2$ 个蓝色点($n \leq 2$ 时,$k=0$,这个估计也成立).同理在这 $n+k-2$ 个蓝色点的凸包 G 内又至少有 $n+k-2-2$ 个红色点.由于 G 在 F 内,故 $n+k-4 \leq k$,即满足条件的红色点数 $n \leq 4$.同理蓝色点数也不多于4个,因此总点数不

多于 $4+4=8$ 个.

如图 4 所示的 8 点组满足题给条件,达到总点数的最大值.

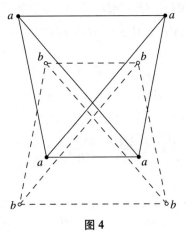

图 4

5. 以下解答由供题者提供.

解答 如图 5 所示,记 $\alpha = \angle BPC$,设 M 是 BC 的中点,$PM = m$. 易知 $b^2 + c^2 + 2bc\cos\alpha = 4m^2$,所以

$$(b+c)^2 - 4m^2 = 2bc(1-\cos\alpha) = 4bc\sin^2\frac{\alpha}{2},$$

即

$$(b+c+2m)(b+c-2m) = 4bc\sin^2\frac{\alpha}{2}.$$

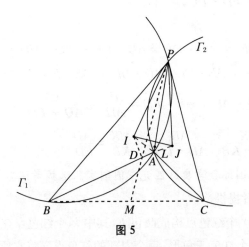

图 5

显然,$IJ = 2R\sin\frac{\alpha}{2}$,$\triangle APB \sim \triangle ACP \sim \triangle AJI$,由此可知,$AB = \frac{ab}{c}$,$IJ = \frac{c}{a} \cdot AI$.

注意 $\angle PAB = 180° - \alpha$,在 $\triangle APB$ 中,由余弦定理,$b^2 = a^2 + AB^2 + 2a \cdot AB\cos\alpha$,所以

$$b^2 = a^2 + \left(\frac{ab}{c}\right)^2 + 2 \cdot \frac{b}{c} \cdot a^2 \cos\alpha,$$

即

$$b^2 c^2 = (b^2 + c^2 + 2bc\cos\alpha) \cdot a^2 = 4m^2 a^2,$$

因此,$bc = 2ma$.

再设 $\triangle APB$ 的内切圆与 AB 切于点 D,则

$$a + AB - b = 2AD = 2AI\cos\frac{\angle PAB}{2} = 2AI\sin\frac{\alpha}{2},$$

所以

$$AI = \frac{a + AB - b}{2\sin\frac{\alpha}{2}} = \frac{a + \frac{ab}{c} - b}{2\sin\frac{\alpha}{2}} = \frac{(b+c)a - bc}{2c\sin\frac{\alpha}{2}},$$

因此

$$2R\sin\frac{\alpha}{2} = IJ = \frac{c}{a} \cdot AI = \frac{(b+c)a - bc}{2a\sin\frac{\alpha}{2}},$$

从而

$$4R\sin^2\frac{\alpha}{2} = b + c - \frac{bc}{a} = b + c - 2m,$$

于是

$$R(b+c+2m)(b+c-2m) = 4Rbc\sin^2\frac{\alpha}{2} = bc(b+c-2m),$$

这样便有 $R(2m+b+c) = bc$,故

$$\frac{1}{R} = \frac{2m+b+c}{bc} = \frac{2m}{bc} + \frac{1}{b} + \frac{1}{c} = \frac{1}{a} + \frac{1}{b} + \frac{1}{c}.$$

以下解答由上海市延安中学周海宁提供.

解答 因为 PB、PC 分别是圆 Γ_1、圆 Γ_2 的切线,所以 $\angle BPA = \angle C$,$\angle CPA = \angle B$,所以 $\angle BAP = \angle PAC$,设其为 $\angle A$,则 $\angle A + \angle B + \angle C = 180°$.

因为 I、J 分别是 $\triangle PAB$ 和 $\triangle PAC$ 的内心,所以 $\angle PAI = \frac{1}{2}\angle BAP$,$\angle PAJ = \frac{1}{2}\angle PAC$,$\angle IAJ = \angle A$,$\angle IPA = \frac{1}{2}\angle BPA = \frac{1}{2}\angle C$,$\angle JPA = \frac{1}{2}\angle CPA = \frac{1}{2}\angle B$,所以 $\angle IPJ = \frac{1}{2}(\angle B + \angle C)$.

设 $\triangle PIJ$ 的外接圆圆心为 O,则 $OP = OI = OJ = R$,$\angle IOJ = 2\angle IPJ = \angle B + \angle C$,则 $\angle IOJ + \angle IAJ = \angle B + \angle C + \angle A = 180°$,所以 I、O、J、A 四点共圆,设该圆为圆 Γ_3.

在圆 Γ_3 中,弦 $OI = OJ = R$,所以 $\angle IAO = \angle JAO$,即 O 在 $\angle IAJ$ 的角平分线上,也就是说 A、O、P 三点共线.

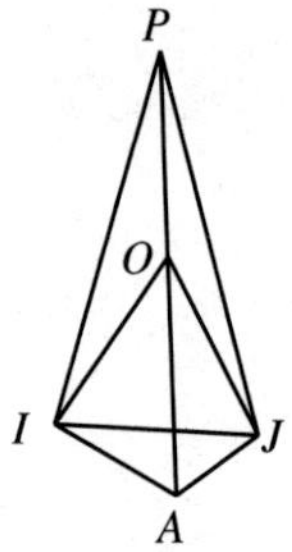

如图 6 所示，$\angle IOA = 2\angle IPO = \angle C$，在 $\triangle AOI$ 中，$\dfrac{OI}{\sin\angle OAI} = \dfrac{OA}{\sin\angle AIO}$，即

$$\dfrac{R}{\sin\dfrac{A}{2}} = \dfrac{OA}{\sin\left(\dfrac{A}{2}+C\right)},$$

所以

$$a = PA = OP + OA = R + \dfrac{\sin\left(\dfrac{A}{2}+C\right)}{\sin\dfrac{A}{2}}R = R\left(1+\dfrac{\sin\left(\dfrac{A}{2}+C\right)}{\sin\dfrac{A}{2}}\right),$$

图 6

即

$$\dfrac{1}{R} = \dfrac{1}{a}\left(1+\dfrac{\sin\left(\dfrac{A}{2}+C\right)}{\sin\dfrac{A}{2}}\right).$$

另一方面

$$\dfrac{1}{a}+\dfrac{1}{b}+\dfrac{1}{c} = \dfrac{1}{a}\left(1+\left(\dfrac{a}{b}+\dfrac{a}{c}\right)\right).$$

在 $\triangle PAB$ 与 $\triangle PAC$ 中，有

$$\dfrac{a}{b} = \dfrac{PA}{PB} = \dfrac{\sin B}{\sin A}, \quad \dfrac{a}{c} = \dfrac{PA}{PC} = \dfrac{\sin C}{\sin A},$$

所以

$$\dfrac{a}{b}+\dfrac{a}{c} = \dfrac{\sin B+\sin C}{\sin A} = \dfrac{2\sin\dfrac{B+C}{2}\cos\dfrac{B-C}{2}}{2\sin\dfrac{A}{2}\cos\dfrac{A}{2}},$$

因为

$$\dfrac{\angle B+\angle C}{2} = 90°-\dfrac{\angle A}{2},$$

$$\dfrac{\angle B-\angle C}{2} = \dfrac{(180°-(\angle A+\angle C))-\angle C}{2} = 90°-\left(\dfrac{\angle A}{2}+\angle C\right),$$

所以

$$\sin\left(\dfrac{B+C}{2}\right) = \cos\dfrac{A}{2}, \quad \cos\left(\dfrac{B-C}{2}\right) = \sin\left(\dfrac{A}{2}+C\right),$$

$$\dfrac{a}{b}+\dfrac{a}{c} = \dfrac{2\sin\dfrac{B+C}{2}\cos\dfrac{B-C}{2}}{2\sin\dfrac{A}{2}\cos\dfrac{A}{2}} = \dfrac{\sin\left(\dfrac{A}{2}+C\right)}{\sin\dfrac{A}{2}},$$

所以

$$\frac{1}{R} = \frac{1}{a} + \frac{1}{b} + \frac{1}{c}.$$

以下解答由安徽省马鞍山二中孟培坤提供.

解答 如图 7 所示,设 AI 与 PB 交于点 D, AJ 与 PC 交于点 E, IJ 与 PA 交于点 K, L 为 $\triangle AIJ$ 的内心,则 $\angle PBA = \angle APC$, $\angle BPA = \angle ACP$,故 $\triangle ABP \backsim \triangle APC$. 由 I、J 分别是 $\triangle ABP$ 和 $\triangle APC$ 的内心,知 $\triangle AIB \backsim \triangle AJP$. 从而,$\triangle AIJ \backsim \triangle ABP$.

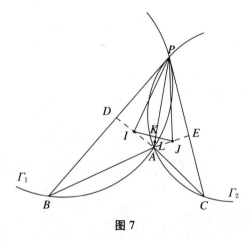

图 7

由 AK 与 AD 是相似三角形 $\triangle AIJ$ 与 $\triangle ABP$ 中的对应线段,知 $\angle AKI = \angle ADB$,即 $\angle PKI = \angle PDI$. 又 PI 平分 $\angle KPD$,故 $PK = PD$. 结合 AD 平分 $\angle PAB$ 及 $\triangle ABP \backsim \triangle APC$,可得

$$\frac{1}{PK} = \frac{1}{PD} = \frac{PA + AB}{PA \cdot PB} = \frac{a + \frac{ab}{c}}{ab} = \frac{1}{b} + \frac{1}{c}.$$

由 AP 平分 $\angle IAJ$ 及 $\angle IPA = \frac{1}{2}\angle BPA = \frac{1}{2}\angle IJA$,知 P 为 $\triangle AIJ$ 的旁心,故 $(A, K; L, P)$ 是调和点列,且 P、I、L、J 都在以 PL 为直径的圆上. 因此,由调和点列的性质可得

$$\frac{1}{R} = \frac{2}{PL} = \frac{1}{PK} + \frac{1}{PA} = \frac{1}{a} + \frac{1}{b} + \frac{1}{c}.$$

6. 以下解答由供题者提供.

解答 用反证法. 假设结论不成立,那么存在一种分拆 $S = \bigcup_{i=1}^{k} S_i$,使得对每个子集 S_i,均不存在 $0 \leqslant l < m < n \leqslant N$,使得 $a_m - a_l$、$a_n - a_l$、$a_n - a_m$ 同时在 S_i 中.

由于 $a_1 - a_0, a_2 - a_0, \cdots, a_N - a_0$ 这 N 个差项均在 S 中,不妨设 S_1 含有的差项最多,设有 k_1 项,记为 $a_{j_1} - a_0 < a_{j_2} - a_0 < \cdots < a_{j_{k_1}} - a_0$. 因此,$N \leqslant k_1 k$. 由假设可知

$$a_{j_2} - a_{j_1} < a_{j_3} - a_{j_1} < \cdots < a_{j_{k_1}} - a_{j_1}$$

均不在 S_1 中,于是这些差项都在 $S_2 \cup S_3 \cup \cdots \cup S_k$ 中. 不妨设 S_2 所含的差项最多,设有 k_2 项,则 $k_1 \geqslant k_2$,且 $k_1 - 1 \leqslant k_2(k-1)$. 一直做下去,我们得到

$$N = k_0 \geqslant k_1 \geqslant k_2 \geqslant \cdots \geqslant k_s = 1,$$

且
$$k_i - 1 \leqslant k_{i+1}(k-i), \quad i = 0,1,\cdots,s-1.$$

这里,$s < k$.因此
$$\frac{k_i}{(k-i)!} \leqslant \frac{k_{i+1}}{(k-i-1)!} + \frac{1}{(k-i)!}, \quad i = 0,1,\cdots,s-1,$$

所以
$$\frac{N}{k!} \leqslant \frac{1}{(k-s)!} + \frac{1}{(k-s+1)!} + \cdots + \frac{1}{(k-1)!} < 3,$$

矛盾.故结论成立.

以下解答由福建省福州一中林虹灏提供.

解答 本题中的 N 可改为 $3 \cdot k! - 1$,此时结论更强.下面对 k 应用数学归纳法予以证明.

当 $k=1$ 时,$a_2 - a_1$、$a_2 - a_0$、$a_1 - a_0$ 都在 S 中,结论成立.

假设结论对不大于 $k-1$ 的正整数成立.对于 k 的情形,考察下列 N 个数:
$$a_N - a_0, a_N - a_1, \cdots, a_N - a_{N-1}.$$

由抽屉原理,知上述 N 个数中至少有 $\left\lceil \dfrac{N}{k} \right\rceil = \left\lceil \dfrac{3k! - 1}{k} \right\rceil = 3(k-1)!$ 个属于 $S_1, S_2, \cdots, S_k$ 中的某个集合,不妨设这些数为 $a_{i_1} \leqslant a_{i_2} \leqslant \cdots \leqslant a_{i_{3(k-1)!}}$,且它们都属于 S_k.

若存在 $1 \leqslant k < l \leqslant N-1$,使得 $a_{i_l} - a_{i_k} \in S_k$,则由 $a_N - a_{i_l}$、$a_N - a_{i_k} \in S_k$,知此时结论成立.

若对任意 $1 \leqslant k < l \leqslant N-1$,都有 $a_{i_l} - a_{i_k} \notin S_k$,记
$$b_0 = a_{i_1}, \quad b_1 = a_{i_2}, \quad \cdots, \quad b_{3(k-1)!-1} = a_{i_{3(k-1)!}},$$

由上可知,对任意 $1 \leqslant i < j \leqslant 3(k-1)! - 1$,有 $b_j - b_i \in \bigcup_{t=1}^{k-1} S_t$.由归纳假设,知存在 $0 \leqslant l < m < n \leqslant 3(k-1)! - 1$ 及某个子集 S_t,使得 $b_m - b_l$、$b_n - b_l$、$b_n - b_m$ 都在 S_t 中,而 $b_0, b_1, \cdots, b_{3(k-1)!-1}$ 均为 $a_0, a_1, \cdots, a_N$ 中的数,故此时结论亦成立.

由归纳法原理即知结论成立.

中国科学技术大学出版社中学数学用书

高中数学竞赛教程/严镇军　单墫　苏淳　等
中外数学竞赛/李炯生　王新茂　等
第51—76届莫斯科数学奥林匹克/苏淳　申强
从初等数学到高等数学.第1卷/彭翕成

同中学生谈排列组合/苏淳
趣味的图论问题/单墫
有趣的染色方法/苏淳
组合恒等式/史济怀
集合/冯惠愚
不定方程/单墫　余红兵
概率与期望/单墫
组合几何/单墫
解析几何的技巧(第4版)/单墫
重要不等式/蔡玉书
有趣的差分方程(第2版)/李克正　李克大
抽屉原则/常庚哲
母函数(第2版)/史济怀
从勾股定理谈起(第2版)/盛立人　严镇军
三角恒等式及其应用(第2版)/张运筹
三角不等式及其应用(第2版)/张运筹
反射与反演(第2版)/严镇军
数列与数集/朱尧辰
同中学生谈博弈/盛立人
趣味数学100题/单墫
向量几何/李乔
面积关系帮你解题(第3版)/张景中　彭翕成
磨光变换/常庚哲
周期数列(第2版)/曹鸿德
微微对偶不等式及其应用(第2版)/张运筹
递推数列/陈泽安

根与系数的关系及其应用(第2版)/毛鸿翔
怎样证明三角恒等式(第2版)/朱尧辰
帮你学几何(第2版)/臧龙光
帮你学集合/张景中
向量、复数与质点/彭翕成
初等数论/王慧兴
漫话数学归纳法(第4版)/苏淳
从特殊性看问题(第4版)/苏淳
凸函数与琴生不等式/黄宣国
国际数学奥林匹克240真题巧解/张运筹
Fibonacci数列/肖果能
数学奥林匹克中的智巧/田廷彦
极值问题的初等解法/朱尧辰
巧用抽屉原理/冯跃峰
函数与函数思想/朱华伟 程汉波
美妙的曲线/肖果能
统计学漫话(第2版)/陈希孺 苏淳

学数学.第1卷/李潜
学数学.第2卷/李潜
学数学.第3卷/李潜
学数学.第4卷/李潜
学数学.第5卷/李潜

研究特例/冯跃峰
考察极端/冯跃峰
更换角度/冯跃峰
改造命题/冯跃峰
逐步逼近/冯跃峰
巧妙分解/冯跃峰
充分条件/冯跃峰
引入参数/冯跃峰
图表转换/冯跃峰
建立对应/冯跃峰
借桥过河/冯跃峰
递归求解/冯跃峰